FREESTYLE FOOTBALL

MIT AGUŚKA & PATRICK

INHALT

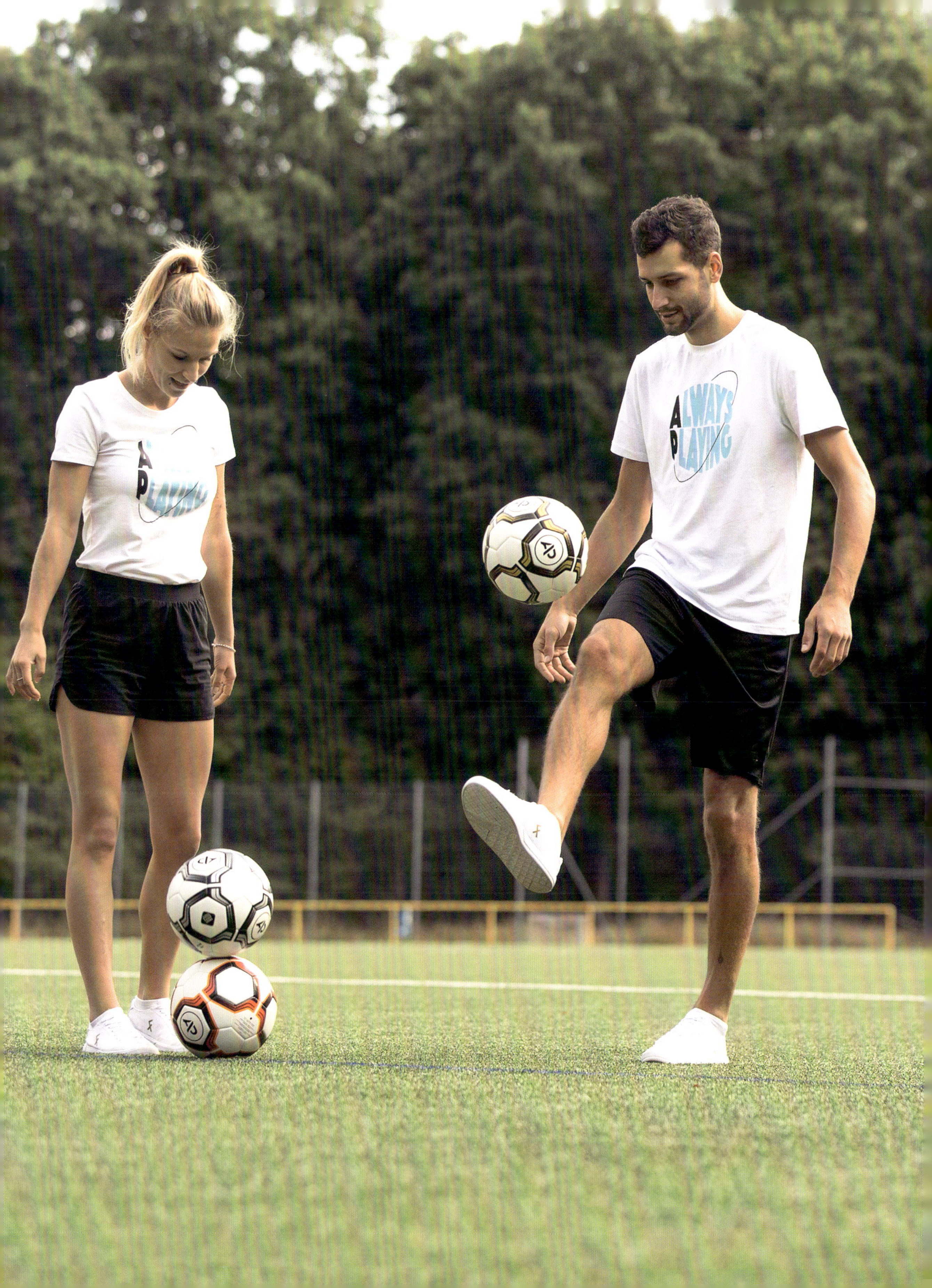
ALWAYS
PLAYING

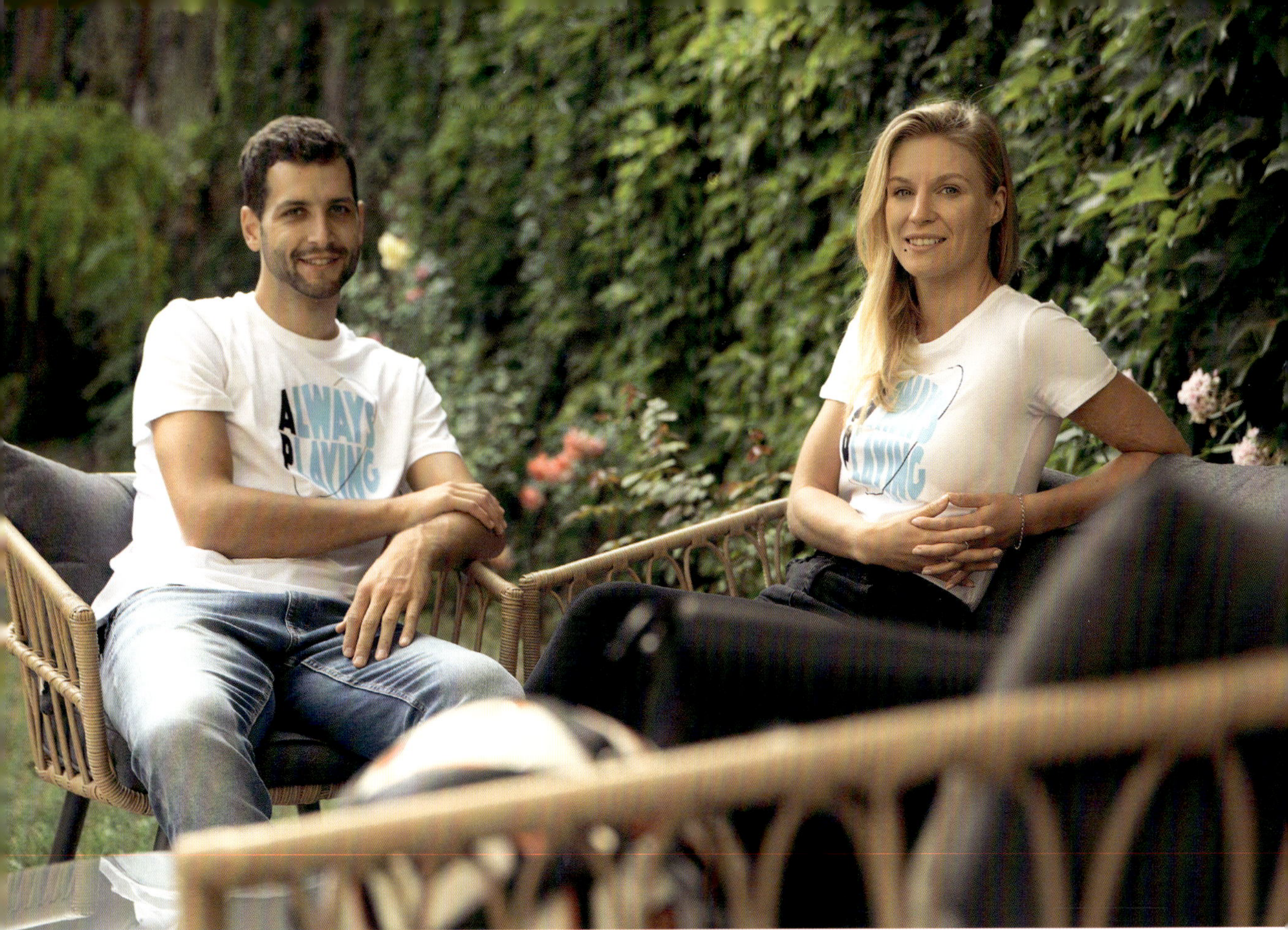

HI, WIR SIND AGUŚKA UND PATRICK,

World Champion und World Record Holder im Freestyle Football. Zusammen sind wir im Web, bei Instagram und YouTube als „apfreestyle“ bekannt.
Du möchtest auch Freestyler werden? Klasse! Wir werden dir dabei helfen und dir Schritt für Schritt und Foto für Foto langsam die wichtigsten Tricks und Moves erklären. Mit diesem Buch geben wir unser Profiwissen an dich weiter, geben dir viele Tipps und zeigen dir außerdem auch, wie du deine Tricks zu eigenen coolen Combos zusammenstellen kannst. Ehe du dich versiehst, bist du dann ein kreativer Teil unserer großen Freestyle Football Community!
Beim Freestyle Football kommt erst das konsequente Training und danach die Kreativität, und das ist auch hier im Buch nicht anders. Wir zeigen dir, worauf du achten solltest, damit du die

Übungen von Anfang an richtig machst! Freestyle Football ist ein Ganzkörpersport, der jedoch seinen Anfang bei dir im Kopf nimmt. Dein Wille, dein Ziel und dein konsequenter Weg dahin sind ausschlaggebend für deinen Erfolg, das ist bei Freestyle wie in jeder anderen Sportart auch. Aber außerdem ist Freestyle das pure Vergnügen, wenn dir auf einmal schwierige Tricks gelingen und du ein Ballgefühl entwickelst, wie du es zuvor nur den großen Fußballprofis zugetraut hättest!

„Dein Wille, dein Weg, dein Ziel!"

Um Freestyler zu sein, brauchst du weder im Verein zu spielen, noch überhaupt Fußballspieler zu sein. Dafür sind wir selbst das beste Beispiel: Ich, Aguśka, war nie in einem Fußballverein und habe mit Freestyle Football auch erst sehr spät, im Alter von 17 Jahren, bei Null begonnen. Aber mit Disziplin und Ausdauer ist es mir gelungen, innerhalb von fünf Jahren die größten Erfolge zu erzielen. Im Jahr 2018 wurde ich Weltmeisterin, und dies in meinem Heimatland Polen, in Warschau. Weitere WM-Titel holte ich 2019, 2021 und 2022. Auch im Jahr 2020 konnte ich den Superball gewinnen, was jedoch aufgrund der Corona-Pandemie nicht als Weltmeisterschaft, sondern als World Open anerkannt wurde. Es gab und gibt keinen Tag ohne Freestyle!

Und bei mir, Patrick, nahm alles seinen Anfang, als ich im Alter von sechs Jahren mit meinen Brüdern Fabian und Dominik im Guinness-Buch der Rekorde blätterte. Mein Traum damals: einen Weltrekord aufzustellen und mich selbst in diesem Buch veröffentlicht zu sehen! 20 Jahre später wurde dieser Traum dann wirklich wahr. Durch hartes Training, viel Ehrgeiz, Willen, Ausdauer und Disziplin. Auch meinen zweiten Traum, bei einer Freestyle-Weltmeisterschaft auf dem Podium zu stehen, habe ich mit dem Titel Vize-Weltmeister 2021 geschafft. Jetzt ist es mein Traum, Weltmeister zu werden!

Heute trainieren wir mit bekannten Fußballprofis und verblüffen selbst diese mit unserem Ballgefühl und unseren Tricks – und das ist uns eine unglaubliche Motivation! Diese geben wir gerne auch an dich weiter!

Also willkommen in unserer Freestyle Community!
Und nun nimm dir den Ball und fang einfach an!

Viel Erfolg wünschen dir

Aguśka und Patrick

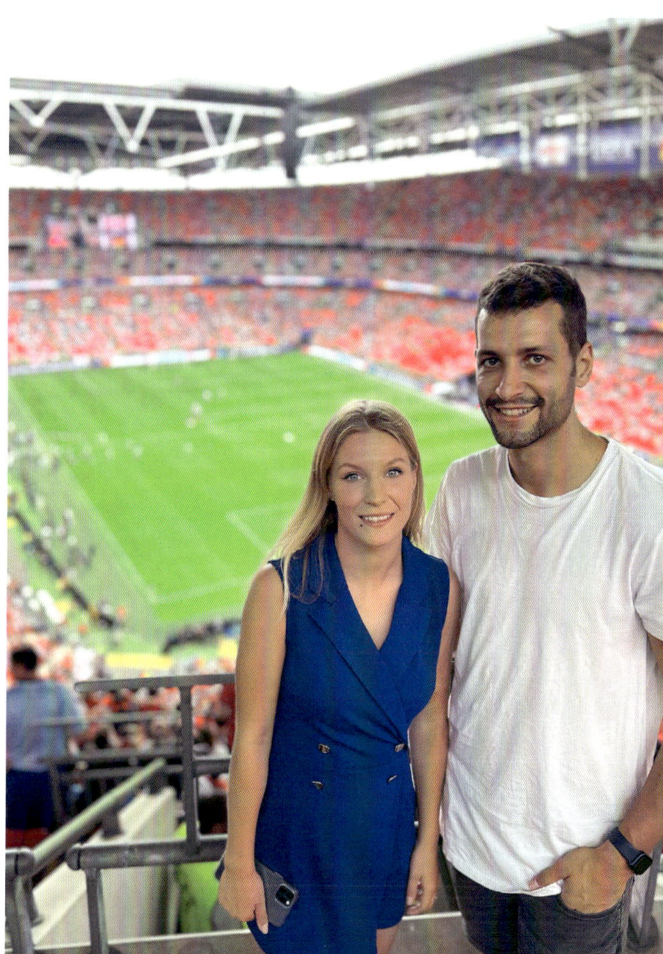

UNSERE STORYS

WIR – DAS FREESTYLE-DUO!

Wenn uns Zuschauer beim Freestyle Football gemeinsam in Aktion erleben, können sich die meisten kaum vorstellen, dass das nicht ganz selbstverständlich so gut klappt. Natürlich sind wir nicht schon immer ein so eingespieltes Duo gewesen, und unsere Bewegungsabläufe greifen nicht von selbst so scheinbar mühelos ineinander. Tatsächlich haben wir uns erst 2020 beim Superball in Prag kennengelernt. Das ist die größte Freestyle-Football-Weltmeisterschaft, die die WFFA, die World Freestyle Football Association, veranstaltet.

Zum ersten Mal – allerdings virtuell – haben wir uns im Mai 2020 während der Corona-Pandemie bei einem Online-Freestyle-Wettbewerb gesehen. Patrick durfte mit vier weiteren Freestylern Deutschland repräsentieren und trat in verschiedenen Kategorien gegen Freestyler aus den Niederlanden an. Aguśka bewertete die einzelnen Disziplinen als Judge.
Bei der Freestyle-WM in Prag trafen wir uns dann zum ersten Mal persönlich. Wir tauschten uns über den Online-Wettbewerb sowie über Freestyle und unser Leben im Allgemeinen aus.

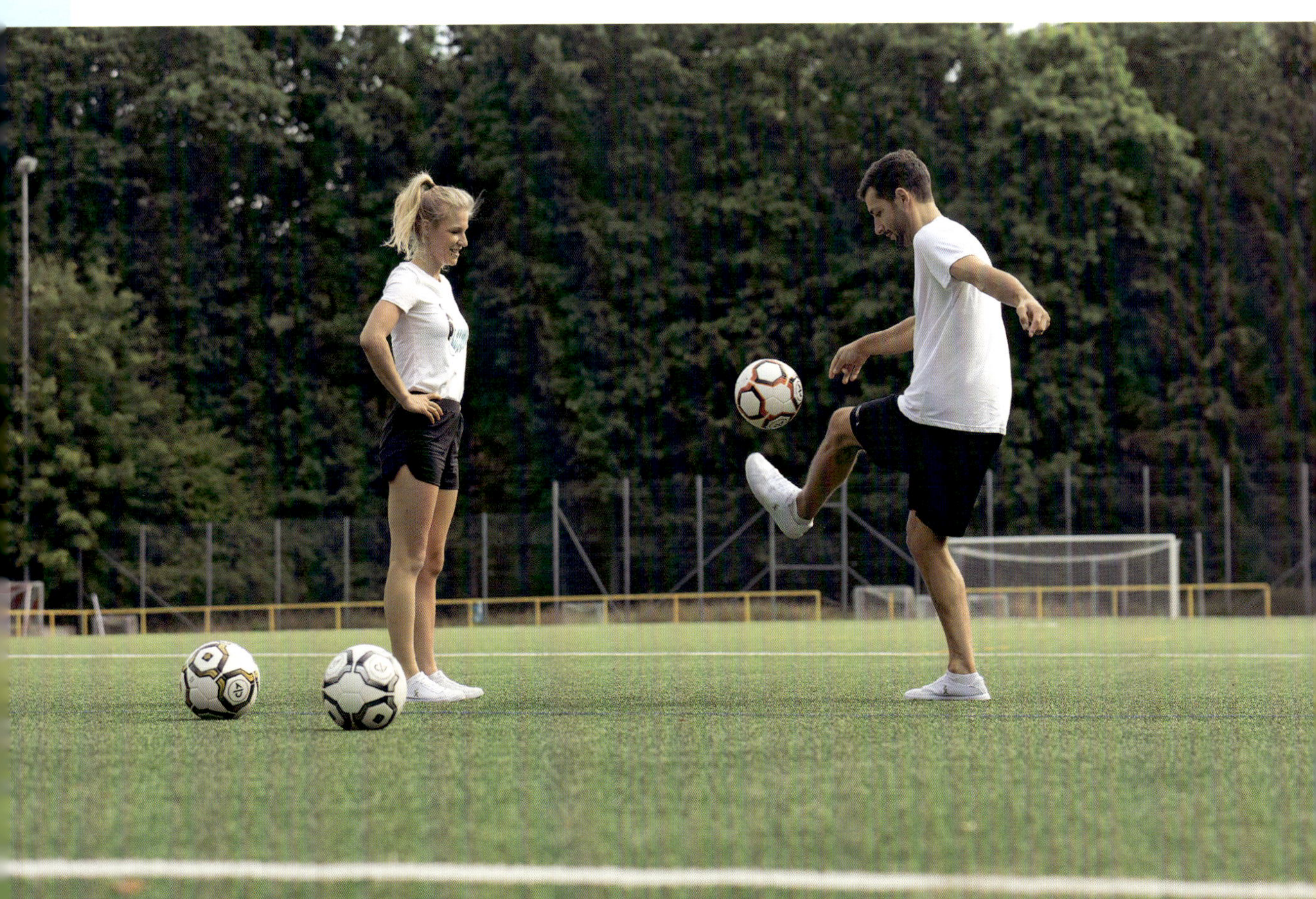

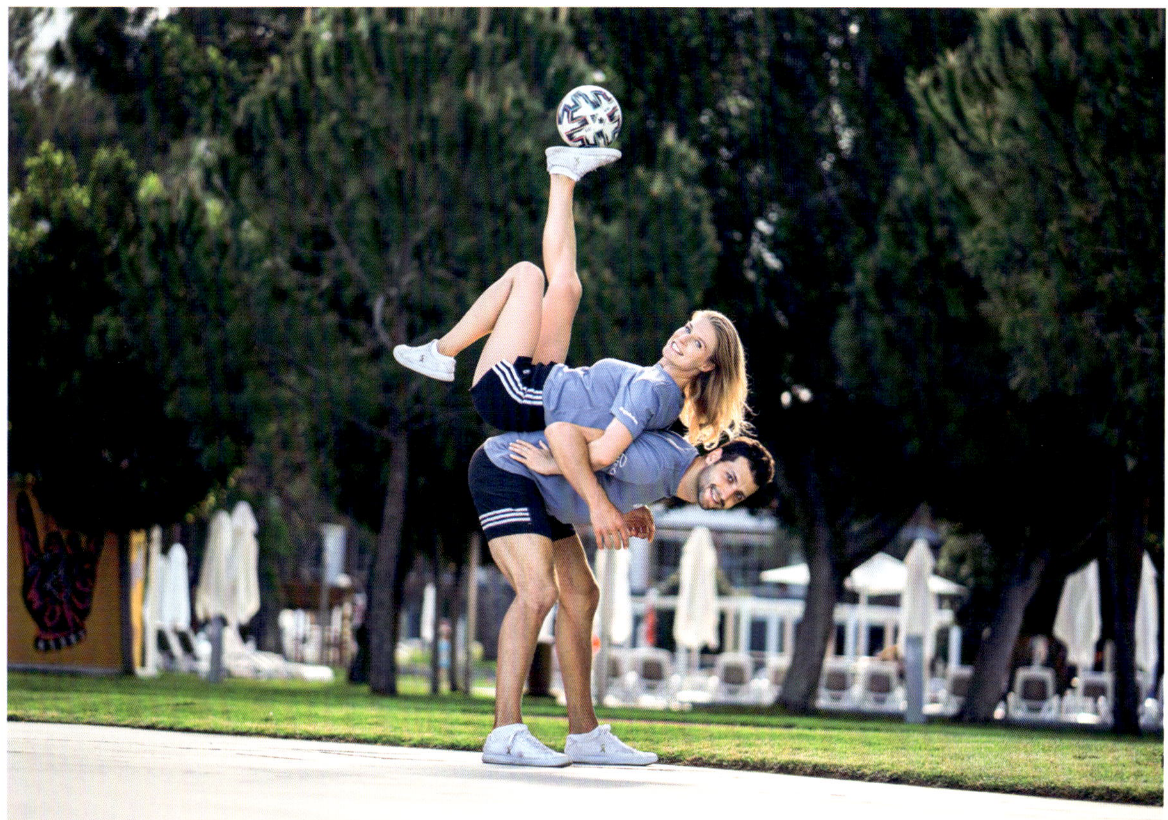

Dabei haben wir schnell festgestellt, dass wir die gleiche Vision, die gleichen Ziele haben und natürlich die gleiche Leidenschaft teilen: Freestyle Football! Aus diesen vielen Gemeinsamkeiten haben sich in zahlreichen Gesprächen viele neue Ideen entwickelt. Das war so spannend, dass wir weiter in Kontakt blieben, nachdem wir von der Freestyle-WM abgereist waren - Patrick zurück nach Deutschland und Aguśka nach London und dann nach Polen.
Im Dezember schließlich konnten wir zwei Wochen zusammen in Deutschland trainieren. Das war gar nicht so einfach, wie es sich jetzt vielleicht anhört: Die Reise von Rzeszów im Südosten Polens nach Blumberg in Deutschland war aufgrund der Corona-Pandemie eine wahre Odyssee! Es gab keine Flüge, und die öffentlichen Verkehrsmittel fuhren nur sehr eingeschränkt. So dauerte es mit einer Mitfahrgelegenheit ganze 17 Stunden, bis Aguśka endlich in Deutschland angekommen war. Dann begannen wir sofort damit, neue Tricks auszuprobieren.

„Das Geheimnis des Erfolgs ist anzufangen."

Die ersten Freestyle Football Shows

Bereits im selben Jahr entstand dann im gemeinsamen Gespräch auch die Idee, für unsere Sportart Shows zu kreieren, die es so noch nicht gab. Mit diesen Shows wollten wir Mädchen und Jungs, Frauen und Männer ansprechen, denn Aguśka zeigt ja absolut überzeugend, dass Frauen den Ball mindestens genauso gut beherrschen wie Männer. Außerdem kommt man als sportinteressierter Mensch in den Medien an Frauenfußball gar nicht mehr vorbei! Daher ist es uns besonders wichtig, dass diese Events von uns beiden gemeinsam umgesetzt werden! Mit unseren einmaligen Freestyle Football Shows wollten wir Events aller Art bereichern.

Gedacht – getan! Wir setzten uns an die Planung unserer Shows und trainierten intensiv dafür. Und schon im darauffolgenden Jahr 2021 gelang uns ein Riesenerfolg: In der Livesendung „Blue Peter" bei der BBC in Manchester stellten wir gemeinsam einen Guinness-Weltrekord im Freestyle Football auf!

Dieser Rekord war für uns ein toller Ansporn, weiter an unserem Programm zu feilen und immer mehr Tricks miteinander zu kombinieren. Choreografie und Ballkunst auf höchstem Niveau waren angesagt: Wir starteten ein intensives Training zu Hause, denn mittlerweile war aus dem sportlichen Miteinander auch eines als Paar geworden. Zum Glück haben wir einen Raum, den wir für unser Training nutzen können. Dies ist optimal, da wir so jederzeit trainieren können und unabhängig von weiteren Personen oder festen Zeiten, z. B. in einer Sporthalle, sind. Da wir sehr oft und viel in verschiedenen Städten und Ländern weltweit unterwegs sind, informieren wir uns immer im Voraus, wo und wann wir trainieren können. Dafür eignen sich Fitness-Studios, Fußballplätze oder auch Parks. Einen Platz zum Freestylen findet man fast immer.

Alles, was man für das Training zu Hause braucht, ist etwas Platz: Mit etwa 4 x 4 Meter bist du dabei. Viele Tricks lassen sich aber auch auf kleinerem Raum üben, z. B. alle Stall-Tricks (bei denen der Ball auf einem Körperteil balanciert wird). Du solltest aber darauf achten, dass du nicht direkt neben einem Spiegel, einer Glasvitrine oder anderen zerbrechlichen Gegenständen deine Tricks probierst. Schließlich kann auch mal etwas schiefgehen, und du könntest dich verletzen oder etwas zu Bruch gehen. Außerdem brauchst du natürlich einen Ball, aber das war's!

Tolle Events

Ebenfalls 2021 folgten dann Einladungen für die Casting Show „Das Supertalent" des Fernsehsenders RTL sowie für die polnische Version Mam Talent. Es war wirklich eine tolle Erfahrung für uns, auf solch großen Bühnen zu stehen und die Zuschauer zum Staunen zu bringen! Und natürlich hat es uns unserem Ziel, Freestyle Football bekannter zu machen, ein gutes Stück näher gebracht!

Wir arbeiten und trainieren viel für weitere große Shows in den kommenden Monaten und Jahren, und ihr werdet uns sicherlich bald bei einigen großen Events und im Fernsehen sehen. Es war immer ein Kindheitstraum von uns beiden, an solchen Produktionen mitzuwirken. 2022 traten wir gemeinsam beim DFB-Pokalfinale in Berlin auf und waren Teil der Showeinlagen vor einem begeisterten Publikum. Wir haben eine Tour durch Berlin gemacht und konnten an den bekanntesten Plätzen die Menschen mit unseren Freestyle-Tricks begeistern und zum Mitmachen animieren. Und am Spieltag selbst haben wir vor dem Spiel auf der Fanmeile vor dem Stadion den Fußball-Fans unsere Duo Shows präsentiert. Das hat unheimlich viel Spaß gemacht!

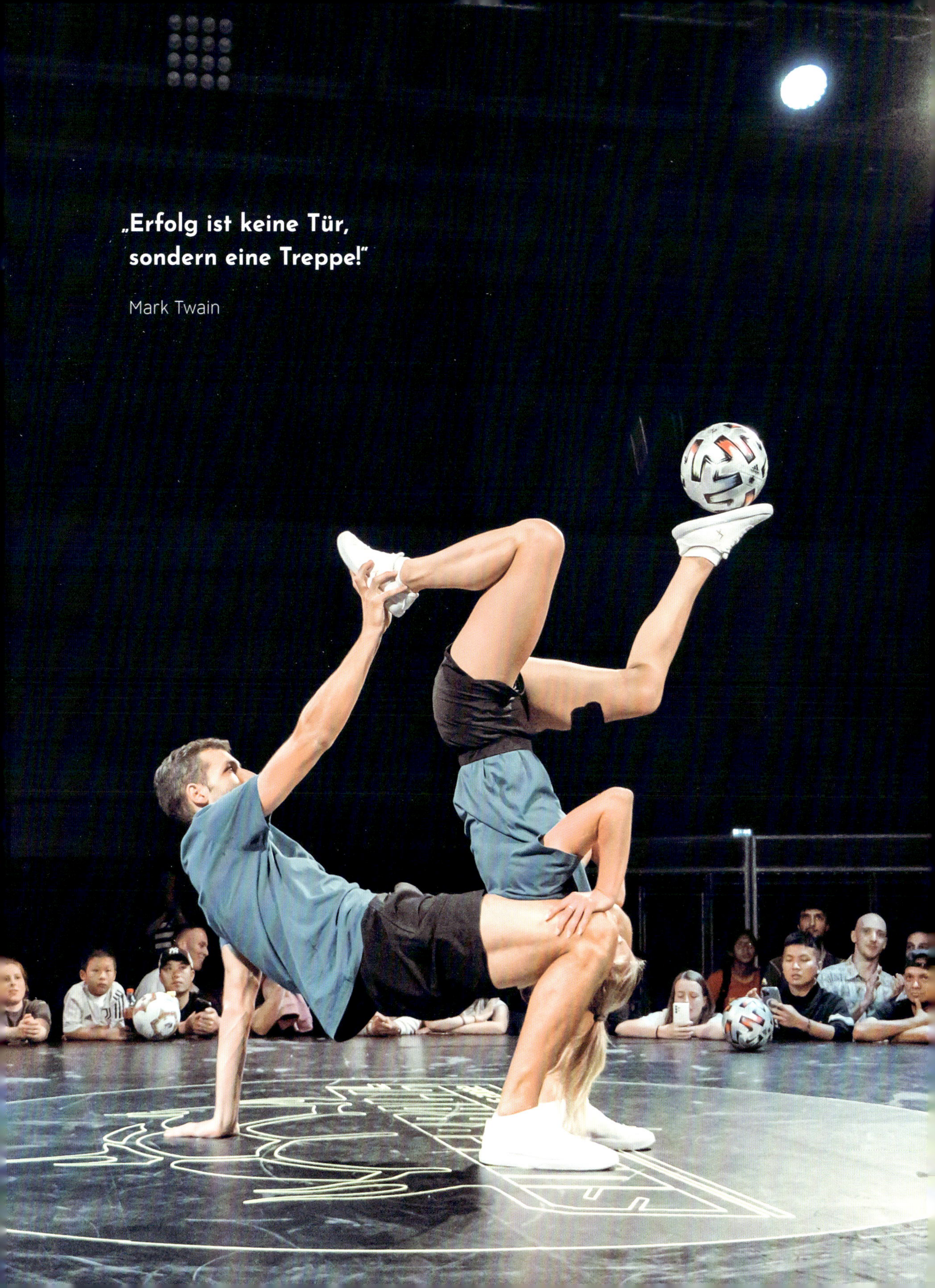
„Erfolg ist keine Tür,
sondern eine Treppe!"
Mark Twain

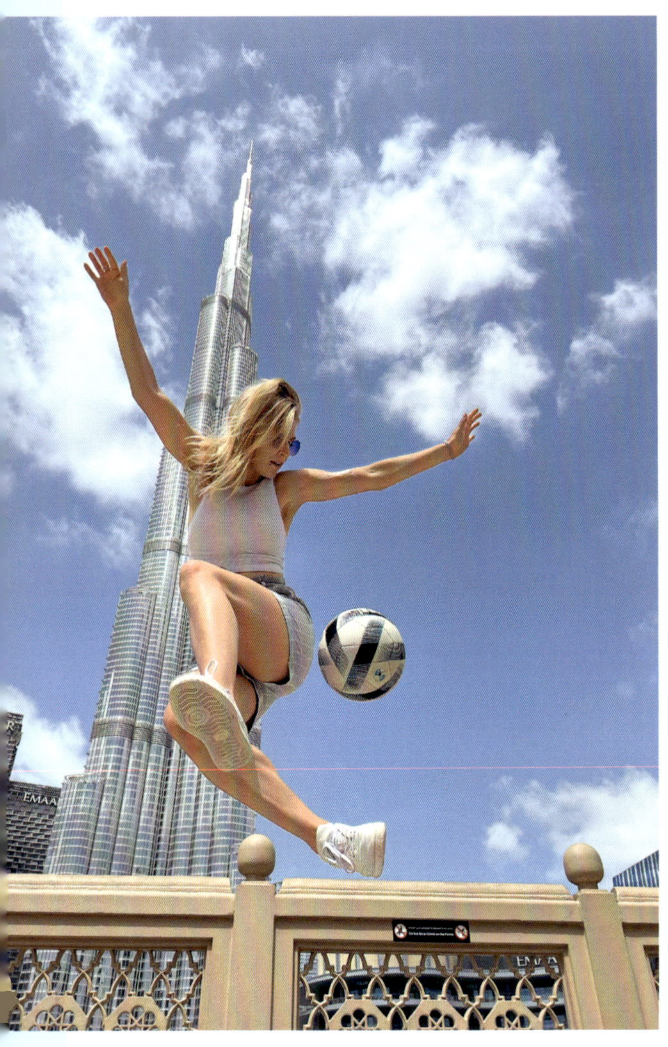

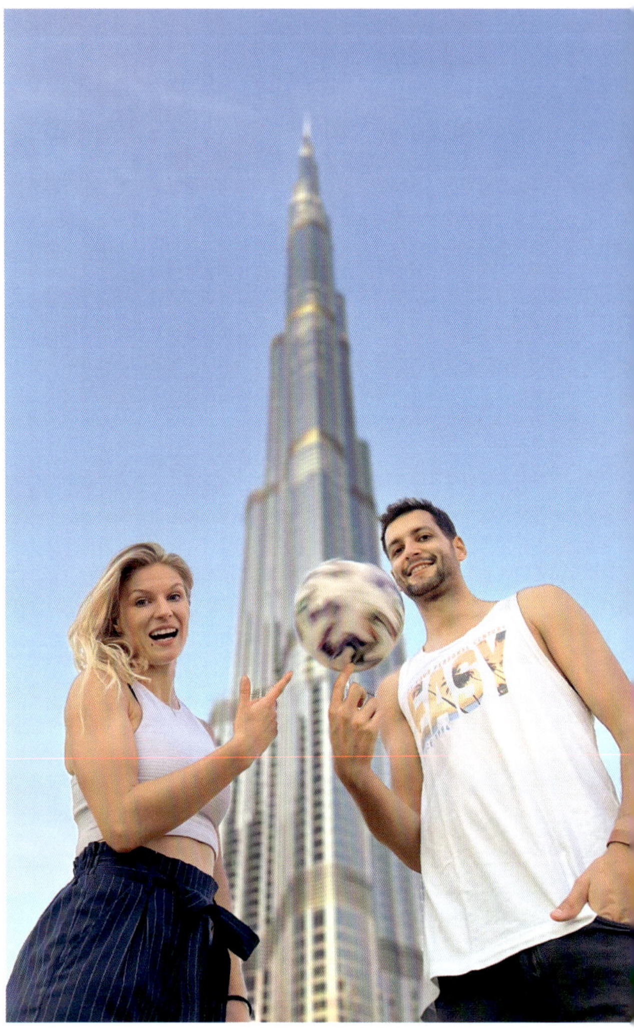

Bei der Community Championship von Aramco in Saudi-Arabien zeigten wir unsere Shows und gaben auch Workshops für Kinder und Jugendliche und für alle anderen interessierten Zuschauer. Schließlich möchten wir unser Wissen und unsere Fähigkeiten nicht für uns behalten!

Im selben Jahr – und das hat uns besonders gefreut – erhielten wir die Einladung zum Training und Freestylen bei Paris-Saint-Germain in Katar. Dabei konnten wir unsere Ball-Akrobatik einem breiten Publikum präsentieren. Wir konnten uns an verschiedenen Stationen mit Fußballprofis messen, u. a. mit Neymar Jr. und Kylian Mbappé. Wir sind z. B. beim „1 gegen 1“, beim Torabschluss oder im Elfmeterschießen gegen sie angetreten. Und natürlich haben wir den Fußballprofis auch Freestyle-Tricks beigebracht!

Während der Frauen-Europameisterschaft in England 2022 durften wir mit unserem Sponsor auf Freestyle Tour gehen. Für unser Ziel, Freestyle Football nicht nur insgesamt bekannter zu machen, sondern auch Mädchen und junge Frauen anzusprechen und für diese Ballkunst zu begeistern, war das natürlich ein super Event!

Mit Begeisterung!

Mit unseren Shows im perfekten Zusammenspiel zwischen uns beiden möchten wir unsere Begeisterung für unseren tollen Sport zeigen und auch bei anderen wecken. Der Funke soll auf unsere Zuschauer überspringen – und auch die Neugierde darauf, was Freestyle Football ausmacht. Schließlich ist es doch wirklich bemerkenswert, was man mit Körperbeherrschung, Disziplin und Training alles erreichen kann! Dies soll alle – besonders Kinder und junge Menschen – dazu inspirieren, sich selbst an die Tricks heranzutrauen!

Gerade die Kombination und unsere Shows mit Tricks auf höchstem Level schaffen einfach Begeisterung für unsere Sportart, und die geben wir sehr gerne an alle Zuschauer unserer Shows, aber auch bei Workshops und in Trainingscamps weiter. Denn um Freestyler zu sein, muss man längst kein geübter Fußballspieler sein! Auch wenn Fußballprofis so manche Tricks in ihr eigenes Training einbauen und bei den Spielen durch ihr enormes Ballgefühl und ihre Ballbeherrschung beeindrucken, ist Freestyle Football doch etwas ganz anderes. Um unsere Ball-Akrobatik ausführen zu können, braucht man lediglich eines: eine gute Anleitung zu den einzelnen Tricks, Disziplin und Ausdauer beim Training, wie bei jedem anderen Sport auch. Und natürlich sollst du dabei auch den Spaß nicht vergessen! Wenn du die Tricks von Anfang an richtig übst und konsequent trainierst, dann werden sich auch bei dir bald erste Erfolge einstellen!

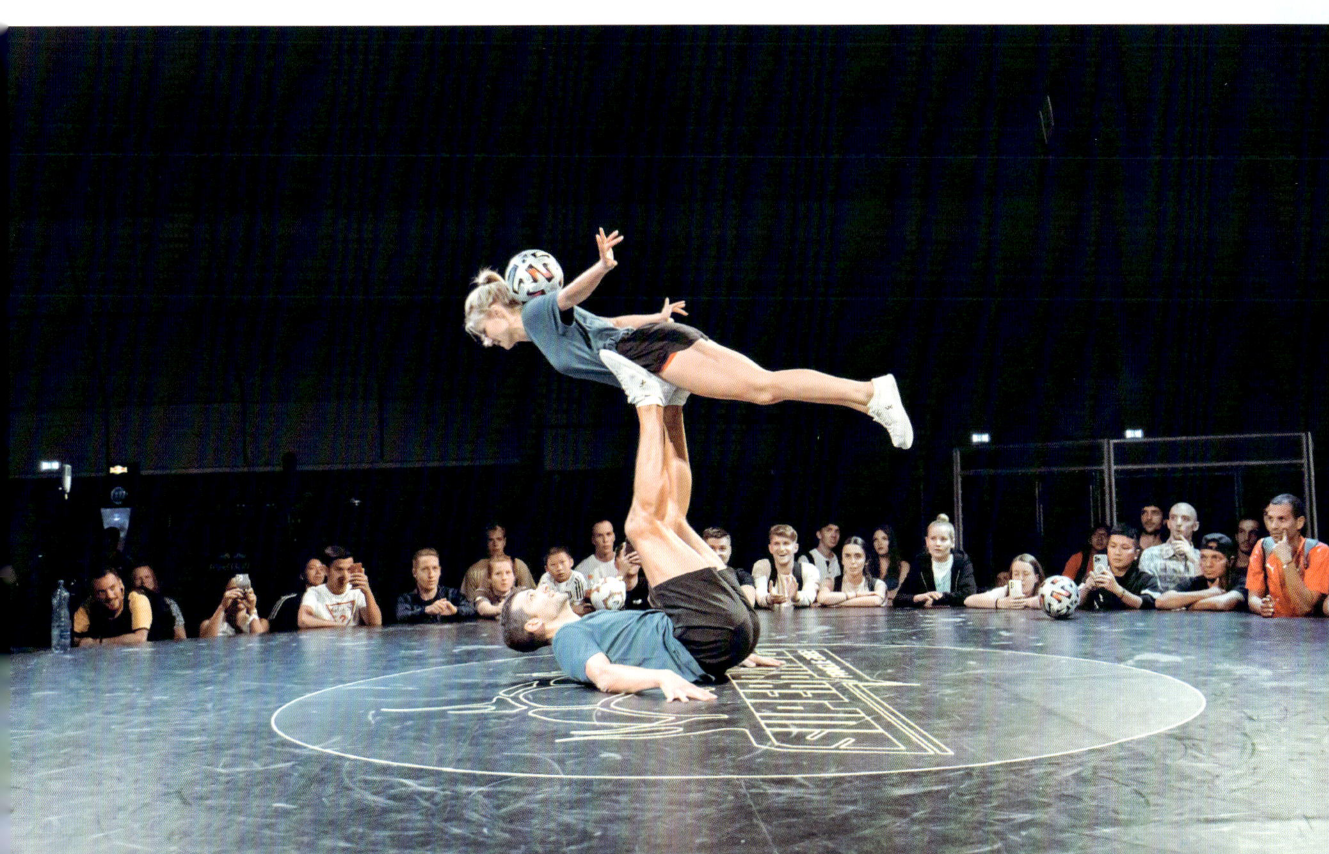

HI, ICH BIN AGUŚKA, ...

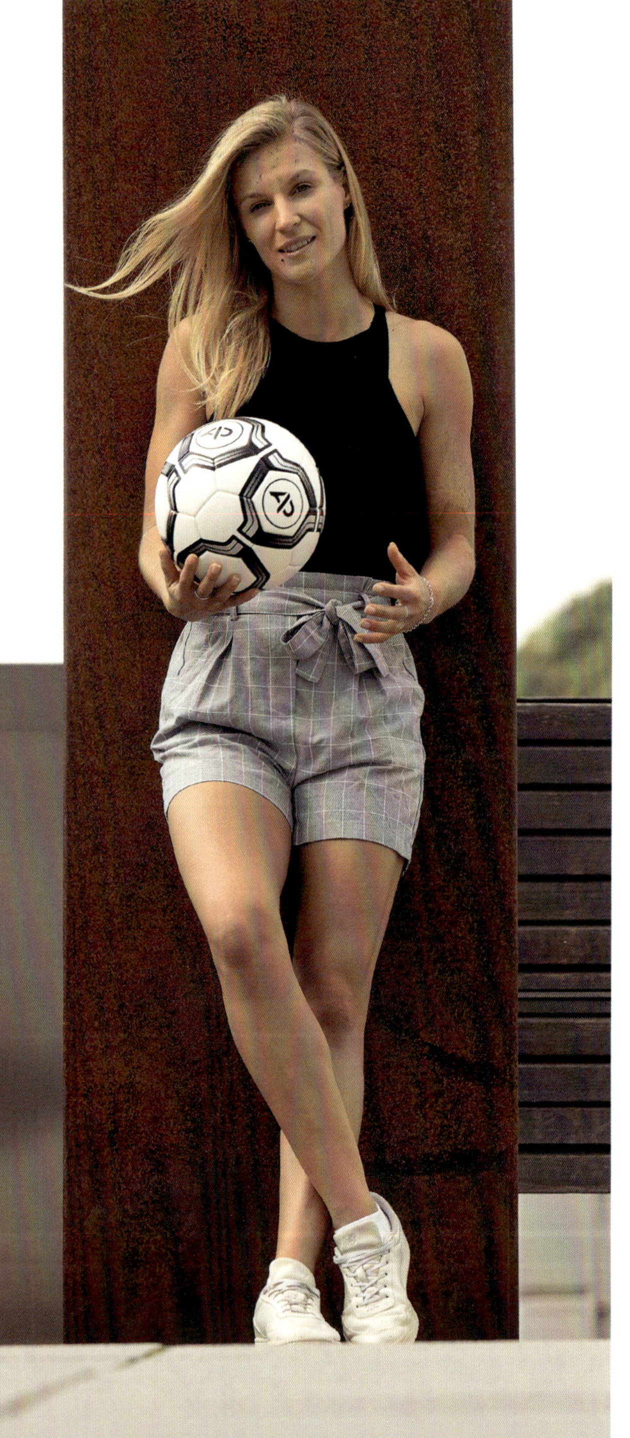

... und ich freestyle für mein Leben gern! Mädchen können kein Fußball? Mit diesem Vorurteil habe ich direkt aufgeräumt, als ich 2013 mit 17 Jahren das erste Mal einen Ball am Fuß hatte. Schließlich wurde ich innerhalb weniger Jahre viermal World Champion und zweimal European Champion im Freestyle Football. Außerdem halte ich mit Patrick zusammen einen Guinness-Weltrekord. Wir haben die meisten Pässe von Nacken zu Nacken mit einem Fußball geschafft: In 30 Sekunden 24 Wiederholungen!

Aber am besten beginne ich von vorn: Ich wurde 1995 in Polen geboren. Eine besondere Fußball-Begeisterung gab es in meiner Familie nicht, aber Sport und Bewegung spielten bei uns immer eine große Rolle. Mit meinen sechs Geschwistern und meinen Freunden habe ich eigentlich immer draußen die Umgebung unsicher gemacht. Wir waren fast nie drin. Das mag sich für dich vielleicht ungewöhnlich anhören, aber wir hatten keinen Computer und kein Smartphone, und das Fernsehprogramm war ziemlich überschaubar.

Freestyle-Fieber

Mit Fußball allerdings hatte ich nie viel am Hut; ich habe immer nur mit meinen Brüdern ein bisschen gekickt. Mit 17 bin ich zwar mit ein paar Freundinnen in einen kleinen Fußballverein eingetreten, und wir haben einige Freundschaftsspiele bestritten. Das war aber nie so wirklich mein Ding. Doch eines Tages sah ich neben dem Sportplatz zwei Freestyler und war von ihren Tricks fasziniert. Seit diesem Tag wusste ich, dass ich so etwas auch können wollte. Also

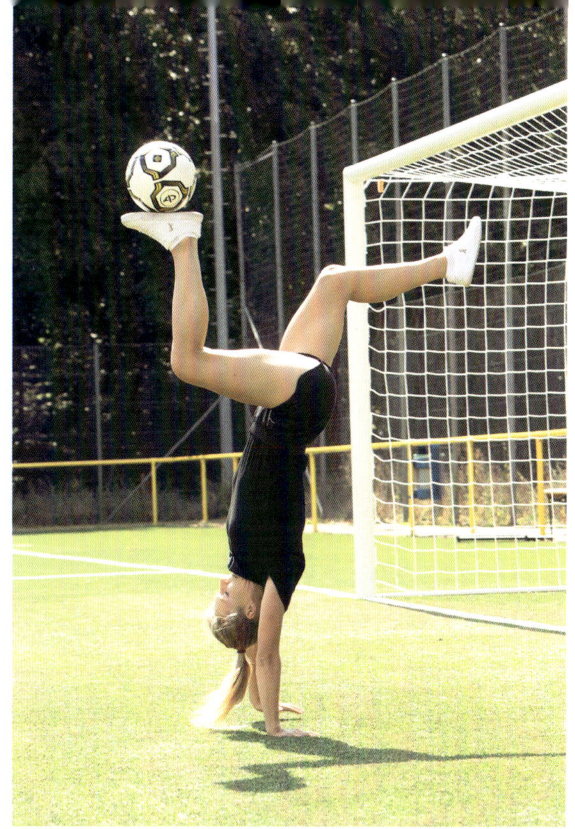

Meine Titel:
2017 EUROPEAN CHAMPION
2018 WORLD CHAMPION
2019 EUROPEAN CHAMPION
2019 WORLD CHAMPION
2020 WINNER SUPER BALL WORLD OPEN
2021 WORLD CHAMPION
2021 GUINNESS WORLD RECORD
2022 WORLD CHAMPION

habe ich mir sofort am nächsten Tag den Ball geschnappt und mit Freestyle angefangen. Das Freestyle-Fieber hatte mich gepackt!
Die ersten vier Jahre lang habe ich wirklich jeden Tag trainiert, so viel und so lange wie möglich. Bis heute finde ich es einfach toll, den Ball tanzen zu lassen. Es gibt so viele Möglichkeiten und Kombinationen, und man kann sich immer weiterentwickeln!
In der ersten Zeit fand mein Training immer im Freien statt, im Sommer wie im Winter. In der Wohnung hatten wir einfach keinen Platz, und einen Verein mit den entsprechenden Räumlichkeiten gab es nicht. Das war natürlich manchmal ziemlich ungemütlich, besonders im Winter. Aber wenn man unbedingt will und auf richtige Kleidung achtet, geht auch das!

„Es gibt keine Ausreden, und nur mit Training kann man sich verbessern."

Meisterschaften und Titel

2014, etwa ein Jahr, nachdem ich mit dem Freestylen angefangen hatte, nahm ich an meinem ersten internationalen Wettkampf teil: an der RBSS, der Red Bull Street Style-Weltmeisterschaft in Brasilien. Ich konnte es kaum fassen, dass ich es auf den 4. Platz schaffte!
Überhaupt schon die Qualifikation zu erreichen, war ein riesiger Erfolg für mich. Schließlich musste man sich für die Teilnahme online mit Videos qualifizieren, und nur die besten acht Freestylerinnen aus der ganzen Welt wurden eingeladen. Zuerst wollte ich mich daher gar nicht bewerben, weil ich mich noch nicht gut genug fand, aber zum Glück haben mich meine Freunde überredet.
Das war wirklich verrückt! Bis dahin hatte ich noch nie in einem Flugzeug gesessen und sprach auch kein Englisch. Doch das hat mich nicht davon abgehalten, mich auf dieses Abenteuer einzulassen und Polen bei der Freestyle-Weltmeisterschaft in Brasilien zu repräsentieren.

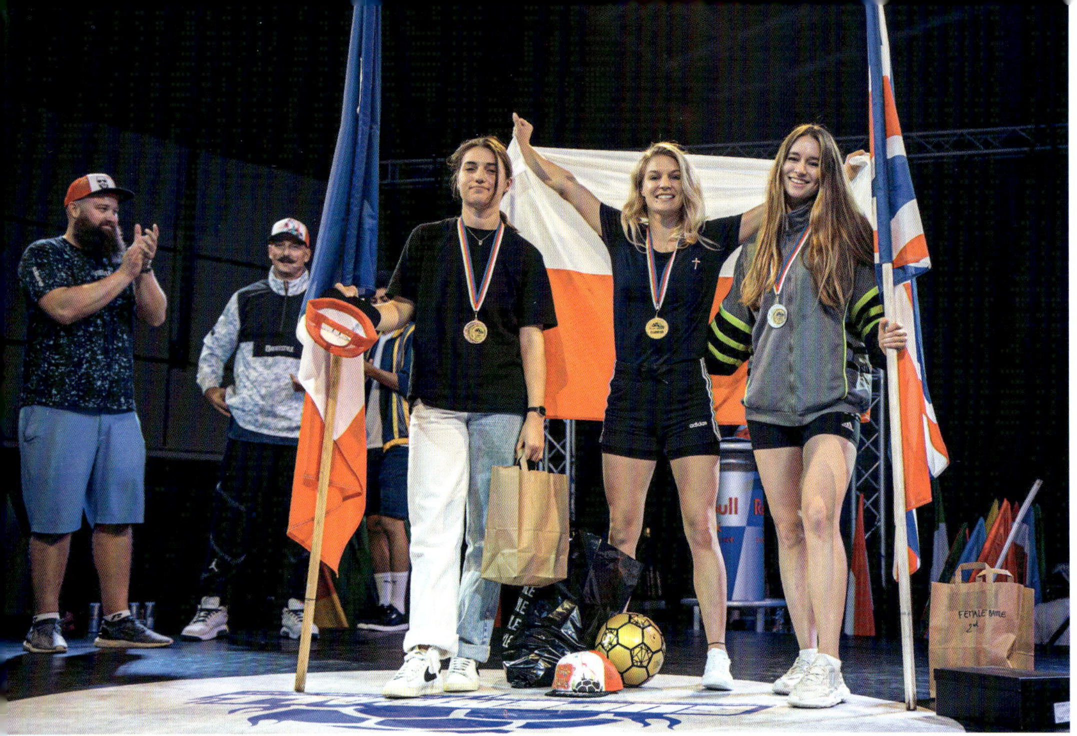

Um meine Fähigkeiten weiter auszubauen, zog ich 2016 nach London. Das war für mich sehr aufregend: neuer Wohnsitz, neue Erfahrungen, neue Herausforderungen. Seit dieser Zeit bin ich Freestyle-Profi: Ich biete Shows an und trainiere für die Teilnahme an Wettkämpfen.
Das viele Training zahlte sich aus: 2016 holte ich bei der RBSS den 2. Platz, 2017 bei der Europameisterschaft im Freestyle den 1. Platz und 2018 bei der RBSS den 1. Platz. Doch das Tollste war für mich mein erster WM-Titel bei der Freestyle-Weltmeisterschaft 2018 in Warschau, in meinem Heimatland Polen.
Es folgten noch so einige andere Meisterschafts-Titel, z. B. viermal der 1. Platz beim Superball (2019, 2020, 2021 und 2022).
Im April 2022 durfte ich meine Tricks bei der FIFA-Auslosung zur Fußball-WM in Katar in Doha performen. Und bei der eigentlichen WM im November und Dezember 2022 sind wir mit unseren Duo Shows dabei!
Seit 2021 lebe ich nun mal in Deutschland, mal in England und mal in Polen, und durch die Freestyle Shows sind wir zudem sehr viel unterwegs.

Zähne zusammenbeißen und durch!

Dass ich recht schnell Erfolge vorweisen konnte, soll aber nicht heißen, dass bei mir immer alles reibungslos läuft und ich nie ein Tief habe. Tatsächlich hätte ich schon dreimal fast das Handtuch geworfen. Nachdem ich die ersten Tricks ziemlich schnell beherrschte, gab es eine Phase, in der es viel langsamer voranging. Ich sah kaum noch Fortschritte und war frustriert. Und wenn man anfängt, an sich zu zweifeln, kommt auch das Tun ins Stocken: Viele Tricks wollten mir einfach nicht gelingen.
Zum Glück hatte mich das Freestyle-Fieber zu fest im Griff, und ich blieb dran. Ich liebe diesen Sport einfach zu sehr! Aus diesen Krisen habe ich für mich eines mitgenommen, das ich mir immer wieder vor Augen halte: Die eine Trainingseinheit funktioniert möglicherweise besser als die andere. Im Sport gibt es immer Hochs und Tiefs.

„Das Geheimnis ist das Durchhalten!"

„Ich liebe es ganz besonders, dass du in diesem Sport einfach du selbst sein kannst. Das ist in meinen Augen das Attraktivste an der Freestyle Community."

Durch Freestyle habe ich ein großes Selbstbewusstsein aufgebaut - für alle Lebenssituationen. Ich glaube an mich selbst wie noch nie zuvor! Und wie nie zuvor sehe ich den Wert in mir selbst!
Ich habe nie wirklich die Unterstützung meiner Familie gehabt. Ich habe zwar ein gutes Verhältnis zu meinen Eltern und meiner Familie, aber an meinem Freestyle Football gab es nie ein besonderes Interesse. Das war nicht immer leicht für mich.

In meinem Leben hatte ich schon mit vielen Schwierigkeiten zu kämpfen. Ich hatte Depressionen und war aufgrund verschiedener Lebensumstände einfach unglücklich. Mit Freestyle hat sich das zum Glück geändert: Endlich gab es etwas Positives, etwas, in dem ich wirklich gut war und das mir Bestätigung gegeben hat.
Eine noch wichtigere Änderung ereignete sich Ende 2017, als ich bereits seit über einem Jahr in London gelebt hatte: Gott kam in mein Leben. Seitdem kann ich mir ein Leben ohne ihn nicht mehr vorstellen. Mit dem Vertrauen auf ihn hat alles eine ganz neue Qualität erhalten: wie ich lebe, wie ich denke und wie ich mit Menschen umgehe. Ich habe meine Werte, was mir im Leben wichtig ist, überdacht und neu sortiert.

„Through his power and for his glory!"

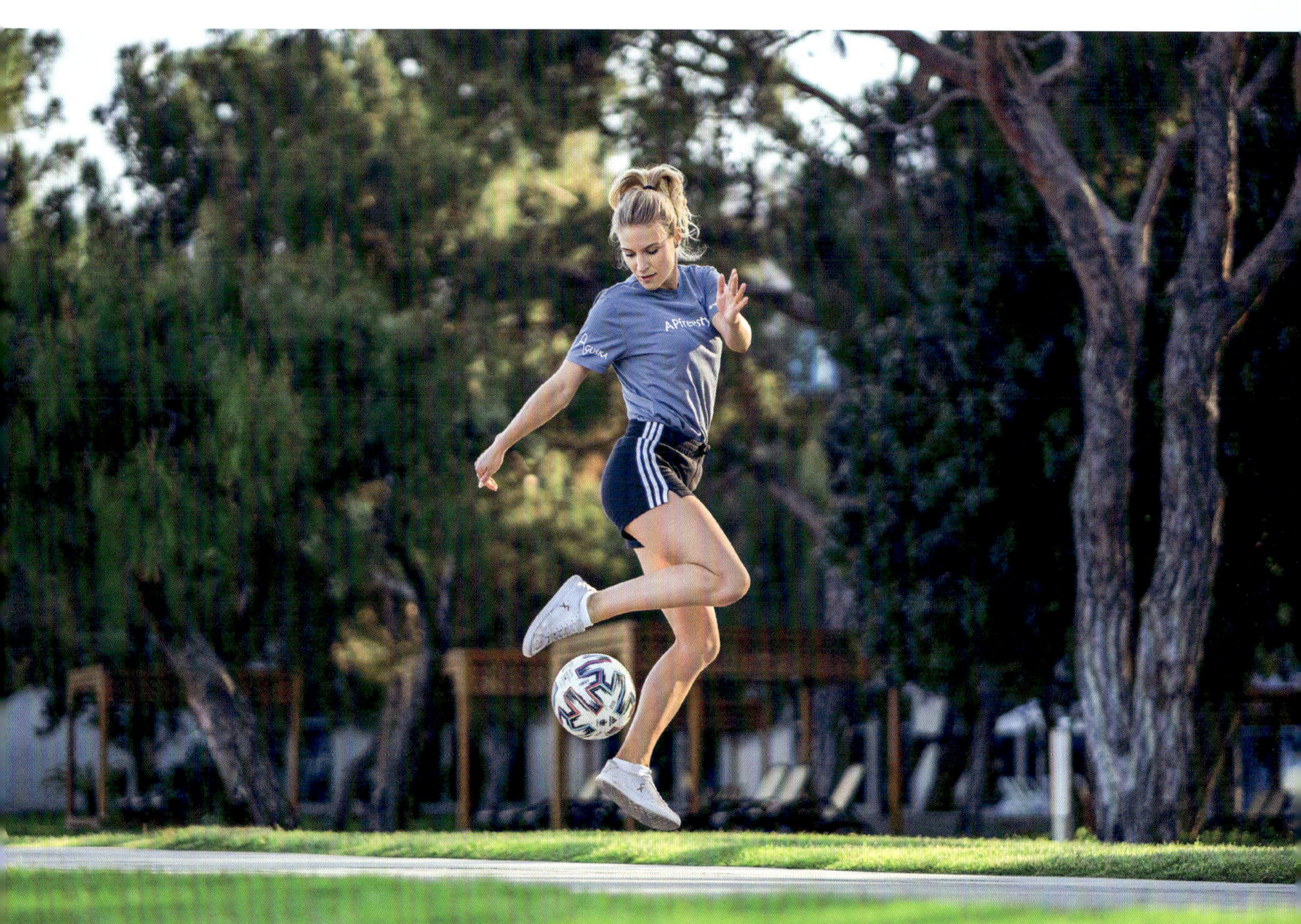

UND ICH BIN PATRICK, ...

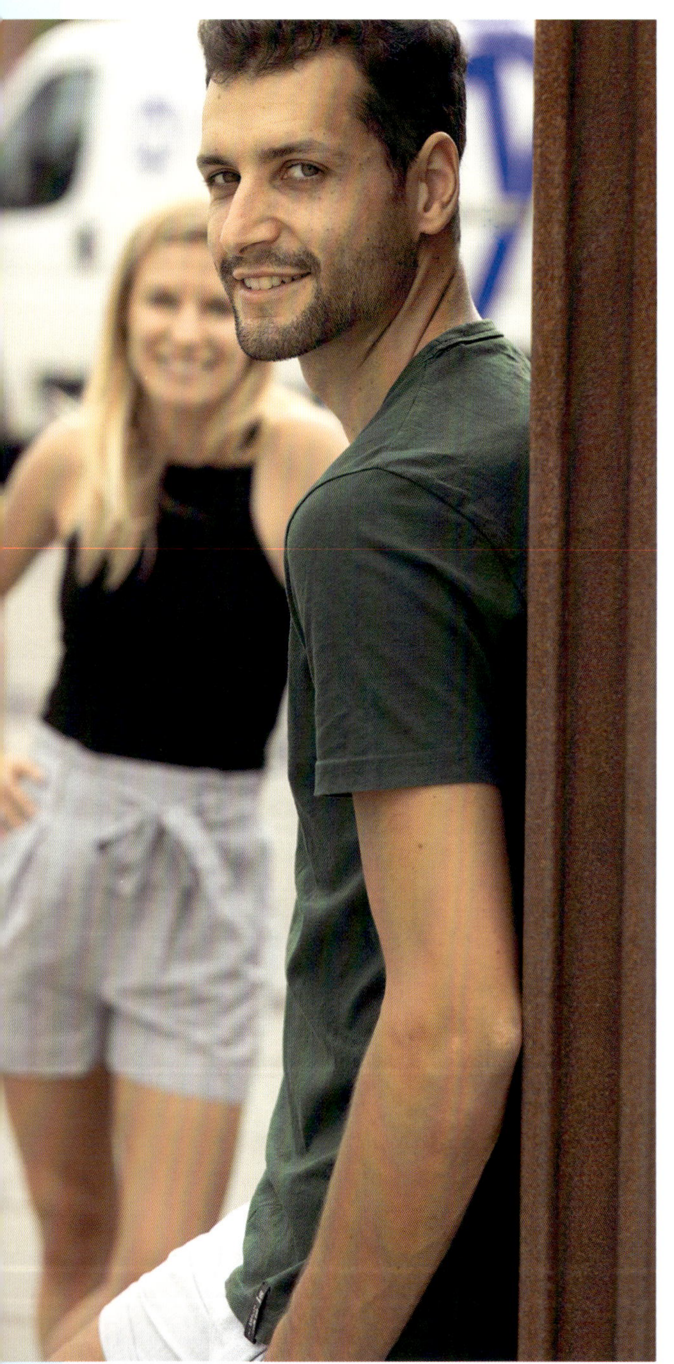

... Football-Freestyle-Profi, Vize-Weltmeister und Weltrekordhalter im Freestyle Football.

Aufgewachsen bin ich in Deutschland, in Hondingen bei Blumberg am südöstlichen Rand des Schwarzwaldes in Baden-Württemberg. Wie bei vielen Jungs auch war Fußball praktisch von Beginn an mein Thema. Die Begeisterung für das runde Leder führte mich schon im Alter von fünf Jahren in den Verein. Angefangen habe ich in der F-Jugend beim SV Hondingen e. V. Und klar, wie alle um mich herum habe ich die Spieler der Profi-Ligen bewundert. So wollte ich spielen können, so den Ball beherrschen. Schon damals bestaunte ich die Tricks und das Koordinationsvermögen der Fußballprofis. Selbst ein Fußballprofi zu werden, das war mein ganz großer Traum!

Vorbild Ronaldinho

2007 brachte dann einen entscheidenden Schlüsselmoment für mich. Ich sah auf YouTube die Tricks des brasilianischen Nationalspielers Ronaldinho. Seine Ballbeherrschung und sein Koordinationsvermögen faszinierten mich so sehr, dass ich mit dem Freestylen begann. „Around the World", also den in der Luft befindlichen Ball einmal mit dem Bein umkreisen, war eine meiner ersten Übungen. Der Funke war übergesprungen, und ich wollte unbedingt so mit dem Ball umgehen können wie die Profis. Jeden Tag nach der Schule und den Hausaufgaben schnappte ich mir also den Ball und probierte die auf YouTube gezeigten Tricks immer wieder. Ich habe so lange geübt und an mir gearbeitet, bis sie funktioniert haben.

Erfolg als Motivation

Diesen Ehrgeiz brauchte ich auch, denn am Anfang haben einige Tricks mehrere hunderte oder sogar tausende Versuche gebraucht, bis ich sie dann einmal geschafft habe. Aber jeder gelungene Trick, jedes Erfolgserlebnis, gab mir einen unglaublichen Push. Das hat mich dann immer so sehr motiviert, dass ich gleich zu einem anderen, oft sogar schwierigeren Trick übergegangen bin.

„Aufgeben war jedenfalls nie eine Option für mich, und Ehrgeiz und Disziplin beim Training gehören einfach zu jeder Sportart dazu."

Man muss die Hochs als Motivation nehmen, um über die Tiefs hinwegzukommen. Und um mit Ausdauer weiterzumachen.

„Setze deine Ziele hoch, und höre nicht auf, bis du ankommst."

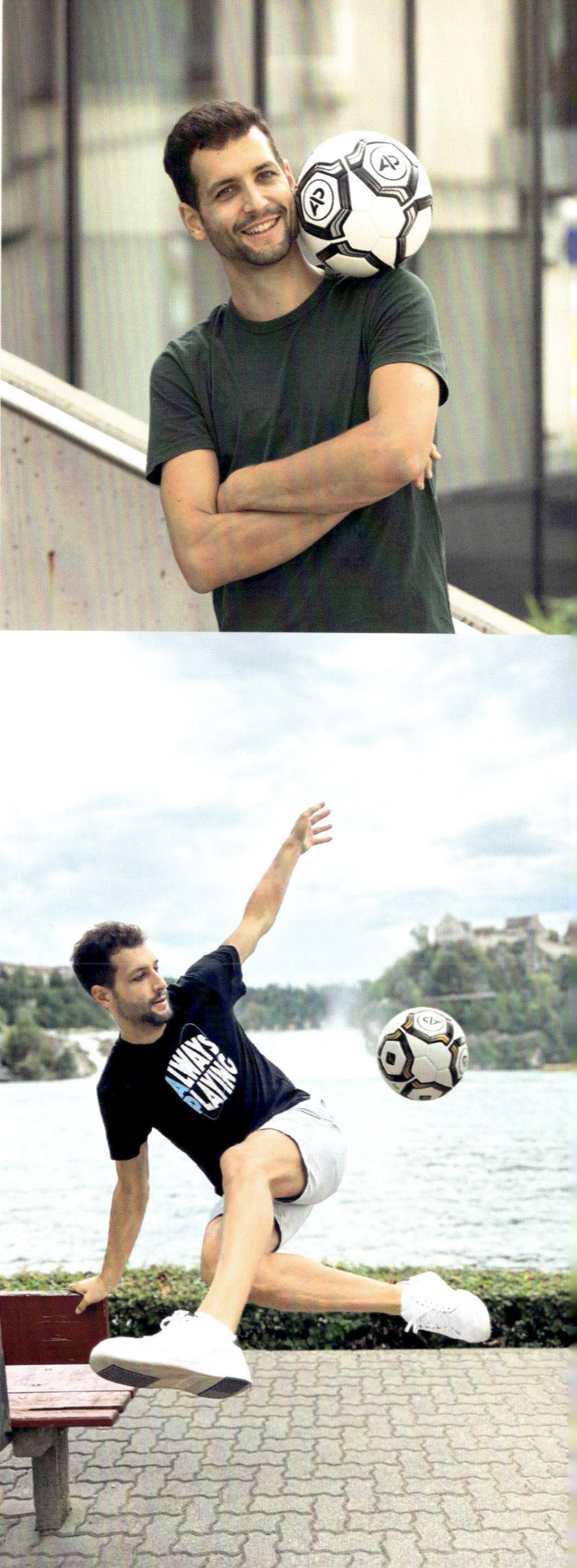

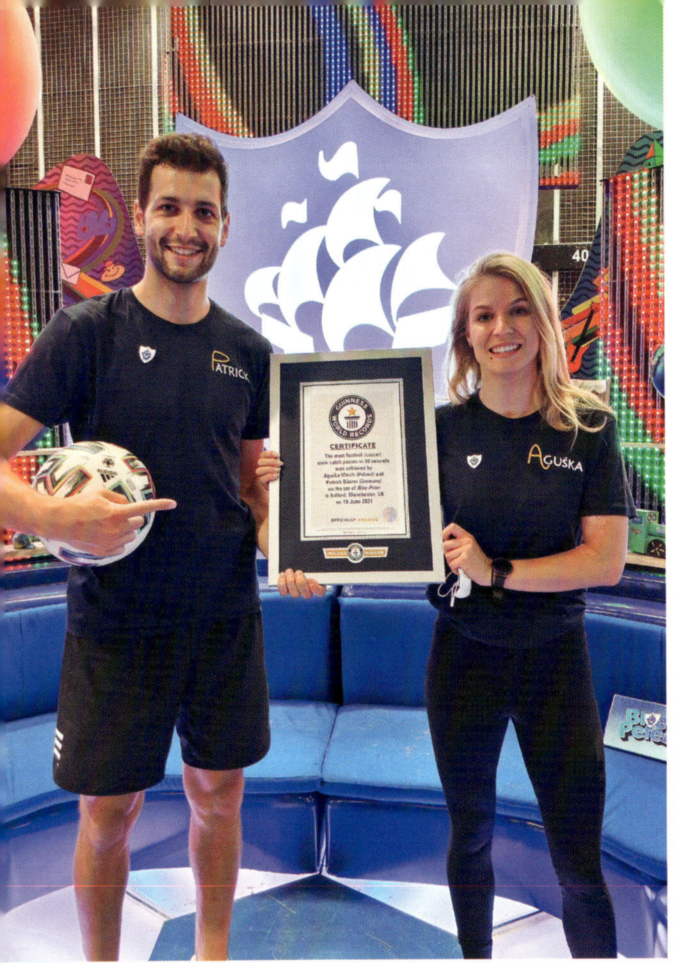

Die ersten Shows und Wettkämpfe

2011 hatte ich dann meine erste Show vor Zuschauern, und im Jahr darauf folgte meine erste Teilnahme am Superball, der Weltmeisterschaft im Freestyle Football in Prag. Im gleichen Jahr gewann ich einen ersten Titel bei einem Video-Wettbewerb in Deutschland, und 2013 folgte dann eine Show im aktuellen Sportstudio beim ZDF ebenso wie beim Paulaner Cup des Südens. Dafür wurden aus 19.000 Bewerbungen nur 25 genommen. Meine Mannschaft und ich, die „Paulaner Traumelf“, konnten uns qualifizieren und durften dann gegen den FC Bayern München ein Fußballspiel bestreiten!
Aber ganz auf den Freestyle Football wollte ich mich nicht begrenzen. Also absolvierte ich 2013 – 2016 an der DHBW in Lörrach ein duales Bachelor-Studium mit der Fachrichtung Wirtschaftsingenieurwesen. Mir war die interdisziplinäre Qualifikation dieses Studiums wichtig. 2017 – 2019 schloss sich an das Bachelorstudium dann mein Masterstudium „MBA Internationales Sportmarketing“ am Bodensee-Campus im schönen Konstanz an.
Parallel wurde ich nun jedes Jahr für mehr und mehr Shows im deutschsprachigen Raum gebucht. 2020 brachte dann meinen Guinness-Weltrekord mit sich: Ich schaffte die meisten Sitdown Crossovers in einer Minute, nämlich 118 Wiederholungen. 2021 haben Aguśka und ich dann gemeinsam beim BBC in Manchester einen weiteren Guinness-Weltrekord aufgestellt: die meisten Pässe von Nacken zu Nacken, nämlich 24 Wiederholungen in 30 Sekunden.
2021 schließlich wurde ich Vize-Weltmeister bei der Weltmeisterschaft in Prag beim Superball in der Kategorie Show.

Workshops und Freestyle-Camps

Mein ausdauerndes Training, meine Hingabe, aber vor allem meine Begeisterung für das Freestylen hatten sich gelohnt. All dies wollte ich nun auch an Kinder und Jugendliche in Freestyle Workshops und Camps weitergeben. Ich möchte die Kids als Freestyle Coach inspirieren und motivieren, um selbst mit Freestyle Football anzufangen. Und vor allem, um dranzubleiben.

„Koordination, Ballbeherrschung und Beweglichkeit lassen sich trainieren und weiterentwickeln, wenn man nur dranbleibt!“

Im Anschluss an meine Shows, vor allen bei Sportveranstaltungen, biete ich oft Workshops für die Kinder und Jugendlichen an, um ihnen ein paar Tricks beizubringen. Sportvereine laden mich auch gern für ganze Trainingseinheiten ein.

Außerdem veranstalte ich regelmäßig während der Schulferien Freestyle Camps. Hier möchte ich den Teilnehmerinnen und Teilnehmern im Laufe von mehreren Tagen (zwei bis fünf ganze Tage) so viel wie möglich beibringen und die Sportart Freestyle Football bekannter machen. Dabei geht es mir vor allem darum, weiterzugeben, was ich durch und dank des Freestylens gelernt habe: viele Dinge, die auch auf das Leben im Allgemeinen übertragbar sind.

Danke:
Ich bin meiner Familie sehr dankbar – besonders meinen Eltern Doris und Thomas. Sie und meine beiden Brüder Fabian und Dominik haben mich von Anfang an unterstützt.

„Nie aufgeben! Glaube an dich! Es geht nicht immer nur bergauf!"

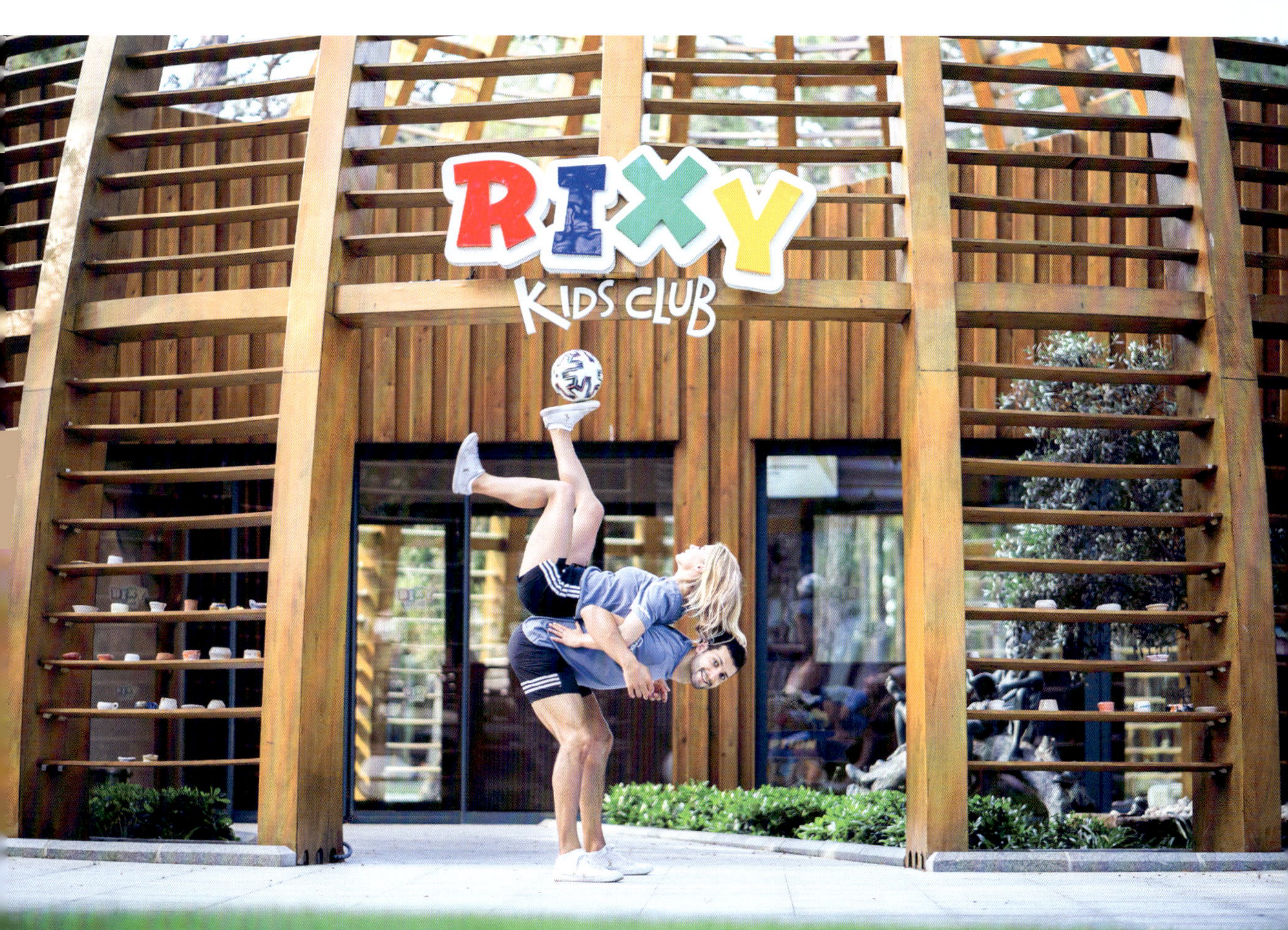

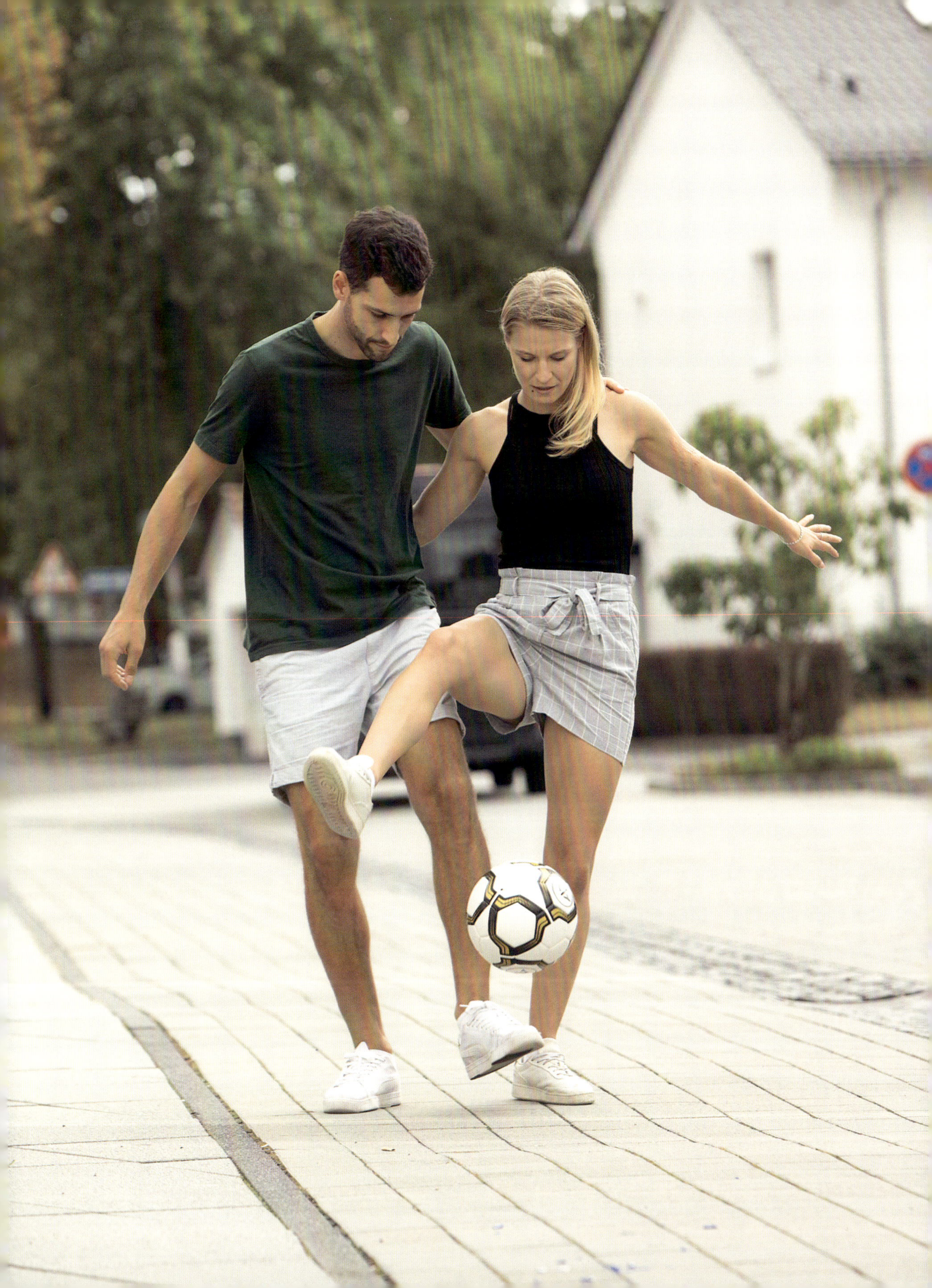

ZWISCHEN TRAINING UND BALLZAUBER: FREESTYLE FOOTBALL

DER ANFANG

Das Spielen begleitet die Menschheit schon, seit sie nicht mehr all ihre Zeit für die Nahrungsbeschaffung und die Sicherung anderer grundlegender Bedürfnisse aufwenden musste. Bereits aus der Antike gibt es Schilderungen von Ballspielen, z. B. in der Odyssee von Homer. Auch in China spielte man zweitausend Jahre vor Christus bereits ein dem Fußball ähnliches Spiel. Und von den Azteken, Mayas und anderen mittelamerikanischen Völkern sind ebenfalls rituelle Ballspiele überliefert.
Die Bälle, mit denen man damals spielte, waren natürlich nicht perfekt rund und mit Luft gefüllt wie heute. Sie waren meist aus Leder- oder Stoffstücken zusammengenäht und mit dem gefüllt, was man gerade so zur Hand hatte, z. B. mit Federn, Tierhaaren oder Lumpen.
Der Fußball-Sport, wie wir ihn heute kennen, entstand im 19. Jahrhundert in Großbritannien. Innerhalb weniger Jahrzehnte breitete er sich in Europa und dem Rest der Welt aus und ist heute die beliebteste Mannschaftssportart.
Doch mit Bällen kann man nicht nur Fußball spielen. Man kann mit ihnen jonglieren, sie balancieren und alle möglichen Kunststücke damit machen. Einer, der mit solchen Tricks bekannt wurde, war Enrico Rastelli, der Anfang des 19. Jahrhunderts im Zirkus mit seinen Ball-Kunststücken begeisterte. Diese Tricks schauten sich einige Fußballer für ihr Balltraining ab.
Die eigentliche Geburtsstunde des Freestyle Football war im Jahr 1989: Beim Aufwärmen vor einem Fußballspiel balancierte Diego Maradona in einem vollen Stadion und vor Millionen Fernsehzuschauern den Fußball locker auf dem Kopf, jonglierte den Ball mit den Schultern und vollführte schnelle Tricks. Einige Jahre später zeigten Ronaldinho und die Kampagne Joga Bonito in verschiedenen Werbespots faszinierende Tricks mit dem Fußball und eindrucksvolle Pässe. Die Leute waren begeistert!
Diese Ball-Tricks inspirierten viele Menschen, vor allem Kinder und Jugendliche, dazu, das selbst auszuprobieren und nachzumachen.
2008 fand schließlich die erste Freestyle-Weltmeisterschaft statt. Durch die sozialen Netzwerke wurde die Sportart schnell auf der ganzen Welt bekannt, und heute begeistern sich immer mehr Jungs und Mädchen für das Freestylen.

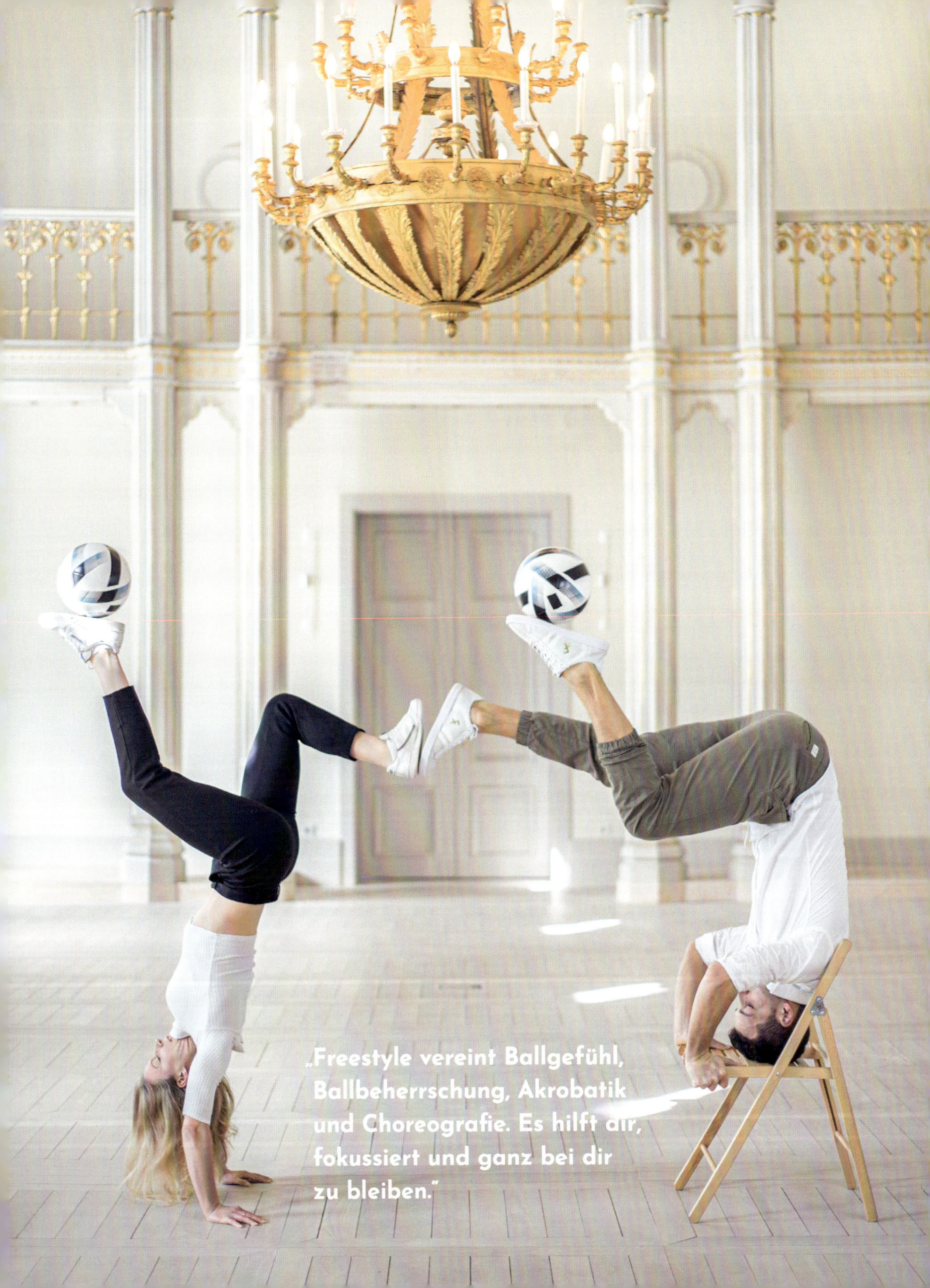

„Freestyle vereint Ballgefühl, Ballbeherrschung, Akrobatik und Choreografie. Es hilft dir, fokussiert und ganz bei dir zu bleiben."

WARUM FREESTYLE?

Freestyle Football ist nicht umsonst im Trend. Schließlich hat es Vorteile, die es zu einer richtig coolen Sportart machen. Denn wirklich jeder kann die unterschiedlichen Moves und Tricks erlernen und zu seinem ganz eigenen Style kombinieren. Und die Moves kannst du praktisch überall und ohne viel Equipment machen. Der richtige Ball und die richtigen Schuhe – und es kann losgehen!

Hier zählen wir dir mal die wichtigsten Punkte auf:

Für Kreative

Freestyle Football ist ein Individualsport für Kreative. Du allein bestimmst dein Programm und entwickelst so deinen ganz eigenen Style:
Jeder kann es lernen, und zwar ganz ohne Mitgliedschaft in einem Verein und ohne dabei von anderen abhängig zu sein. Der Sport ist sowohl allein als auch mit Freunden zusammen möglich. Und wenn du nicht gerade an Wettkämpfen teilnehmen willst, musst du anders als im Fußball auch keine strengen Regeln befolgen.

„Express yourself and be yourself!"

Für's Leben

Sehr viele Lektionen im Freestyle lassen sich auf Situationen im Leben übertragen. Ohne dass man dranbleibt und etwas durchzieht, funktioniert es weder im Sport noch sonst im Leben. Daher ist die Fähigkeit, dich selbst zu motivieren, nicht nur bei Freestyle Football entscheidend.
Wenn du durchhältst und dich auch von Niederlagen nicht von deinem Ziel abbringen lässt, wirst du es irgendwann erreichen. Vielleicht gehen dir manche Freestyle-Tricks nicht so einfach von der Hand bzw. vom Fuß. Es kann sein, dass du einen Trick tausendmal probieren musst. Aber wenn du ihn dann tatsächlich schaffst, ist das ein unglaublicher Wow-Effekt. Diese Erfahrung wird dir dann den Schub für den nächsten, vielleicht noch anspruchsvolleren Trick bringen! Ohne harte Arbeit und ohne Disziplin im Training gibt es einfach keine Weiterentwicklung.

„Never give up!"

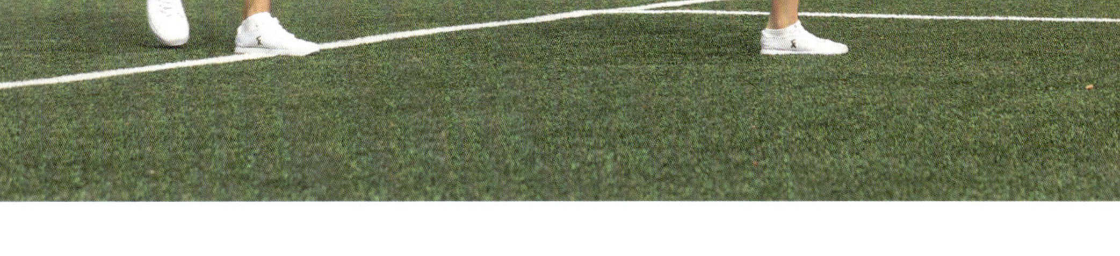

Für's Selbstbewusstsein

Du bist praktisch nur ein Training von guter Laune entfernt.

Wenn du beim Freestylen die ersten Erfolge verzeichnen kannst, baut das das Vertrauen in deine eigenen Fähigkeiten unglaublich auf. Dein Selbstbewusstsein erhält einen Riesen-Booster, und zwar immer dann, wenn dir ein besonders anspruchsvoller Trick endlich gelingt, du kreative Combos zusammenstellst und merkst, dass du immer besser wirst.

Das pusht dich immer weiter nach vorn und gibt dir die nötige Motivation, Fehlschläge wegzustecken und dranzubleiben. Du schaffst das!

„Believe in yourself!"

Für die Community

Die Freestyle Community ist wie eine große Familie, in der man sich immer unterstützt und gegenseitig hilft. Die Freestyle-Szene ist international. Ganz gleich, in welchem Land wir unterwegs sind, wir treffen uns immer auch mit anderen Freestylern. Wir trainieren dann zusammen, und oft kommen wir sogar bei ihnen unter. Aber auch wenn du nicht so viel unterwegs bist wie wir, kannst du durch die sozialen Medien und Netzwerke dennoch Teil dieser tollen Community sein. Hier wird Freestyle Football ständig weiter vorangetrieben. Weltweit finden Meisterschaften statt. Freestyle Football verbindet die Menschen miteinander, und du kannst mit Gleichgesinnten trainieren, die dich inspirieren und die du inspirierst.

„Do your best!"

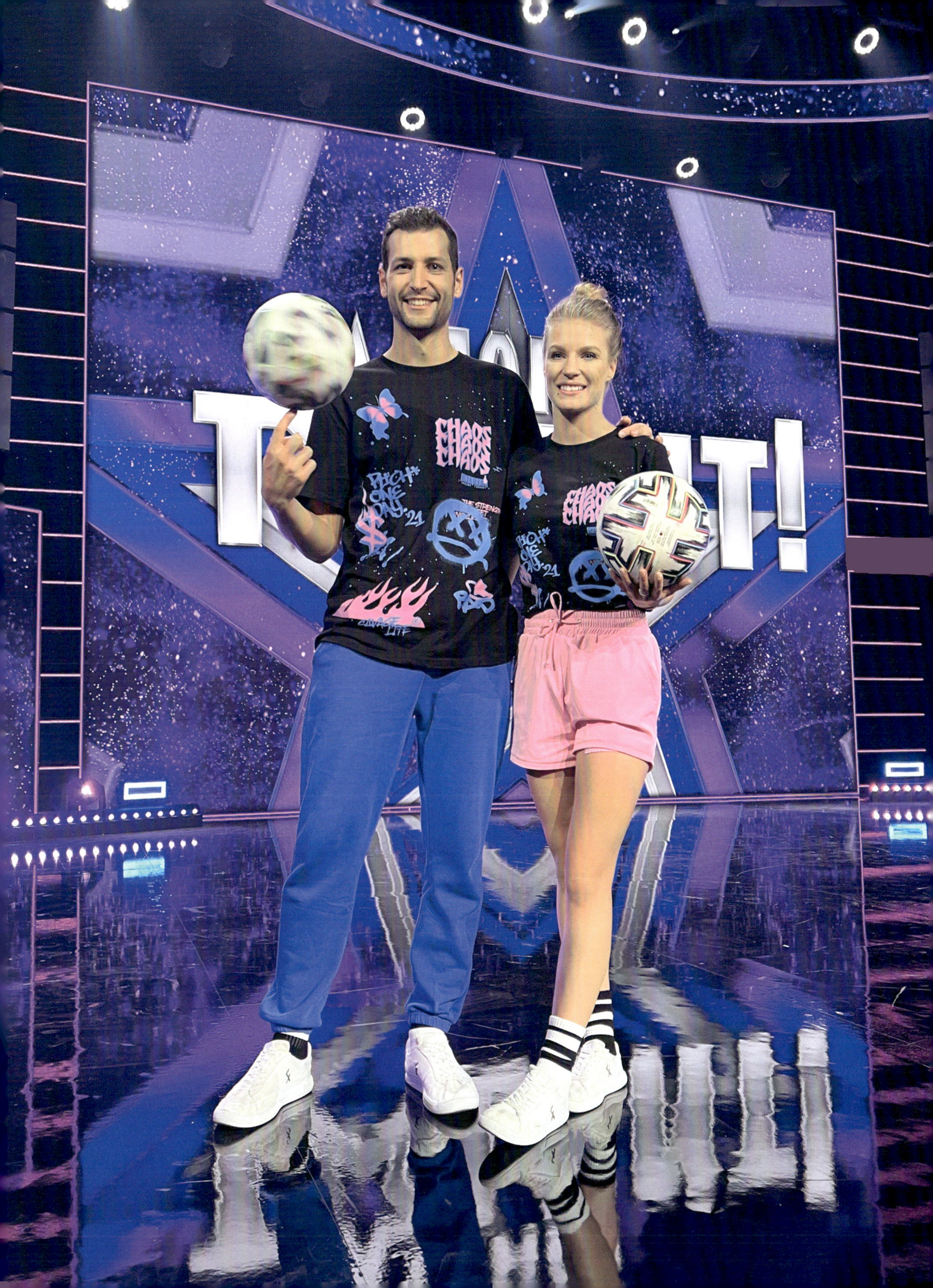
CHAOS
CHAOS
CHAOS

FREESTYLE-BEGRIFFE

Tricks und Moves
Du möchtest Freeystler werden? Dann gehört dazu auch, dass du dich als Erstes mit den Begriffen vertraut machst, mit denen wir Freestyler unsere Tricks und Moves benennen. Wir haben nachfolgend einmal die wichtigsten zusammengestellt.
Diese Begriffe definieren die wichtigsten Trick-Kategorien: Uppers, Lowers, Sitdowns, Transitions und Ground Moves.

Bei den Uppers, den Lowers und den Sitdowns geht es jeweils um den Teil des Körpers, mit dem die Tricks ausgeführt werden:

- **Uppers:** Das sind Upper-Body-Tricks, also Tricks, die mit dem Oberkörper ausgeführt werden. Alle Tricks, die mit Kopf, Nacken, Schultern oder dem Gesicht gemacht werden, gehören zu dieser Kategorie.

- **Lowers:** Bei diesen Lower-Body-Tricks ist der untere Teil des Körpers gefragt, also die Füße, Unter- und Oberschenkel und die Knie. Dazu gehören alle Tricks, die aufrecht mit den Beinen ausgeführt werden, ohne dass der Ball eingeklemmt wird. Diese Art von Trick kommt, wie du in der Folge noch sehen wirst, sehr oft zur Anwendung.

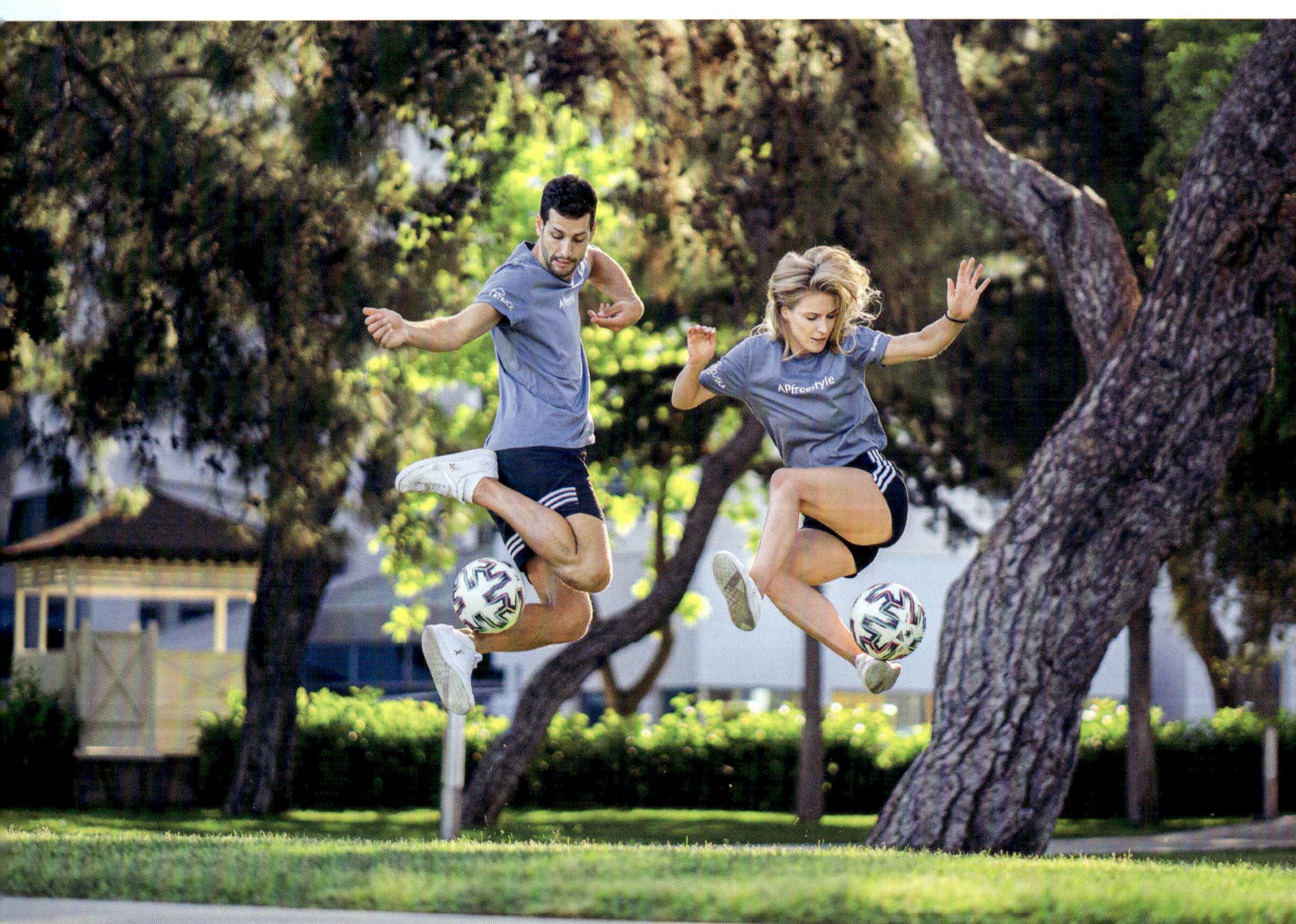

- **Blocking Tricks:** Bei diesen Tricks klemmst du den Ball zwischen den Beinen, den Knien, den Knöchel usw. ein. Diese Tricks und Bewegungen sind inspiriert vom Breakdance.

- **Sitdowns:** Alle Tricks, die du im Sitzen oder Liegen ausführst, bezeichnet man als Sitdowns. Aber freu dich nicht zu früh, das sind keine Tricks zum Ausruhen! Das merkst du spätestens dann, wenn du etwa im Sitzen den Ball jonglierst!

- **Transitions:** So bezeichnet man den Übergang von einer Kategorie zur anderen, wobei der Körperbereich wechselt. Der Übergang soll in einer möglichst flüssigen Bewegung erfolgen. Z. B. führst du erst einen Upper-Trick aus, und gehst dann direkt zu den Sitdowns über.

- **Ground Moves:** Bei diesen Tricks berührt der Ball hauptsächlich den Boden. Hier wird also weniger gekickt. Das sieht häufig wie ein einstudierter Tanz aus.

Außerdem gibt es **akrobatische Tricks:** Hierzu gehören Tricks, die du vielleicht aus dem Zirkus kennst, wie z. B. der Hand- und Kopfstand, die Brücke und Saltos. Diese Moves werden in den Freestyle eingebaut.

Du siehst, es gibt viele verschiedene Kategorien, und du kannst für dich selbst entscheiden, welche Tricks dir am besten gefallen und welche du lernen möchtest. Es ist garantiert etwas für dich dabei!

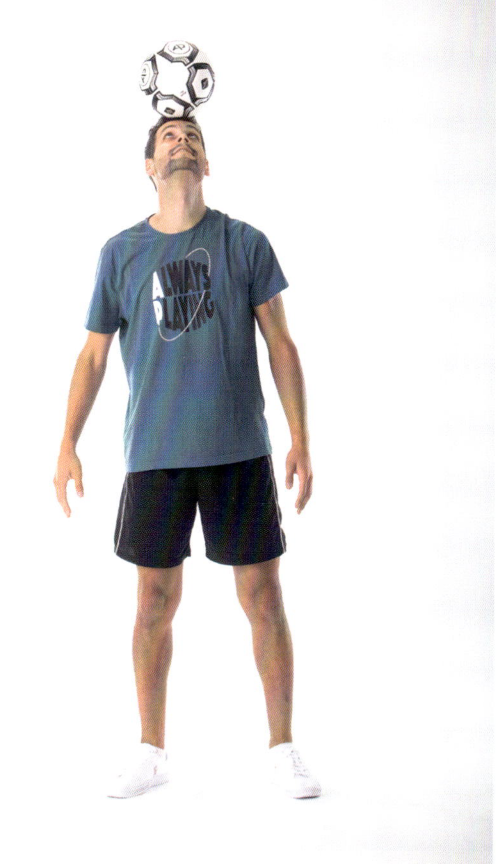

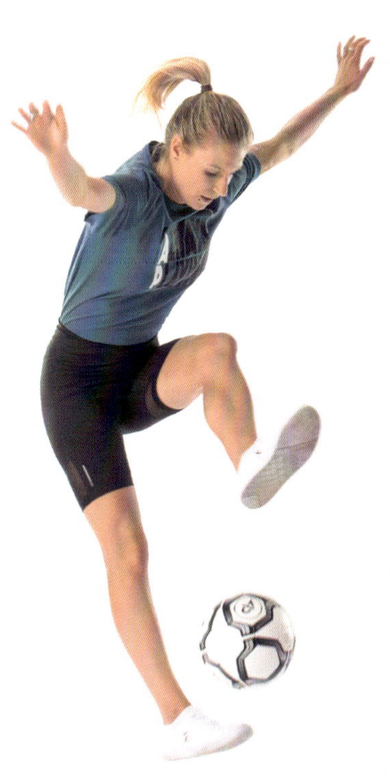

Diese Freestyle-Begriffe sagen dir, was mit dem Ball gemacht wird:

- **Stall:** Bei einem Stall balancierst du den Ball auf einem bestimmten Körperteil. Ein Head Stall z. B. ist ein Trick, bei dem der Ball auf dem Kopf balanciert wird. Es gibt viele verschiedene Möglichkeiten für Stalls, so auch ein Sole Stall. Dabei liegst du auf dem Rücken (also ein Sitdown-Trick) und balancierst den Ball auf deinen Fuß- oder Schuhsohlen.

- **Flip:** Einem Flip geht häufig ein Stall voraus, bei dem du den Ball auf einem bestimmten Körperteil balancierst. Dann schnickst oder flippst du den Ball mit einer kleinen, schnellen Bewegung nach oben. Beim Neck Flip wird der Ball aus dem Nacken nach oben geworfen.

- **Catch:** Ein Catch ist sozusagen das Gegenteil eines Flips. Dabei fängst du den Ball mit einem bestimmten Körperteil auf, bei einem Neck Catch also mit dem Nacken.

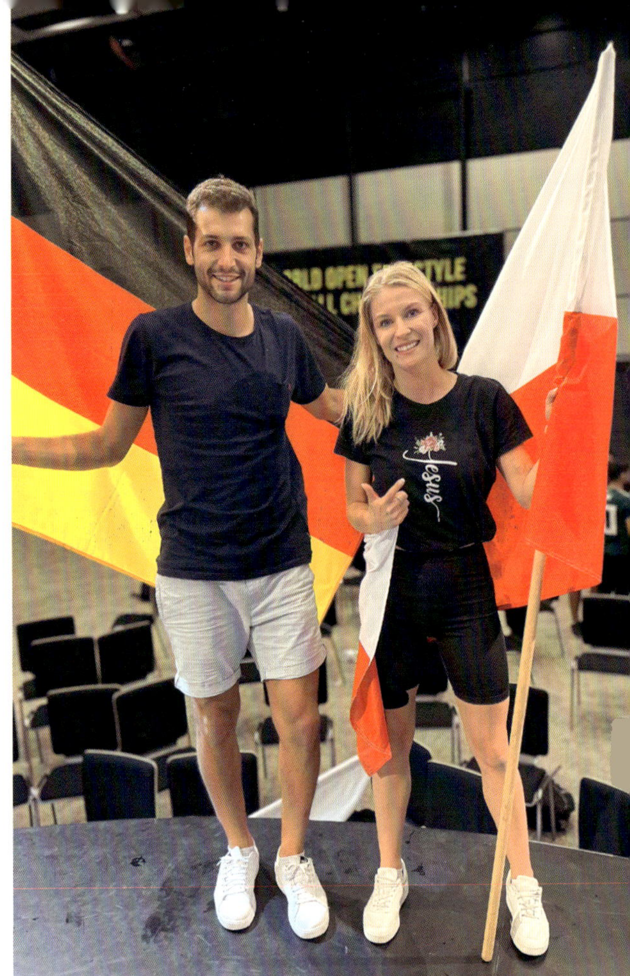

Combos

Freestyler, die ihre Videos bei YouTube, Instagram oder TikTok hochladen, zeigen häufig nicht nur einen einzigen Trick. Das Coole am Freestylen ist ja schließlich, dass man verschiedene Tricks kombinieren und zusammenhängend nacheinander ausführen kann. Das nennt man Combos. Bei offiziellen Wettkämpfen muss bei jeder Ballberührung ein Trick ausgeführt werden. Sonst gilt die Combo als unterbrochen!

Dabei gibt es unterschiedliche Schwierigkeitsgrade, und manchmal ist eine bestimmte Abfolge sinnvoll, damit die Tricks funktionieren können. Weiter hinten im Buch schlagen wir dir verschiedene Combos vor, die du üben kannst, sobald du die einzelnen Tricks sicher beherrscht (ab S. 90). Natürlich kannst du dir auch selbst Combos ausdenken. Deiner Fantasie sind dabei keine Grenzen setzt.

Freestyle-Wettkampf-Kategorien

Battle: Das ist die Königsdisziplin: Aguśka ist vierfache Weltmeisterin im Battlen!
Hier kämpfen zwei Freestyler auf der Bühne gegeneinander. Sie zeigen ihre besten Tricks, um sich für die nächste Runde zu qualifizieren. Dabei wechseln sie sich 3 x 30 Sekunden lang ab. Bei der Bewertung achtet die Jury auf Schwierigkeit, Overall (die Gesamt-Performance), Allround (Tricks aus allen Kategorien), Kreativität und Originalität der Tricks sowie die Ausführung allgemein und wie gut man den Ball kontrolliert.

Challenge: Hier werden vom Veranstalter des Wettkampfs bestimmte Tricks und Combos vorgegeben. Die Freestyler machen also alle nacheinander dasselbe und können miteinander verglichen werden. Es gibt 15 verschiedene Challenge-Levels. Für jedes Level hat man drei bzw. fünf Versuche. Wenn es dann nicht klappt, ist man raus. Wer am weitesten kommt, gewinnt die Challenge!

Sick 3: „Sick" heißt hier zum Glück nicht „krank", sondern eher „verrückt". Es geht dabei nämlich um möglichst schwierige Tricks. Drei Lower-Tricks werden in einer Combo direkt hintereinander ausgeführt. Wer die anspruchsvollste 3-Trick-Combo performt hat, gewinnt die Sick 3.

Iron Man: Diesen Begriff kennt man sonst eher von Triathlon-Wettkämpfen, bei denen die Sportler an einem Stück ca. 3,9 km schwimmen, 180 km Fahrrad fahren und einen Marathon über 42 km zurücklegen. Ganz so lang ist der Freestyle Iron Man nicht, aber auch hier geht es um Ausdauer: Die längste Combo gewinnt. Dabei dürfen maximal fünf gleiche Tricks hintereinander ausgeführt werden.

Routine: Hier geht es um die Show, und Patrick ist der Vize-Weltmeister!
Eine längere Combo wird wie in einer Choreografie zu passender Musik ausgeführt. Dabei soll auch eine Art Handlung dargestellt werden. Daher achten die Richter hier auf Kriterien wie Musikalität, Storytelling und natürlich die Ball-Kontrolle.

Double Routine: Zwei Freestyler performen zusammen eine Routine. Das ist noch spannender und faszinierender als die Einzel-Routine, weil es hier z. B. mehr Möglichkeiten gibt, eine Story darzustellen. Die Richter bewerten bei den beiden Freestylern neben Musikalität, Storytelling und Kontrolle auch Synchronität und wie sich ihre Bewegungen ineinanderfügen.

Show Flow: Das könnte man auch als eine kurze Kür mit den besten Tricks bezeichnen. Die Freestyler versuchen, ihre tollsten Tricks in 30 Sekunden zu packen und dabei noch möglichst viel Abwechslung zu zeigen: Tricks aus allen Bereichen, im Stehen, Sitzen, Liegen, mit dem Oberkörper und so weiter. Und das alles möglichst harmonisch ineinanderfließend und ohne Fehler! Übrigens: Auch hier hat Aguśka 2022 den Weltmeister-Titel gewonnen!

Panna: Hier treten zwei Freestyler in einem runden Panna-Käfig mit zwei kleinen Toren gegeneinander an. Die Herausforderung ist, den Gegner zu tunneln, d. h. den Ball zwischen dessen Beinen hindurchzuschießen. Sobald dir das gelingt, hast du das Panna Battle gewonnen.

FREESTYLE-EQUIPMENT & KLEIDUNG

Das Tolle am Freestylen ist, dass du so wenig dafür brauchst. Das meiste hast du wahrscheinlich sowieso schon zu Hause, und wenn nicht, ist der Kauf keine große Investition. Trotzdem möchten wir dir hier ein paar Tipps geben.

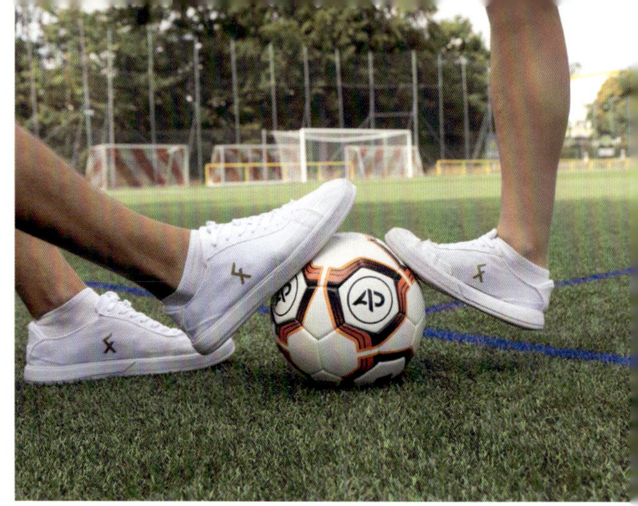

Kleidung
Prinzipiell kannst du in jeder Kleidung freestylen. Die Hauptsache ist, dass sie bequem ist und du dich gut darin bewegen kannst. In verschiedenen Ländern gibt es verschiedene Stile. In Europa ist der Style eher sportlich, wie beim Fußball, also kurze Hose und T-Shirt. In Asien, besonders in Japan, setzen die Freestyler auf ein Outfit wie beim Hip-Hop: Jeans und Shirts in Oversize.
Je nachdem, welche Art von Tricks du machen möchtest, eignen sich bestimmte Outfits unterschiedlich gut. So kann dir sehr weite Kleidung in die Quere kommen. Aber am besten probierst du aus, was für dich funktioniert.
Du brauchst ein paar Ideen? Dann schau mal in unserem Online-Shop für Freestyle-Outfits vorbei: www.apfreestyle.com

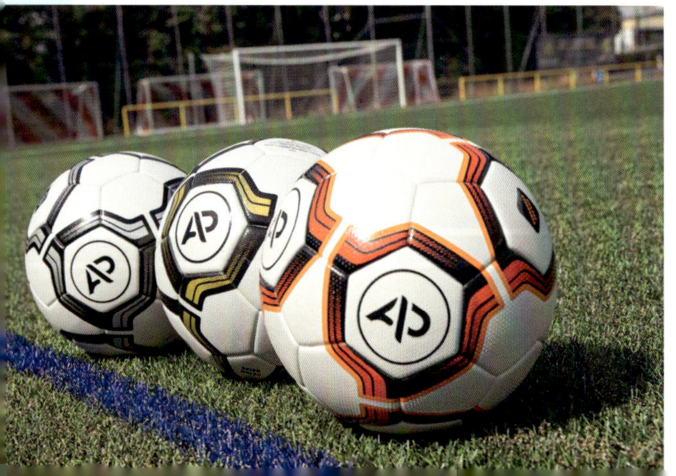

Schuhe
Als wir mit Freestyle angefangen haben, gab es noch keine speziellen Freestyle-Schuhe. Wir haben in normalen Sportschuhen trainiert. Nach unserer Erfahrung eignen sich leichte Schuhe mit flachen Sohlen für die meisten Tricks am besten. Wichtig ist, dass sie keine Stollen haben! Atmungsaktives Material ist von Vorteil, und die Spitze des Schuhs (Zehen) sollte weich sein, damit du den Ball besser spüren kannst.
Mittlerweile gibt es auch spezielle Freestyle-Schuhe. Unsere Schuhe findest du in unserem Online-Shop.
Aber es geht auch barfuß, zumindest ab und zu. So können die Bewegungen noch schneller ausgeführt werden, und bei einigen Tricks hat man eine bessere Kontrolle.

Fußball
In unseren Freestyle-Anfängen gab es auch noch keine extra Freestyle-Bälle. Wir haben normale Fußbälle verwendet. Tatsächlich eignen sich viele verschiedene „normale" Fußbälle zum Freestylen. Darauf solltest du achten:

- der richtige **Grip**, damit du nicht einfach vom Ball abrutschst

- das richtige **Gewicht**: Ist der Ball zu leicht, kannst du ihn nicht richtig z. B. mit den Zehen, fühlen, ist er zu schwer, werden deine Muskeln und du früher müde. Eine grobe Orientierungshilfe: bis 11 Jahre 290 g, 11 - 13 Jahre 350 g und über 13 Jahre 420 g.

- die richtige **Größe**: Fußbälle und auch Freestyle-Bälle gibt es in verschiedenen Größen. Bis zu einer Größe von 140 cm kannst du einen kleineren Ball in Größe 4 nehmen.

Wir haben unseren eigenen Freestyle-Ball mit unserem AP-Logo darauf entwickelt. Damit kommen wir sehr gut zurecht, aber probiere einfach aus, welcher Ball am besten zu dir und deinen Tricks passt.

Wichtig:
Pumpe den Ball nicht so hart wie beim Fußballspielen auf, sondern ein bisschen weniger. Die meisten Freestyler bevorzugen einen weniger harten Ball, da die Kontrolle besser ist und die Zehen nicht so stark beansprucht werden!

Ballpumpe
Natürlich brauchst du auch eine Ballpumpe, um deinen Ball bei Bedarf wieder in Form zu bringen. Du solltest allerdings vermeiden, die Luft ganz aus dem Ball herauszulassen, denn dadurch können im Ball Narben entstehen, die deinen Touch beeinträchtigen könnten.

Ballhalter
Egal, wo wir unterwegs sind, wir haben natürlich immer unseren Ball dabei. Das ist bei vielen Freestylern so. Bei dir auch? Dann kennst du ja das Problem mit der Aufbewahrung und dem Transport. Mit einem Fußball drin passt fast sonst nichts mehr in deinen Rucksack. Deshalb haben wir einen Ballhalter entwickelt, den du mit einem Karabinerhaken an jedem Rucksack oder jeder Tasche befestigen kannst.

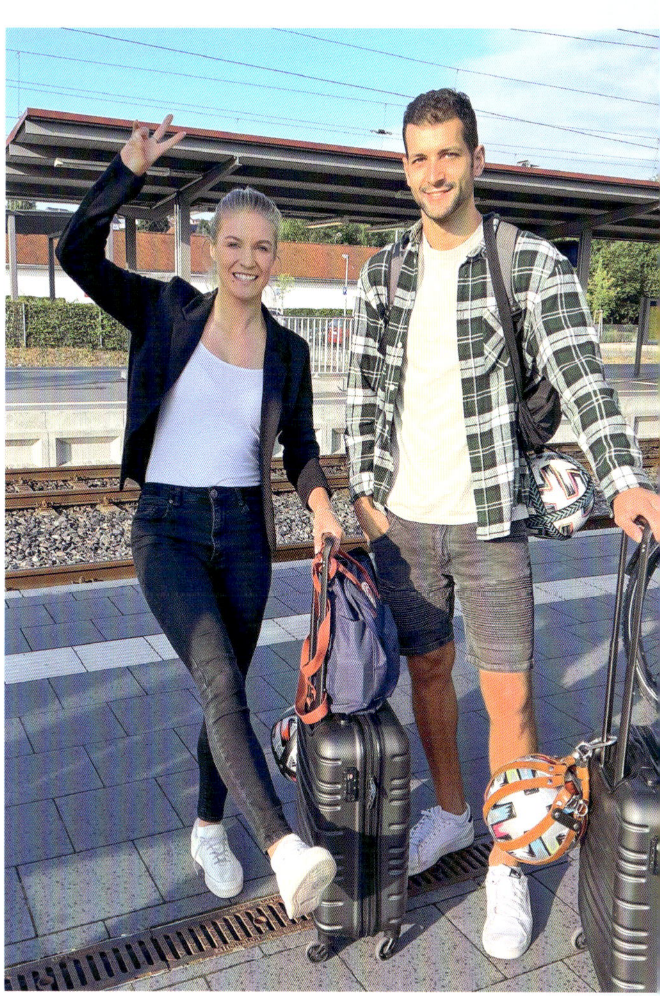

VON ANFANG AN RICHTIG!

Aufwärmen!

Aufwärmen ist wichtig! Das gilt eigentlich für alle Sportarten, aber für das Freestylen ganz besonders. Schließlich sind die Moves, die wir dabei machen, keine natürlichen Bewegungen. Oder kickst du während der Hausaufgaben mal schnell ein Bein nach oben oder machst eine schnelle Bewegung mit dem Nacken? Außerdem sind die Bewegungen meist sehr abrupt. Damit du dir also keine Sehnen zerrst oder Bänder überdehnst, solltest du dich vor deinem Training unbedingt aufwärmen! Wie das geht und welche Übungen du dafür machen kannst, zeigen wir dir auf den nächsten Seiten.

Nach und nach steigern!

Klar, wenn du das Freestylen neu entdeckst, willst du direkt richtig loslegen. Achte aber darauf, es nicht gleich zu übertreiben. Vielmehr ist wichtig, dass du die Bewegungen, ihre Schwierigkeit und auch die Dauer stetig steigerst. Gehe nicht gleich beim ersten Training von 0 auf 100! Sonst kann es sein, dass du deinen Körper überforderst und du Schmerzen bekommst. Denn beim Freestylen ist dein ganzer Körper gefordert und im Einsatz, und hast du dir erst einmal etwas gezerrt, dauert es nur umso länger, bis du dein Ziel erreichst. Deshalb lieber langsam und stetig steigern!

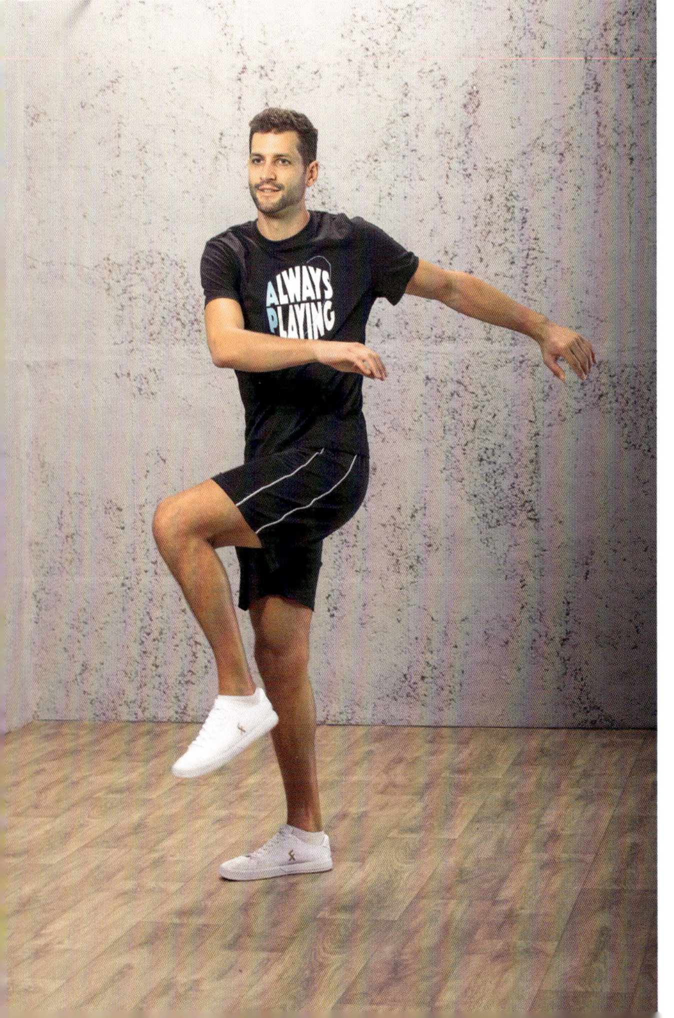

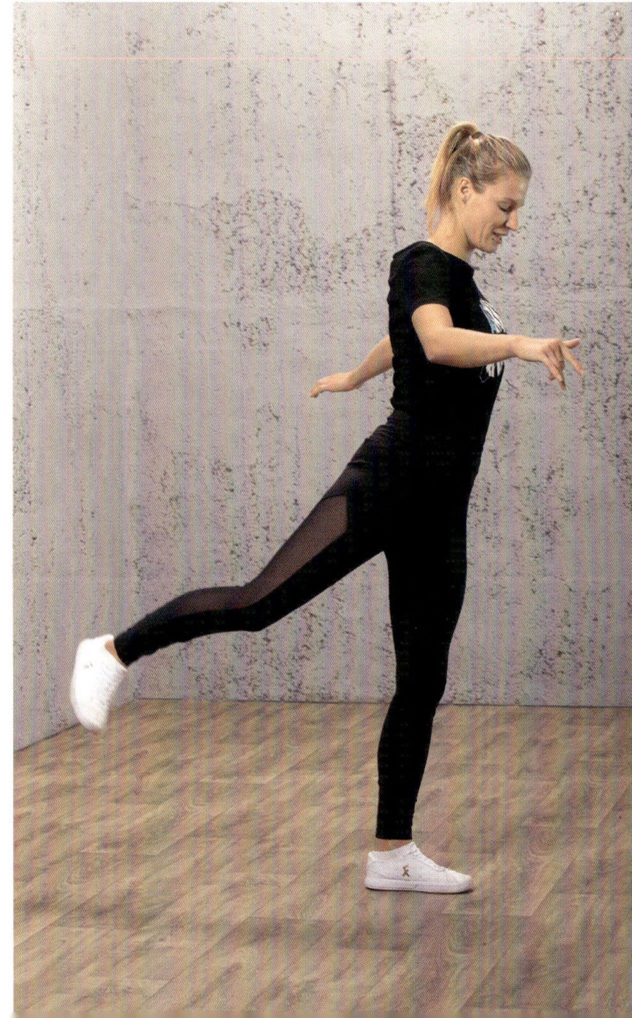

Höre auf deinen Körper!
Das klingt vielleicht ein bisschen esoterisch, ist aber wichtig. Tue nur das, was sich für dich und deinen Körper gut anfühlt. Wenn du den „Around the World" lernen willst und die Bewegung 20, 50 oder sogar 100 Mal oder mehr wiederholt hast, achte immer auf deinen Körper. Und wenn es irgendwo wehtut, höre auf! Trainiere die Bewegung mit deinem anderen Bein, fokussiere dich auf einen anderen Bereich oder probiere es am nächsten Tag vorsichtig wieder. Es kann auch eine Rolle spielen, ob sich dein Körper in einer Wachstumsphase befindet. Hier kann es besonders in der Hüfte bzw. der Leiste zu Beschwerden kommen. Im Alter von 15 Jahren konnte ich, Patrick, fünf Monate lange keine Lowers machen, weil ich in meiner Hüfte bei jeder „Around the World"-Bewegung starke Schmerzen hatte. Der Grund: Ich bin in diesen fünf Monaten überdurchschnittlich schnell gewachsen. Kombiniert mit dem Training hat das diese Schmerzen hervorgerufen. So schlimm oder so lange wird es bei dir sicher nicht sein, aber je früher du tust, was dein Körper dir sagt, desto schneller ist alles wieder in Ordnung.

Wichtig:
Wenn dein Körper sehr müde ist, nimm dir eine **Pause** und konzentriere dich erneut. Schließlich musst du immer zu 100% bei der Sache sein, damit Tricks funktionieren und du dich nicht verletzt!

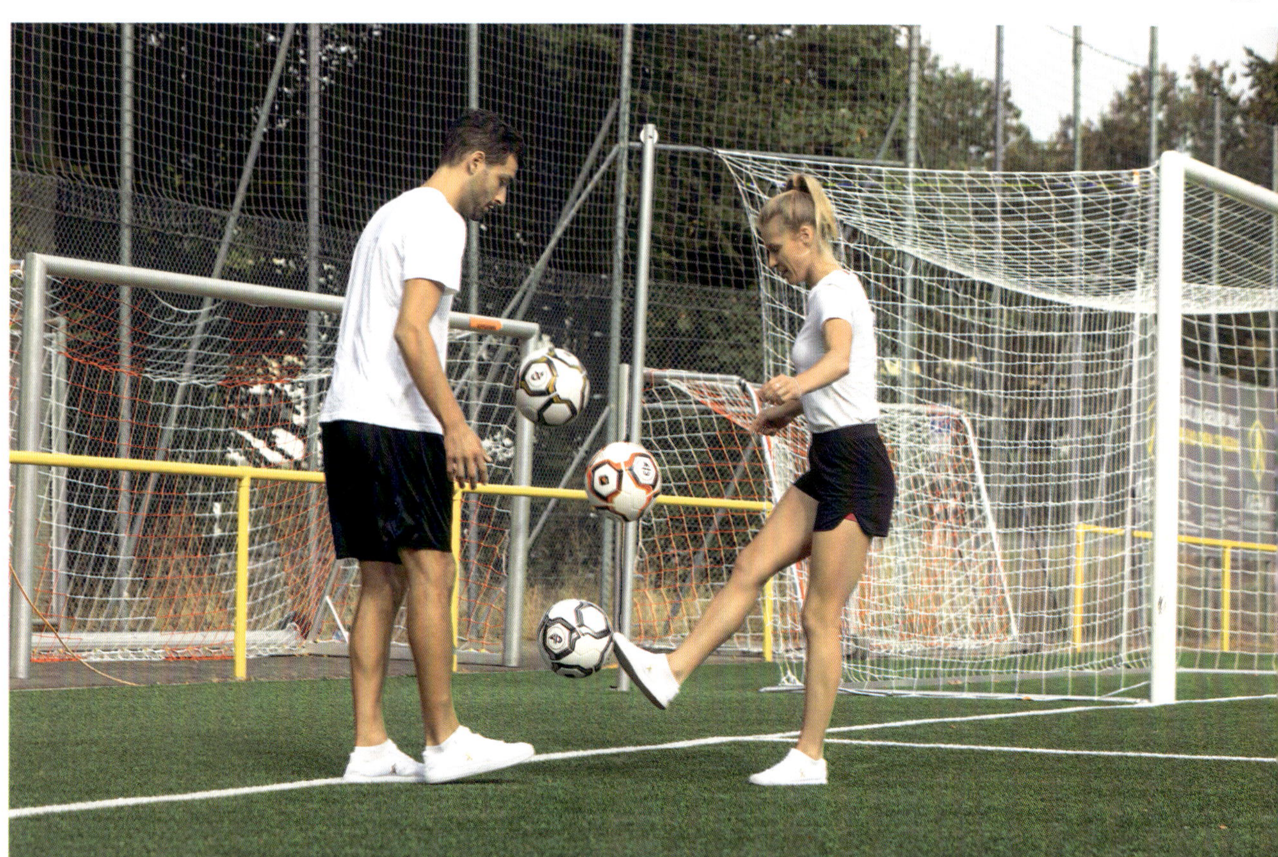

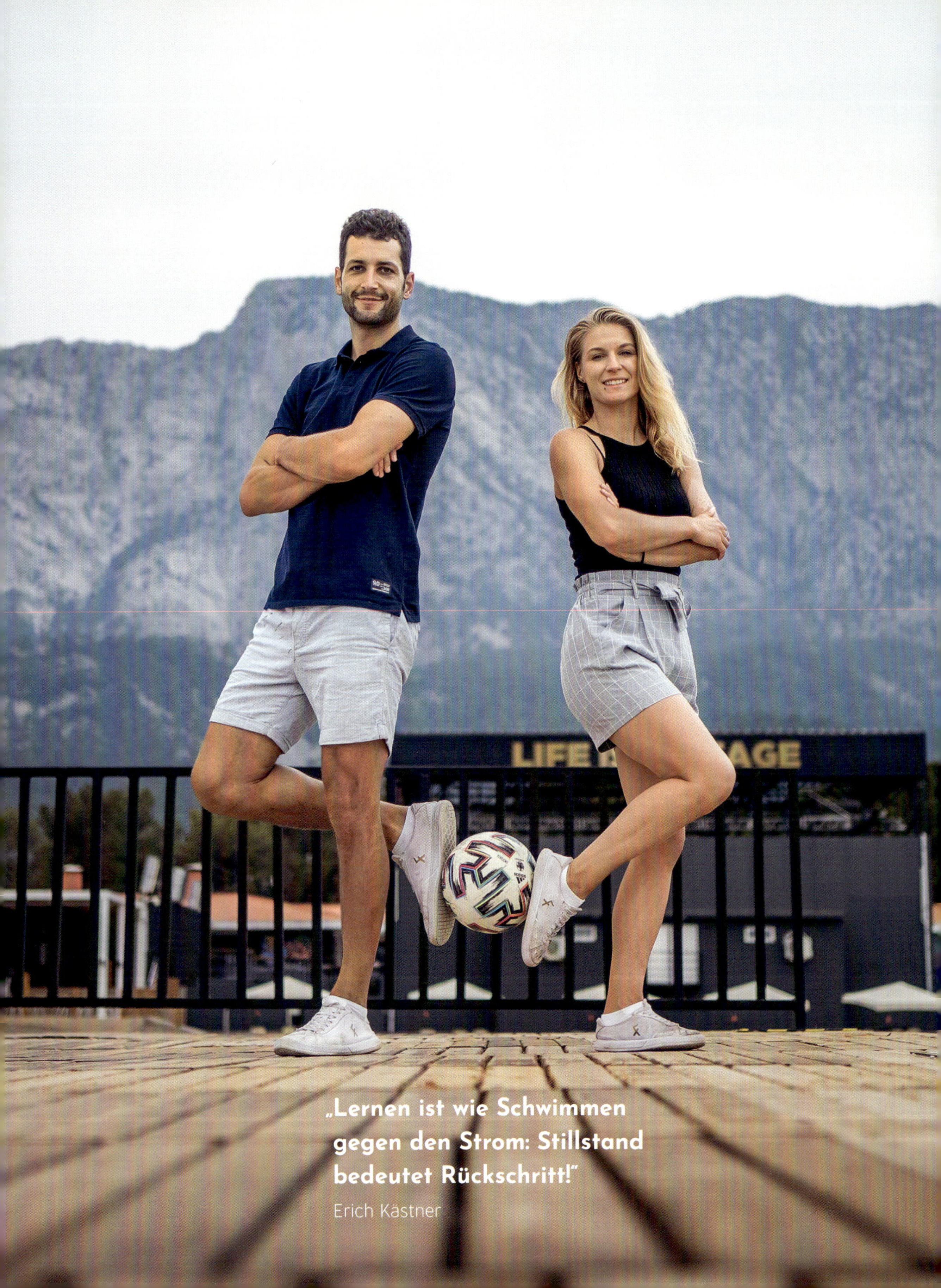

„Lernen ist wie Schwimmen gegen den Strom: Stillstand bedeutet Rückschritt!"

Erich Kästner

MOTIVATION

Um Dinge zu tun, besonders, wenn diese Mühe und Anstrengung kosten, muss man motiviert sein. Das mit der Motivation ist aber so eine Sache ...

Wir fühlen uns immer dann am meisten motiviert, wenn wir eine Verbesserung sehen und merken, dass wir uns weiterentwickeln. Bei uns ist das z. B. der Fall bei Tricks und Combos, auf die wir hintrainieren und wo wir merken, dass wir jetzt fast den Dreh raus haben. Wir sind kurz davor, diese spezielle Combo oder diesen besonderen Trick zu schaffen. Diese Energie nehmen wir dann in die nächsten Trainingseinheiten mit.

Es gibt aber auch Tage, an denen fühlen wir uns motivationslos. Dann haben wir keine Lust, die Freestyle-Schuhe anzuziehen, und fragen uns, warum wir so gar keine Energie haben für das Training. Das kann z. B. daran liegen, dass wir in letzter Zeit keine deutlichen Verbesserungen feststellen konnten. Jedes Training scheint dann gleich zu sein, und die Weiterentwicklung ist nur schwer zu erkennen.

Auch diese Phasen gibt es – sicher auch bei dir. Das Beste, das du in solch einem Moment tun kannst, ist trotzdem die Schuhe anzuziehen und trainieren zu gehen. Nach dem Training wirst du dich immer viel besser fühlen und froh und auch stolz sein, dass du dich für das Training und gegen die Faulheit entschieden hast!

„Alles was du erreichen kannst, ist auf der anderen Seite von Ausreden."

Wichtig für „Motivations-Täler":

- Nimm deine Notizen zur Hand und erinnere dich daran, was deine Ziele sind und warum du all das machst.
- Höre für eine begrenzte Zeit, z. B. für ca. 10 Minuten, motivierende Musik oder schaue inspirierende Videos auf YouTube.
- Probiere neue Moves und Tricks aus und lasse dich von deinem Vorbild motivieren.
- Beherzige die Regeln auf Seite 36/37!

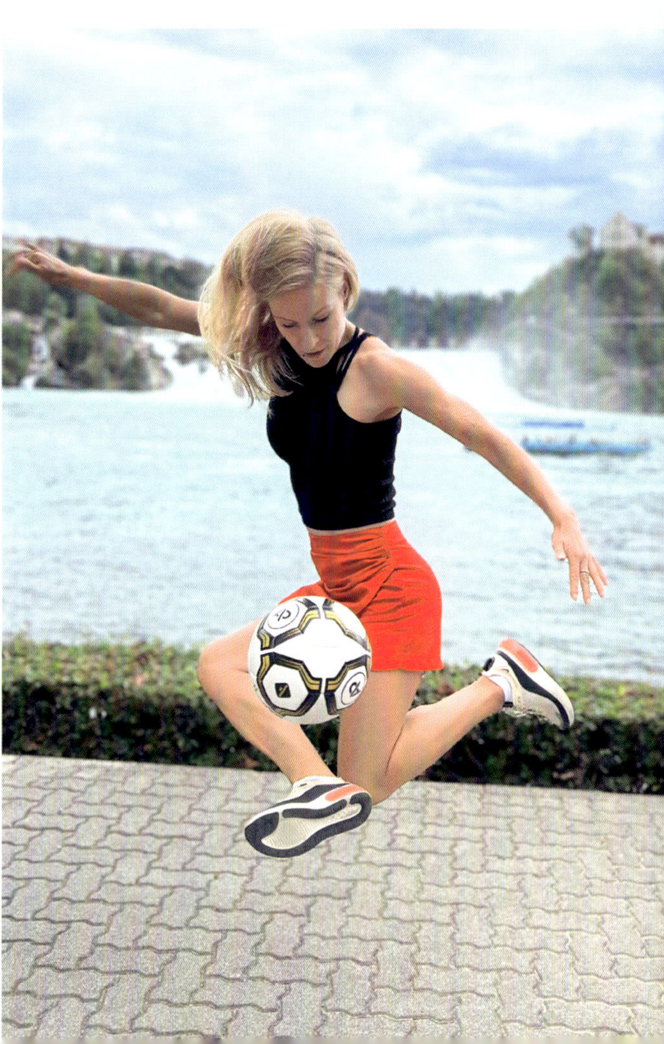

Unsere 5 Regeln

Dies sind unsere allgemeinen Regeln, die wir durch Freestyle gelernt haben und hier nun an dich weitergeben möchten. Sie gelten nicht nur für das Freestylen. Befolge sie so oft wie möglich!

1. Setze dir klare Ziele!

Werde dir darüber bewusst, was deine Vision, dein Ziel ist. Suche dir ein Vorbild, wie z. B. bestimmte Fußballprofis. Überlege, was an diesen Personen so besonders ist. Konkretisiere deine Ziele in Form von Tricks und Combos. Stelle dir vor, wie du die Combo landest, wie du Weltmeister wirst, wie du einen Weltrekord aufstellst. Wir visualisieren unsere Ziele jeden Tag, bevor wir schlafen gehen. Bevor wir eine Entscheidung treffen, überlegen wir, ob sie uns unserem Ziel näherbringt. Wenn wir uns diese Frage beantworten, wissen wir immer, was als Nächstes zu tun ist.

2. Training ist das A und O!

Nichts funktioniert von allein. Wenn du deine Ziele erreichen willst, musst du auch etwas dafür tun. Viele Zuschauer sagen immer wieder, dass wir Talent haben und deshalb solche Tricks mit dem Fußball machen können. Sie sehen nicht die unzähligen Stunden, die wir dafür trainiert haben, jeden Tag für mehrere Stunden, zum Teil mehrere Trainingseinheiten täglich. Verlasse hierfür deine Komfortzone. Auf Freestyle bezogen bedeutet dies: Wenn du einen Trick kannst, versuche, das nächste Level zu erreichen und eine schwierigere Variante zu lernen. Bleib dran!

„Du entscheidest in deinem Kopf, ob du gewinnst."

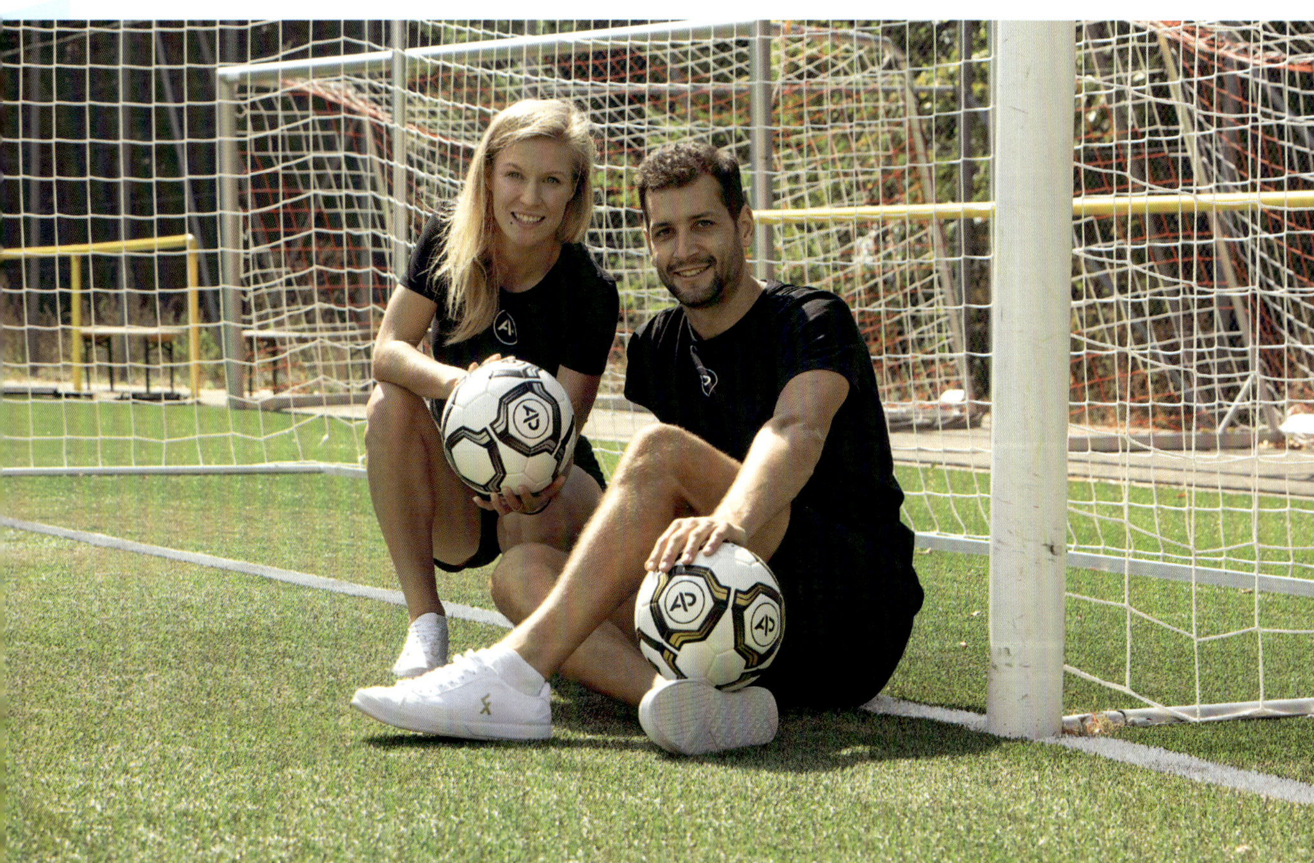

3. Du bist einzigartig!

Du bist als Individuum einzigartig! Deshalb versuche auch nicht, jemand anderes zu sein. Sei dankbar für das, was du hast. Besonders für die scheinbar normalen Dinge im Leben, wie Gesundheit, dein Zuhause usw. Für viele Menschen in deinem Alter ist dies ein Traum.

„Sei die beste Version deiner selbst – und nicht von jemand anderem!"

Gehe respektvoll mit anderen Menschen um und hilf ihnen dabei, ihre Ziele zu erreichen. Kleinigkeiten können für andere Menschen oft schon sehr viel bedeuten.

4. Glaube an dich!

Glaube an dich, und du wirst erfolgreich sein. Es wird in deinem Leben immer wieder Menschen geben, die dir sagen, dass deine Ziele unmöglich sind. Wenn du aber fest daran glaubst und hart dafür arbeitest, kannst du sehr viel erreichen. Höre auf dich selbst! Höre auf deine Eltern und die Personen in deinem Umfeld, die dir wohlgesonnen sind. Reflektiere ihre Meinung und auch ihre Ratschläge. Viele Ratschläge sind hilfreich, andere dagegen sind nicht gut für dich. Die Kunst ist es, das eine von dem anderen zu unterscheiden. Denke immer daran, dass du alles für dich tust. Es sind deine Ziele, die du erreichen willst, und nicht die Ziele eines anderen Menschen!

„Dream big – alles ist möglich!"

Und wenn einmal nicht alles so läuft, wie du es dir vorgestellt hast, ist das ganz normal. Es geht eben nicht immer nur den Berg hinauf, es gibt auch die Täler, Enttäuschungen und Niederlagen. Diese stärken dich aber mehr als du denkst. „Don't be afraid to fall" - das gehört dazu.

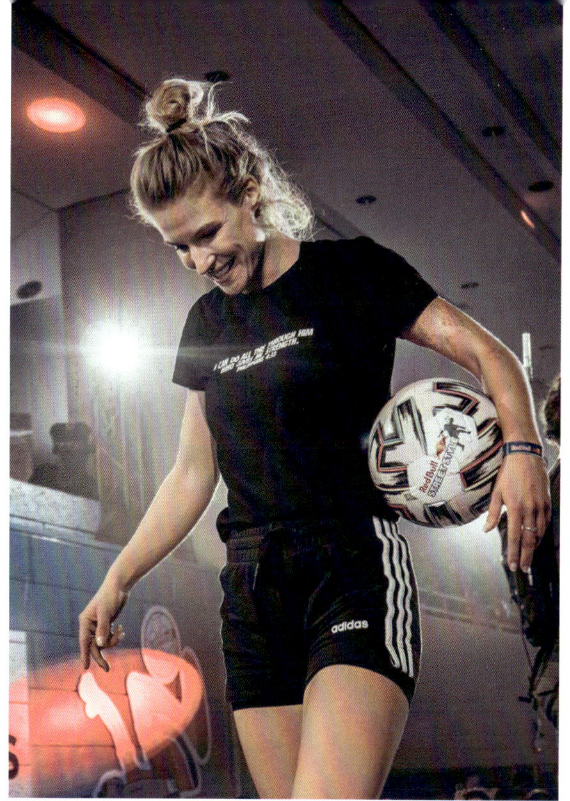

5. Positiver Einfluss

Umgib dich mit Menschen, die einen positiven Einfluss auf dich haben, und von denen du lernen kannst. Menschen, die vielleicht bereits das erreicht haben, was du erreichen willst, und die dich dadurch motivieren und dir ein positives Vorbild sind. Diese Menschen werden dich pushen und dir dabei helfen, deine Ziele zu erreichen.

Besonders mich, Aguśka, wollten viele Menschen überreden, mit dem Freestyle aufzuhören. Sie waren der Meinung, dass darin für mich keine Zukunft liege. Aber ich hatte dieses klare Ziel und meine Vision, und ich liebte es, jeden Tag zu trainieren. Also habe ich auf mein Herz gehört und bin meinen Weg konsequent weitergegangen! Wenn du also den Eindruck hast, dass jemand keinen positiven Einfluss auf dich hat, sondern dich eher in deiner Entwicklung hemmt, höre nicht auf die Person!

DIE TRICKS

AUFWÄRMÜBUNGEN

Aufwärmübungen für alle Körperteile sind wichtig, um Verletzungen vorzubeugen. Durch das Aufwärmen steigert sich der Herzschlag, dadurch fließt dein Blut schneller und kann mehr Sauerstoff zu den Muskeln liefern. So werden die Muskeln warm und sind für die schnellen Bewegungen beim Freestyle gut vorbereitet.

1. Schultern
Kreise deine Schultern zuerst langsam und dann etwas schneller von vorn nach hinten und anschließend von hinten nach vorne. Du kannst deine Arme etwas anwinkeln. Achte dabei auf eine aufrechte Körperhaltung.

2. Rücken
Stelle dich auf dein rechtes Bein und hebe dein linkes Knie. Bewege nun deine Arme auf deine linke Seite und dein linkes Bein nach rechts. Dein Oberkörper bleibt dabei aufrecht und gerade. Wiederhole diese Übung einige Male und mache sie dann zur anderen Seite.
Diese Übung ist besonders wichtig für deine Hüfte, deine Leisten, deinen Rücken und deine Gesäßmuskeln.

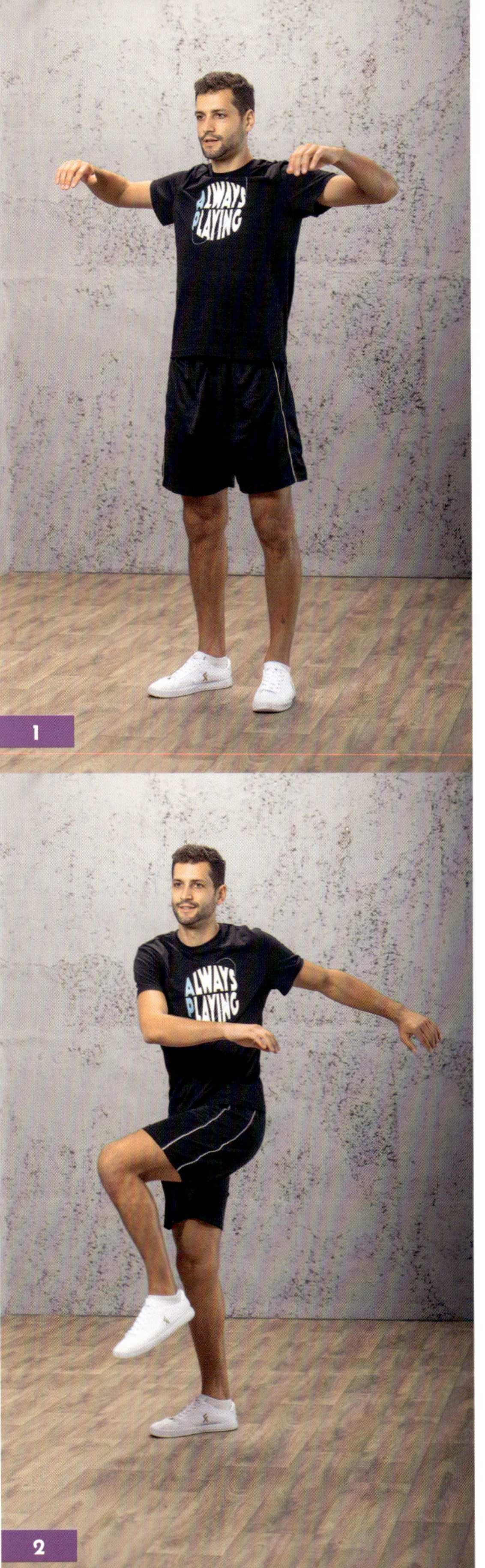

Wichtig:
Mit diesen Übungen wärmen wir uns vor jedem Training 10 – 15 Minuten lang auf!

3. Hand- und Fußgelenk
Lege deine Hände zusammen und verschränke deine Finger. Kreise deine Hände langsam in verschiedene Richtungen, um deine Handgelenke aufzuwärmen.
Hebe gleichzeitig dein rechtes Bein an und versuche, die Balance zu halten. Kreise mit deinem rechten Fußgelenk. Nach 20 Sekunden kannst du das Bein wechseln.

4. Hüfte
Setze dich auf den Boden und stelle deine Füße vor dem Gesäß etwas mehr als hüftbreit auf. Deine Beine sind in einem Winkel von etwa 90° angewinkelt. Stütze dich mit den Händen auf dem Boden ab. Lasse nun deine Beine nach links sinken. Vielleicht berühren beide Beine den Boden. Achte bei dieser Übung auf eine aufrechte Körperhaltung.
Halte kurz inne und bewege deine angewinkelten Beine dann auf die andere Seite. Bewege dich so mehrmals hin und her.

Etwas schwieriger wird diese Aufwärmübung, wenn du die Arme vor deinen Körper nimmst. Verschränke dafür die Finger. Diese Übung ist besonders gut für deine Hüfte und die Leisten.

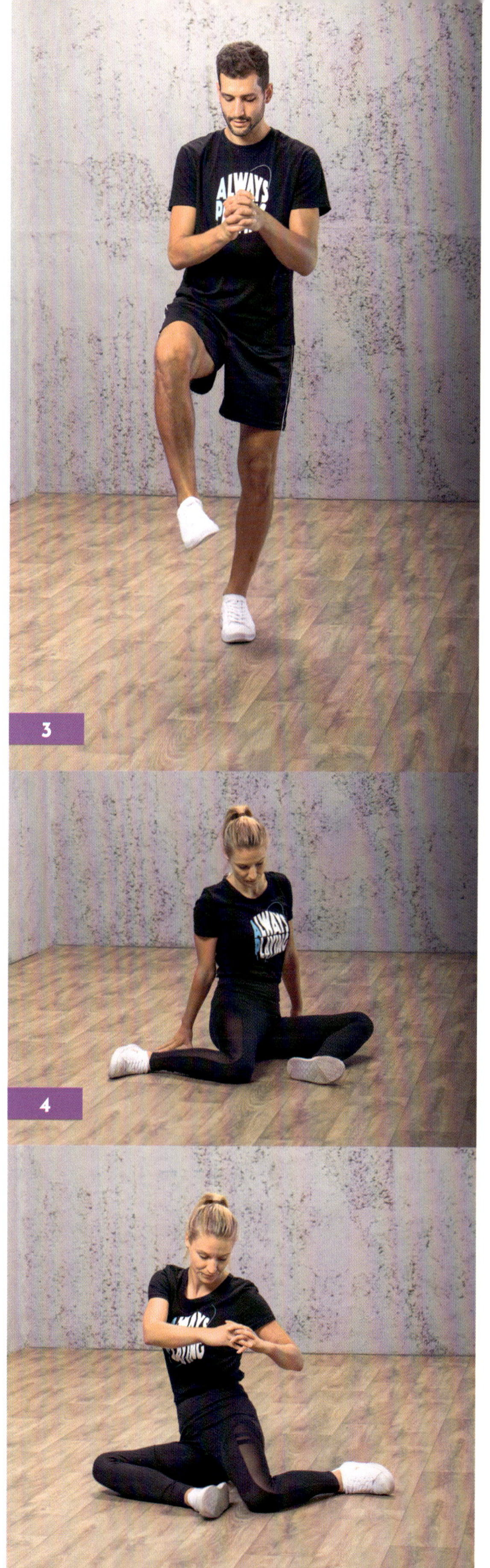

LEVEL 1: SO GEHT'S LOS

Juggling

1. Lege den Ball vor dir auf den Boden, etwa 30 cm vor deine Füße. Beuge deinen Oberkörper leicht nach vorne, so dass du den Ball von oben siehst. Schieße den Ball mit deinen Zehen nach oben. Winkle dann sowohl dein Standbein als auch das Bein, mit dem du den Ball jonglierst, leicht an. Jonglieren bedeutet im Freestyle, dass man den Ball in der Luft hält, indem man ihn z. B. mit den Füßen hochkickt.

2. Jongliere den Ball nicht zu hoch: Wenn du unter 140 cm groß bist, schieße ihn nur bis etwa zur Höhe deiner Hüfte, wenn du größer als 140 cm bist, nicht höher als deine Knie. Wenn du den Ball zu hoch schießt, ist es nämlich schwieriger, die Kontrolle zu behalten.

3. Versuche, den Ball zwischendurch auch einmal mit deinen Knien, deinen Schultern oder deinem Kopf zu jonglieren. Auf diese Weise kannst du mit deinem ganzen Körper eine sehr gute Ballkontrolle aufbauen, was für viele Tricks sehr wichtig ist.

So wird's einfacher:
Wir sind „Rechtsfüßer". Daher beginnen wir viele Moves automatisch mit rechts. Wenn du „Linksfüßer" bist, machst du es einfach anders herum. Wir empfehlen aber sowieso, alle Tricks mit beiden Beinen zu üben!

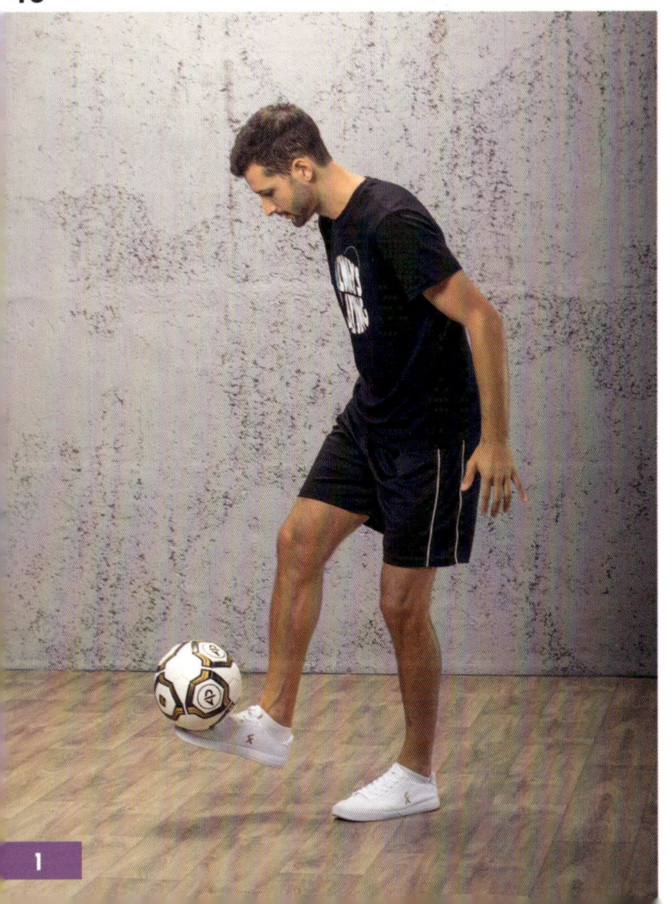

1

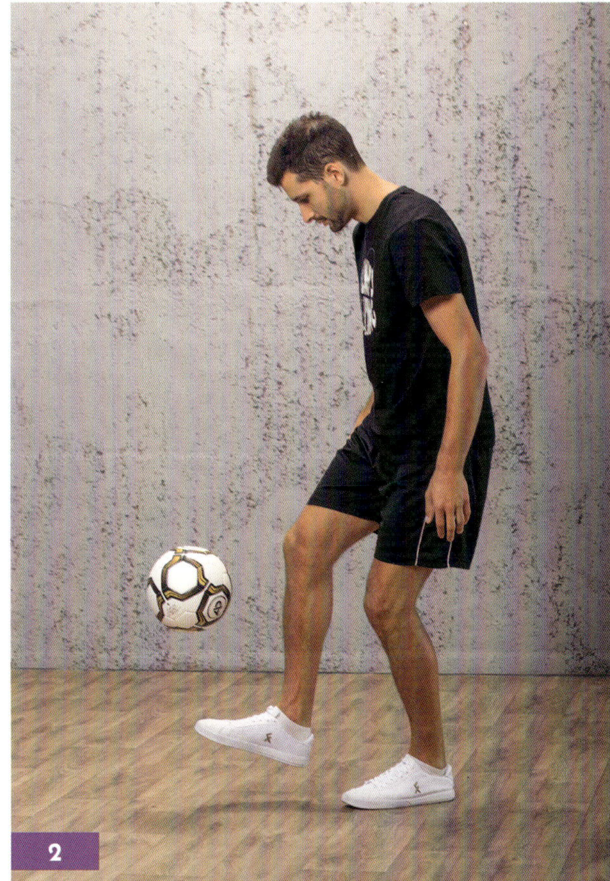

2

Sit Juggling

1. Setze dich bequem auf den Boden und stelle mit angewinkelten Beinen die Füße auf. Stütze dich mit deinen Händen auf dem Boden ab. Deine Ellenbogen sind dabei leicht angewinkelt. Halte den Ball zwischen deinen Füßen fest. Wirf nun den Ball nach oben, indem du deine Knie in einer schnellen Bewegung ausstreckst und den Ball loslässt.

2. Jongliere den Ball nun mit deinem rechten und anschließend mit deinem linken Fuß.

3. Wenn das funktioniert, kannst du nun versuchen, den Ball mit anderen Körperteilen zu jonglieren, wie z. B. mit dem Kopf oder auch deinem Schienbein.

Wichtig:
Versuche, jeden Tag einen neuen Rekord aufzustellen. Probieren es im Stehen und Sitzen. Setze dir Zwischenziele, bis du ohne Probleme den Ball mit beiden Beinen etwa 100-mal abwechselnd jonglieren kannst.

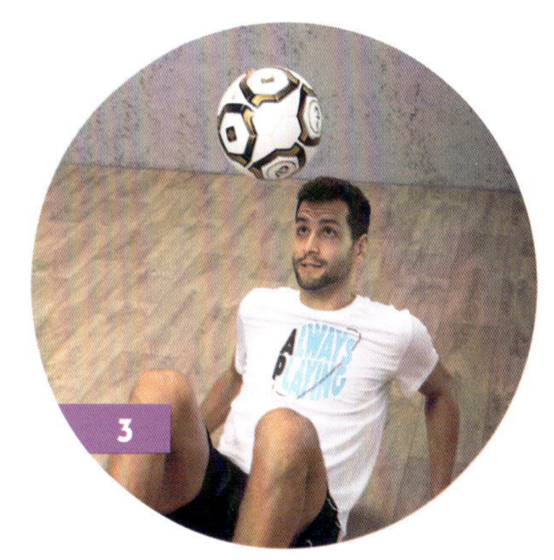

3

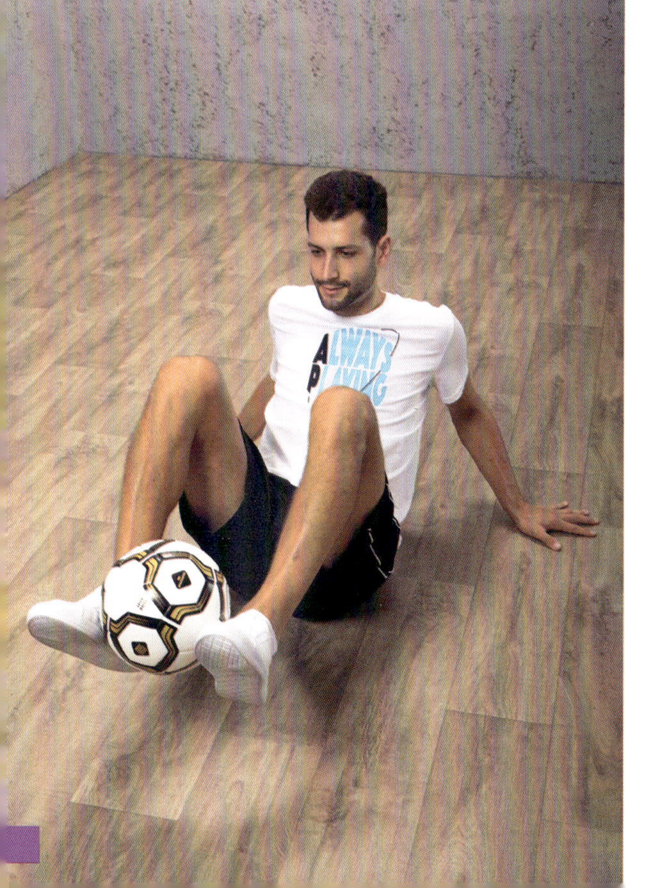

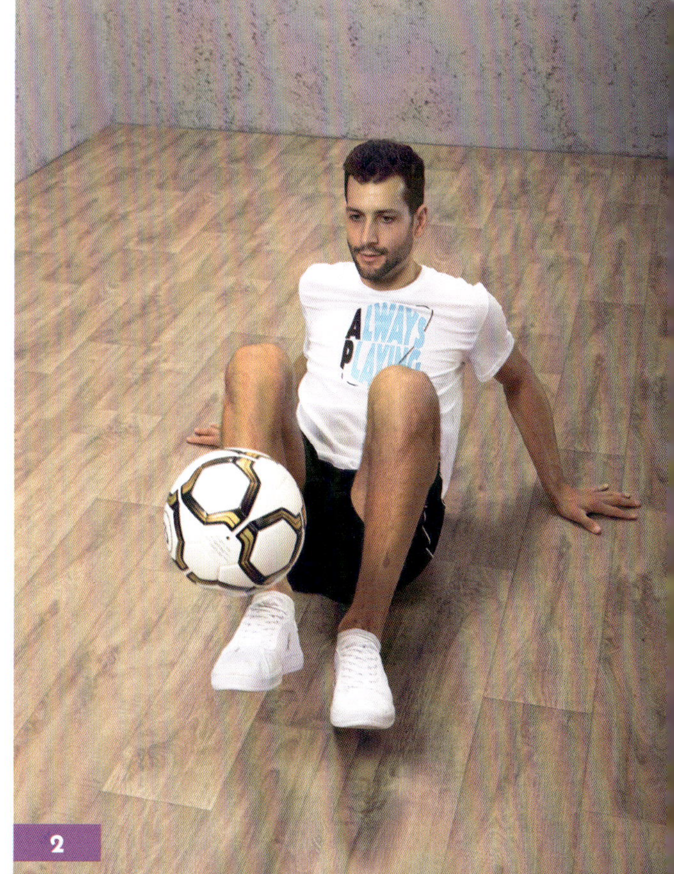

2

Neck Stall

Stelle die Füße etwa hüftbreit auf, gehe leicht in die Hocke und beuge dich mit geradem Rücken waagerecht über den Boden. Lege dir den Ball mit deinen Händen in den Nacken.
Damit der Ball Halt findet, ist es wichtig, dass du immer nach vorne schaust und dass dein Rücken gerade bleibt.
Bewege dann deine Arme langsam nach hinten und strecke sie aus.

Fact:
Der Trick heißt zwar Neck Stall, aber genau genommen berührt der Ball gar nicht deinen Nacken oder Hals, sondern deinen Hinterkopf und deinen oberen Rücken.

Variante:
Wenn du den Neck Stall drauf hast, versuche, dich mit dem Ball im Nacken ganz langsam zu bewegen. Vielleicht gelingen dir sogar Liegestütze!

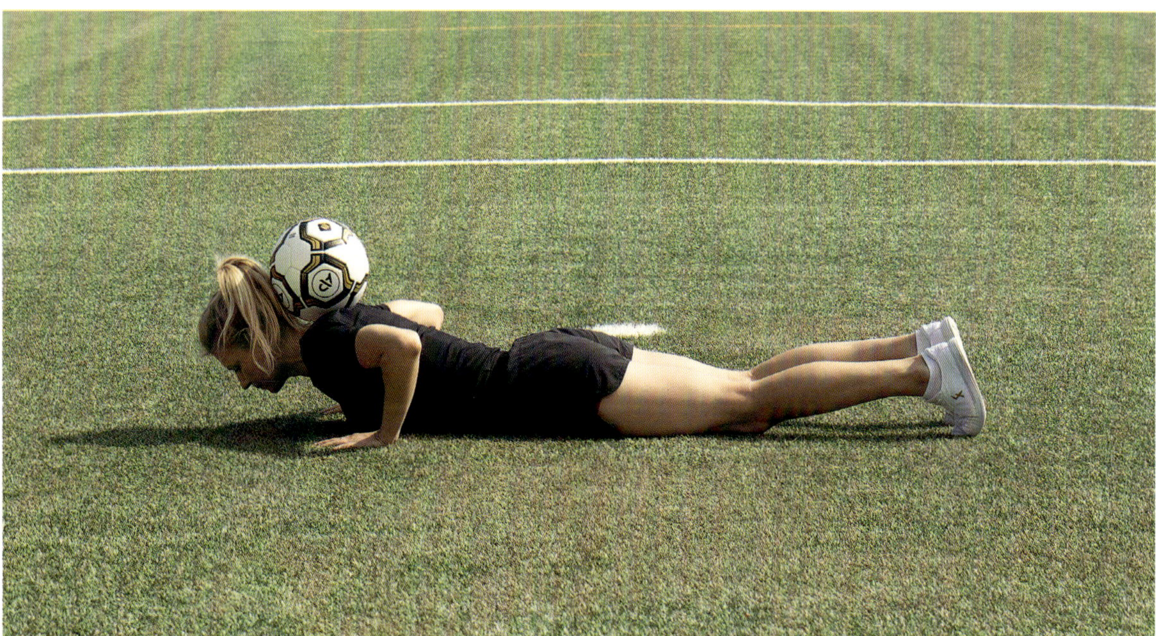

Neck Stall Push Up

1. Die Ausgangsposition für diesen Trick ist der Neck Stall. Wenn du hier sicher stehst und der Ball in deinem Nacken liegt, kannst du in den Neck Stall Push Up gehen.
Beuge dafür dein rechtes Bein, mache mit links einen großen Ausfallschritt nach hinten und führe die Arme und deinen Oberkörper Richtung Boden. Es ist wichtig, dass du dabei deine Schultern nach oben und hinten ziehst.

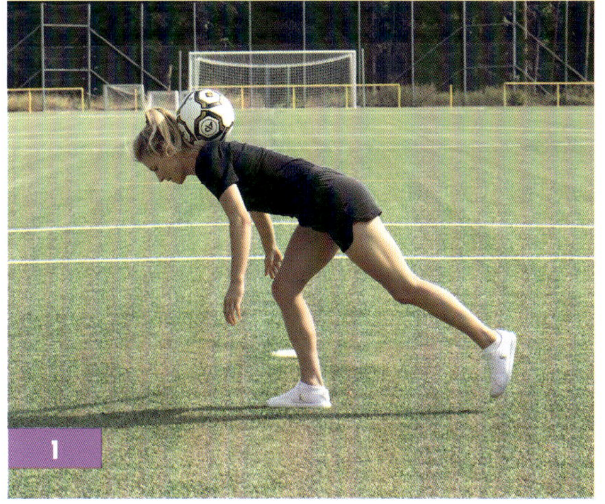

1

2. Setze nun deine Hände auf den Boden und stütze dich ab. Schaue dabei etwas nach vorne und halte deinen Kopf oben. Bei diesem Trick ist das Wichtigste, dass du deinen Blick immer nach vorne richtest und die Bewegung so langsam wie möglich ausführst.

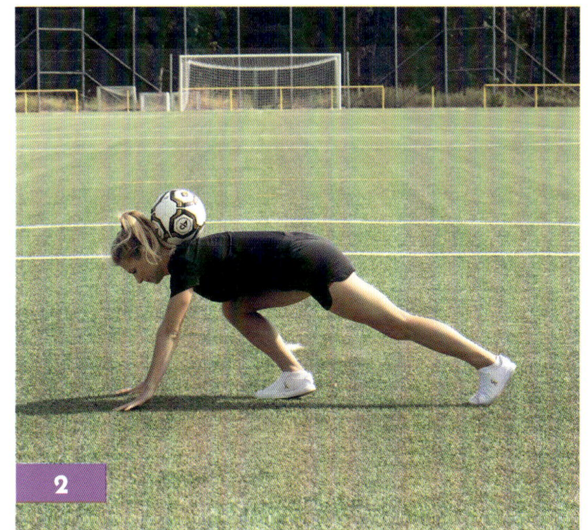

2

3. Bewege dein rechts Bein nun nach hinten neben das linke, so dass du in der Ausgangsposition für die Liegestütze bist. Dabei bilden deine Beine mit deinem Rücken eine Linie. Nun kannst du Liegestütze machen oder deinen Bauch auf dem Boden ablegen.

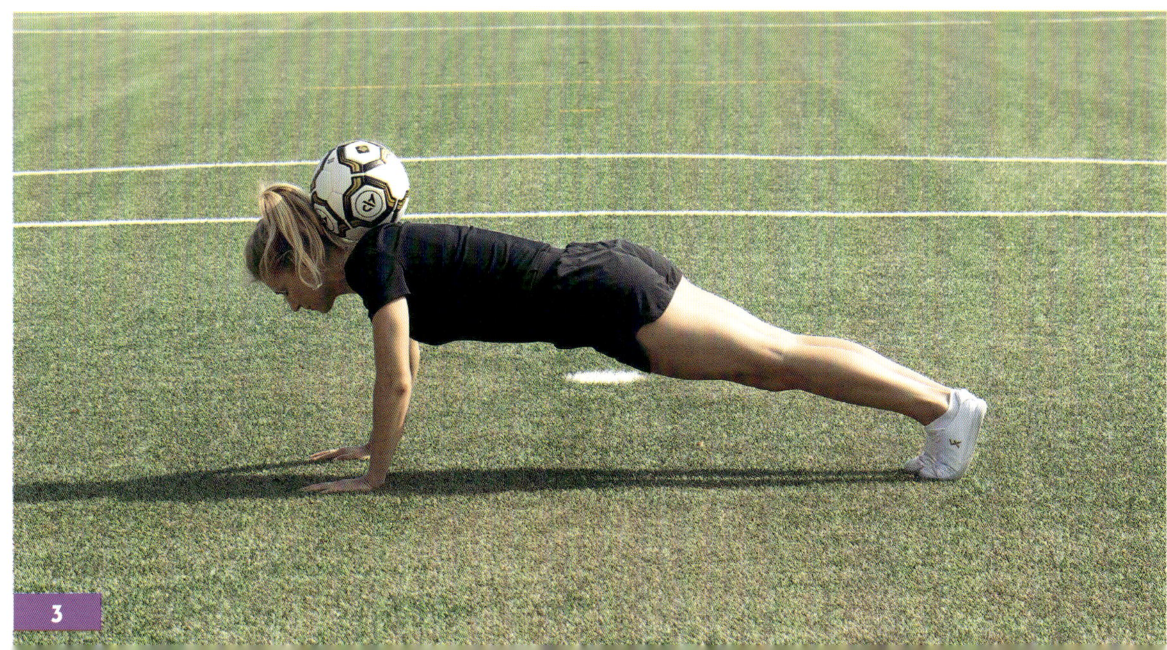

3

Blocking Combination

1. Stelle dich mit leicht geöffneten Beinen gerade hin. Wirf den Ball in die Luft und fange ihn zwischen deinen Knien. Mache dazu einen kleinen Schritt nach vorne, gehe leicht in die Hocke und klemme den Ball beim Herabfallen zwischen den Knien ein. Diesen Trick kannst du auch gut an das Jonglieren anschließen.

2. Strecke deine Beine jetzt und halte die Balance auf deinem linken Bein. Achte darauf, dass dein Oberkörper aufrecht ist und dein Blick immer auf dem Ball ist.

3. Bewege dein rechtes Bein nun etwas nach außen, so dass sich der Ball löst und nach unten fällt. Schließe dann schnell dein rechtes Bein wieder und versuche, den Ball zwischen deinen Knöcheln einzuklemmen.

4. Klemme den Ball zwischen deine Fußknöchel. Gehe nun etwas in die Hocke, um Schwung zu holen. Dein Blick ist auf dem Ball.

5. Springe nun mit beiden Beinen ab und ziehe den Ball mit den Füßen vor deinem Körper nach oben. Winkle deine Knie weiter an und lasse bei der maximalen Sprunghöhe den Ball los.

6. Fange den Ball mit deinen Händen.
Du kannst natürlich den Ball am Ende auch mit den Füßen kontrollieren, also ihn weiter jonglieren, anstatt ihn mit den Händen zu fangen.

Variante:
Versuche, den Ball im letzten Schritt nicht mittig vor deinem Körper nach oben zu ziehen, sondern deinen Oberkörper zu drehen und den Ball seitlich nach oben zu ziehen.

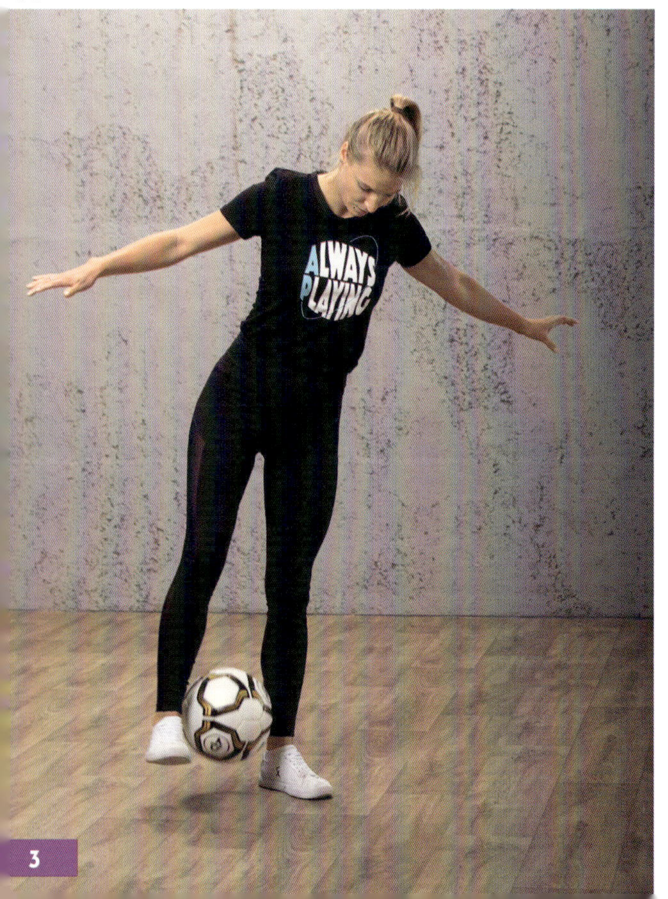

3

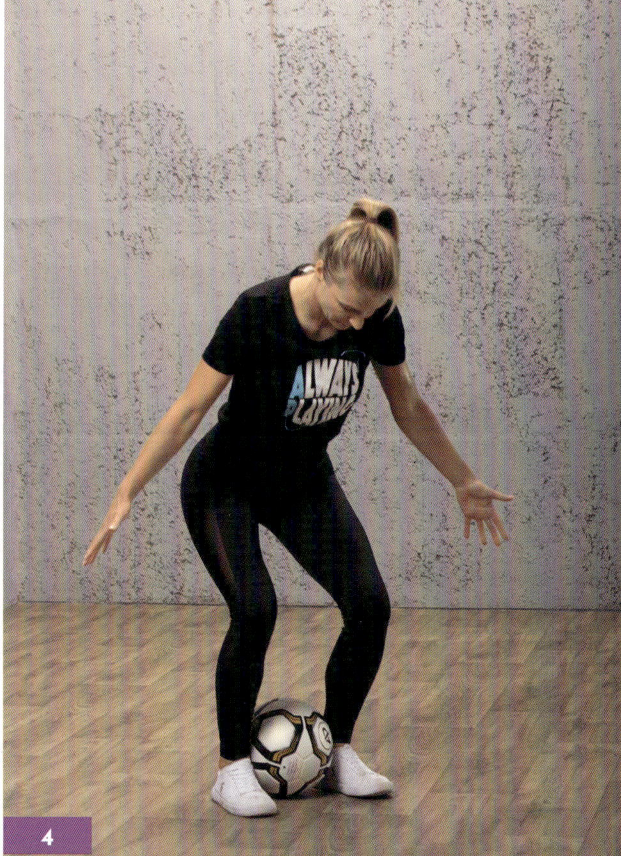

4

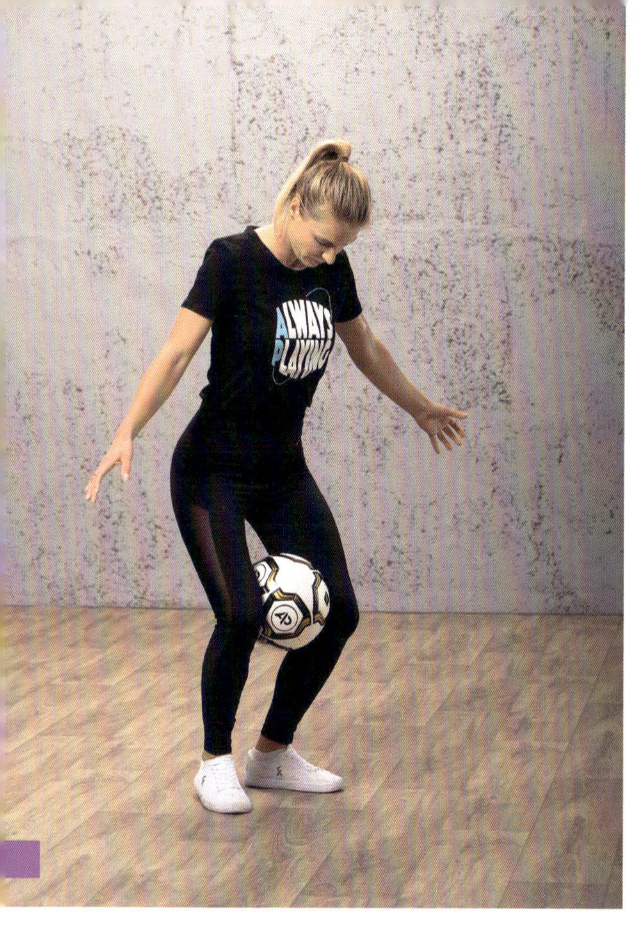
ALWAYS
PLAYING

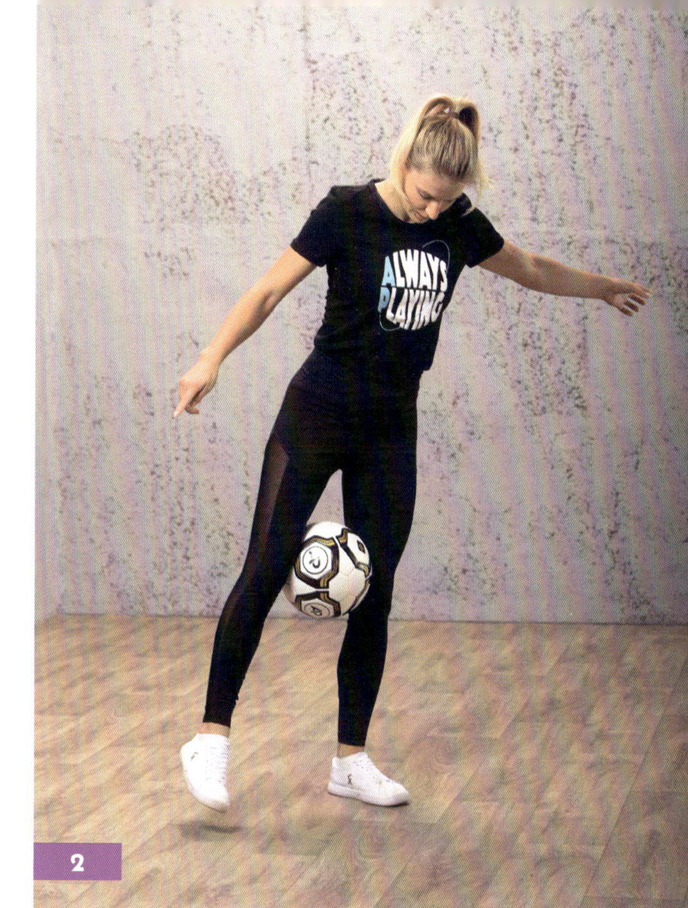
ALWAYS
PLAYING
2

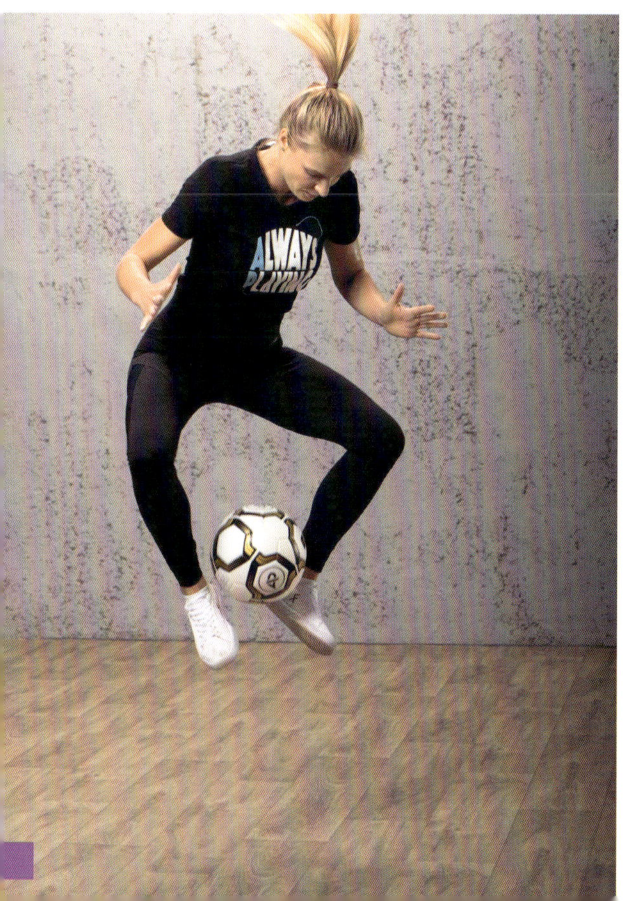

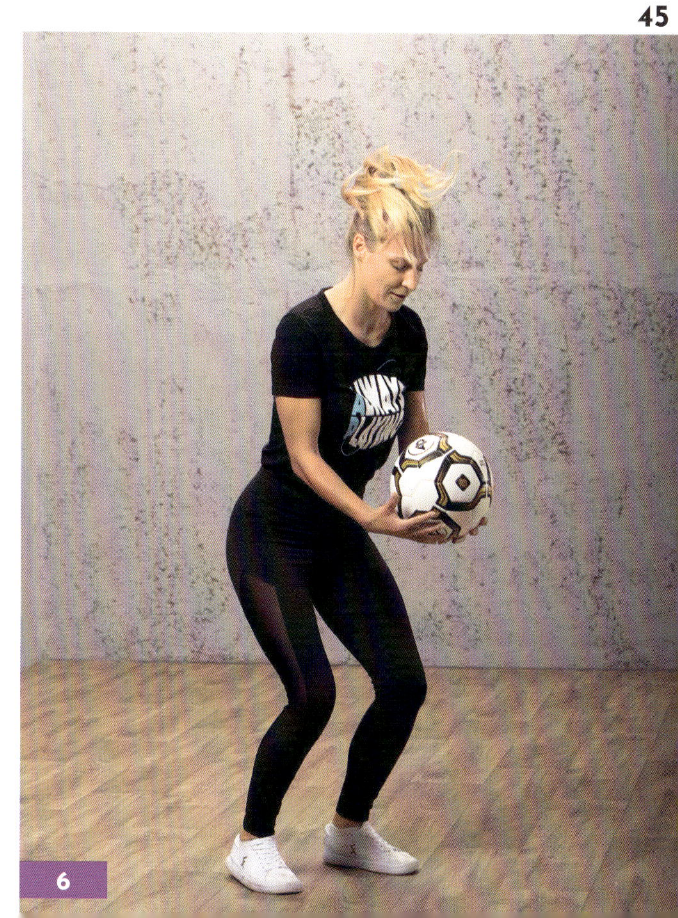
6

Rainbow

1. Lege den Ball zwischen deine Füße und klemme ihn zwischen deinen Knöcheln ein. Dabei ist wichtig, dass du etwas Druck auf den Ball ausübst, damit er nicht herausrutschen kann.

2. Verlagere dein Gewicht auf dein rechts Bein und führe nun den Ball mit dem linken Fuß zur rechten Ferse. Versuche, dabei den Spann des linken Fußes an den Ball zu legen und die linke Fußspitze unter den Ball zu schieben. Der Ball berührt den Boden nicht mehr.

3. Bewege dein linkes Bein nach oben und rolle den Ball mit der Zehenspitze an der Wade des rechten Beines hinauf. Beuge deinen Körper hierfür etwas nach vorne und versuche, die Balance zu halten.

4. Springe nun mit deinem Standbein (rechts) ab. Versuche dabei, den Ball mit der rechten Verse nach oben zu schießen.

5. Während der Ball nach oben fliegt, landest du auf deinem linken Bein und kannst die Flugbahn des Balles beobachten.

6. Drehe dich um etwa 45° zum Ball hin und fange ihn mit deinen Händen. Du kannst auch versuchen, den Ball mit deinen Beinen zu kontrollieren.

Gut zu wissen:
Mit diesem Trick kannst du auch deinen Gegenspieler im Fußball austricksen!

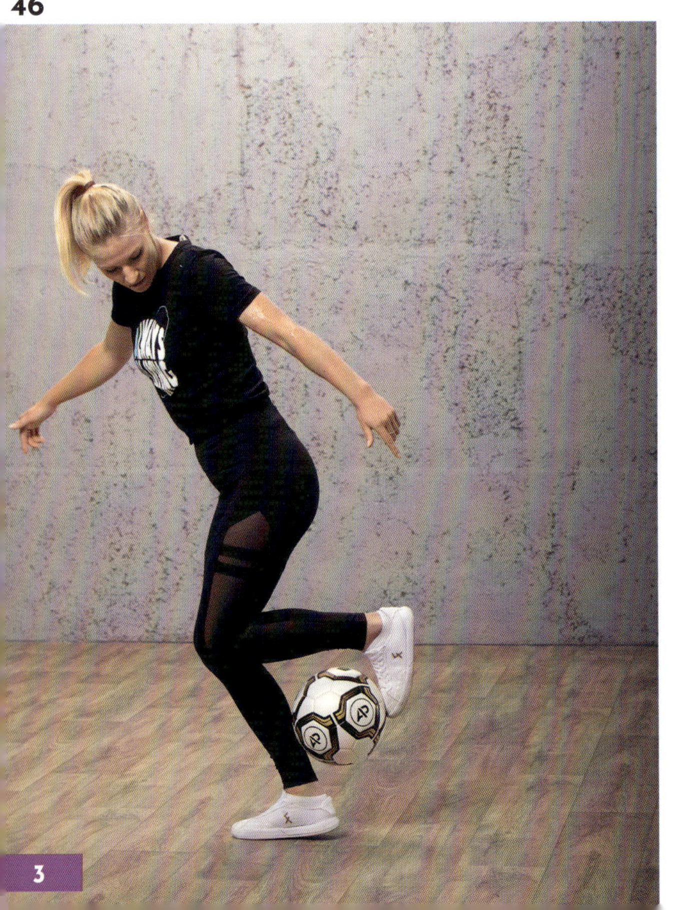

3

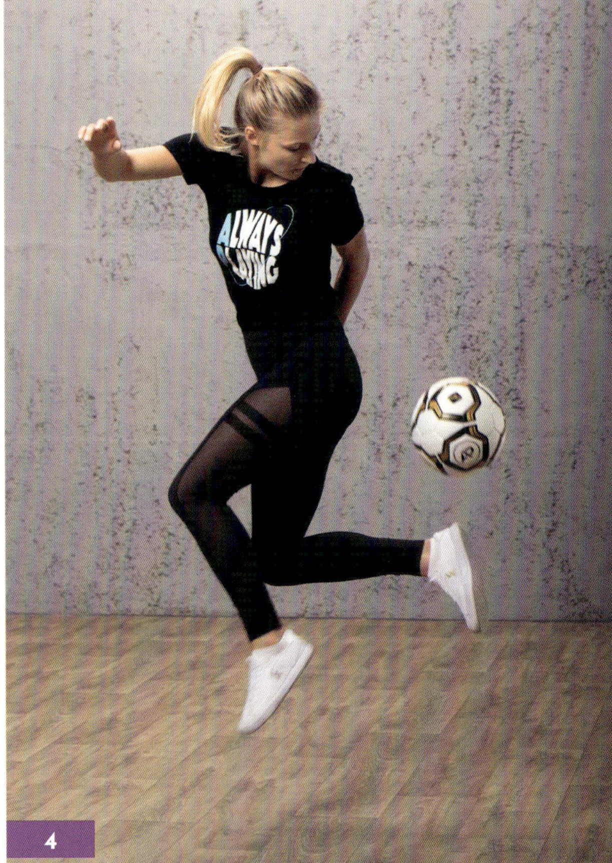

4

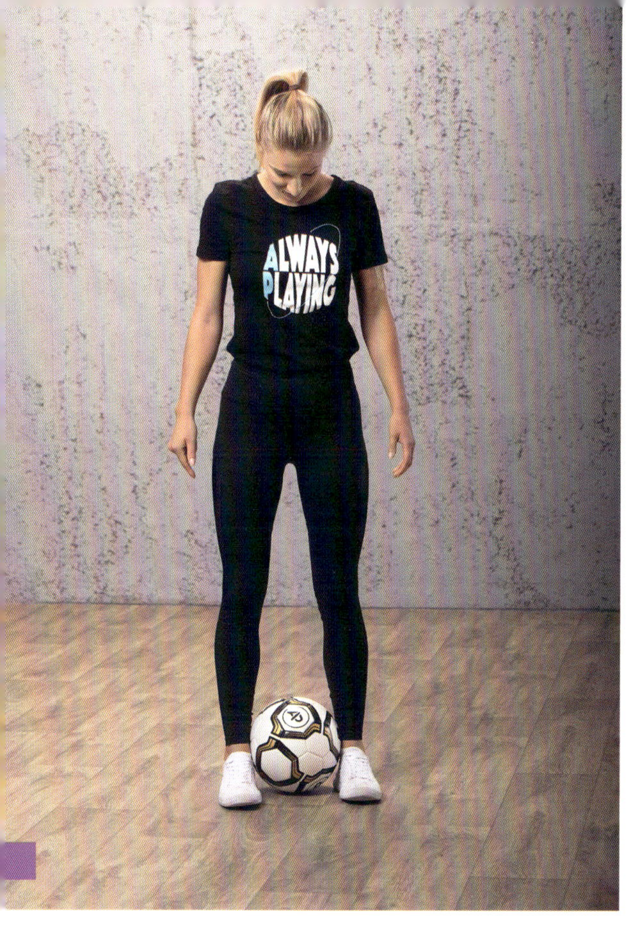
ALWAYS
PLAYING

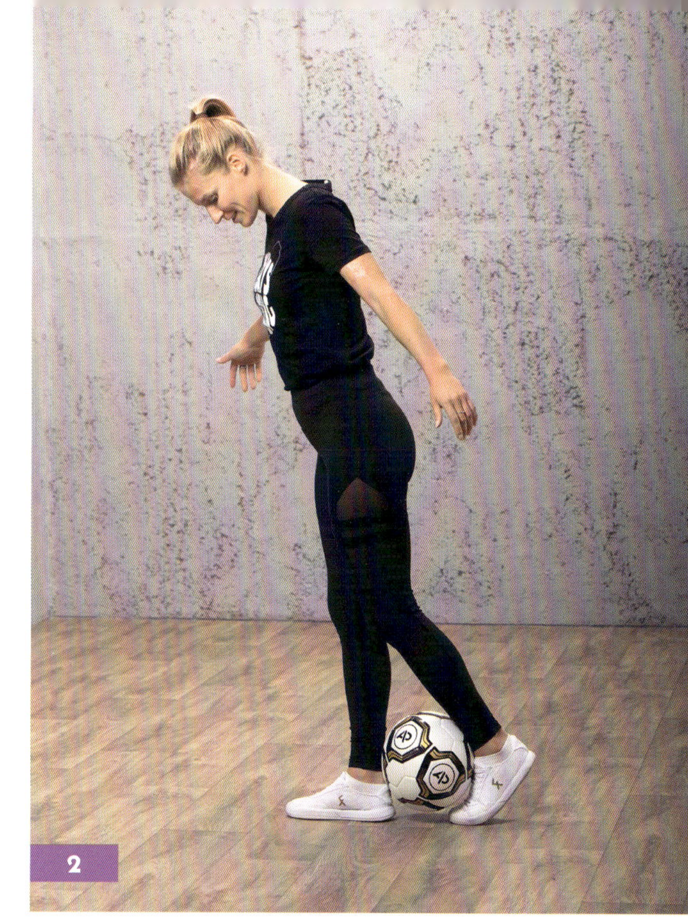
2

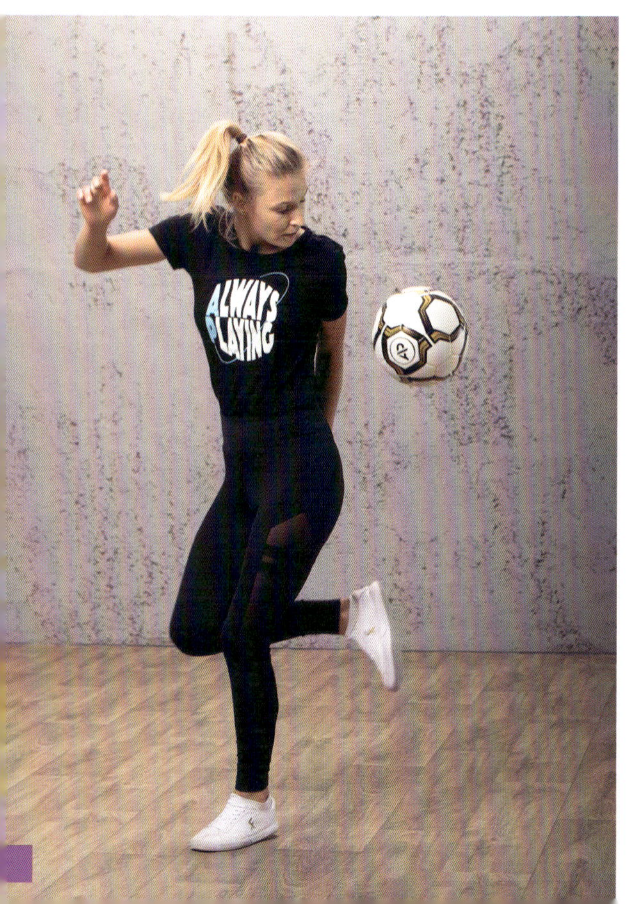
ALWAYS
PLAYING

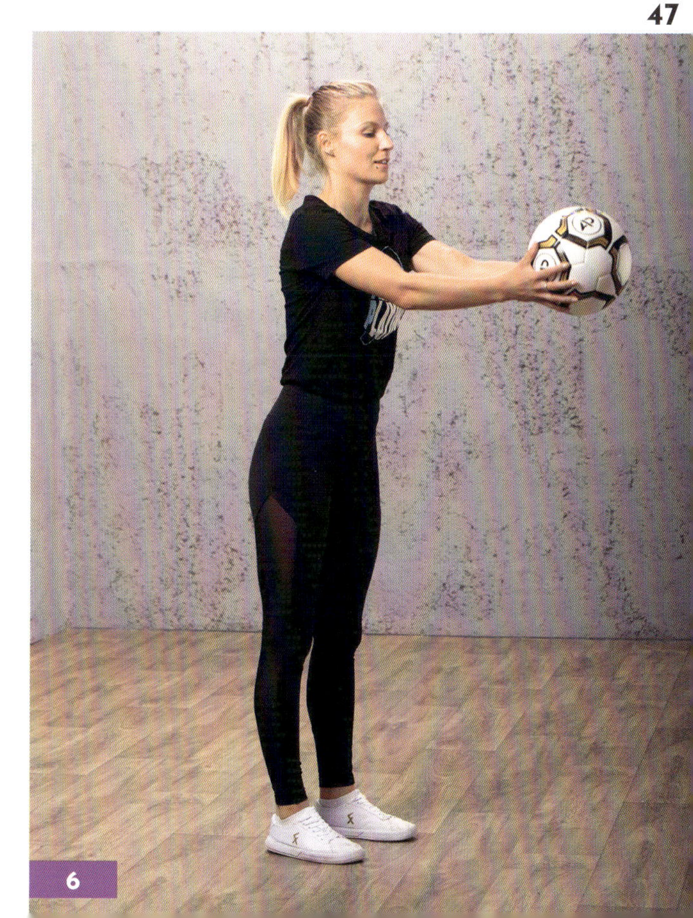
6

LEVEL 2: SCHON SCHWIERIGER

Head Stall

1. Stelle dich gerade und mit etwas mehr als hüftbreit aufgestellten Beinen hin. Neige den Kopf nach hinten und lege den Ball auf deine Stirn. Es ist wichtig, dass du dabei den Ball anschaust. Versuche, so ruhig wie möglich zu stehen, aber atme ganz normal weiter. Nimm nun vorsichtig deine Hände vom Ball. Balanciere den Ball auf der Stirn und bewege die Arme langsam nach unten.

2. Achte darauf, dass dein Oberkörper aufrecht ist. Um die Balance zu halten, kannst du dich auch leicht nach hinten beugen. Versuche, die Bewegungen des Balls mit kleinen Schritten auszugleichen. Achte darauf, deinen Kopf nicht zu schnell oder ruckartig zu bewegen.

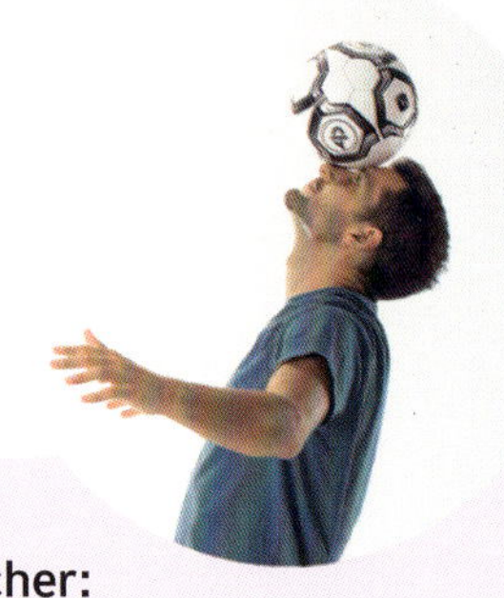

So wird's einfacher:
Wenn es dir noch schwerfällt, den Ball auf der Stirn zu halten, kannst du versuchen, ihn etwas weiter unten, zwischen Stirn und Nase zu balancieren. Dabei musst du dich etwas weiter nach hinten beugen.

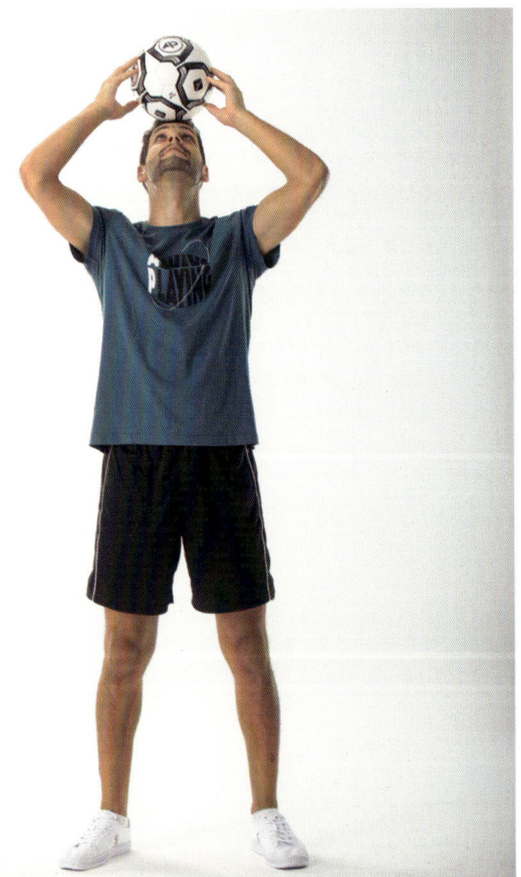

1

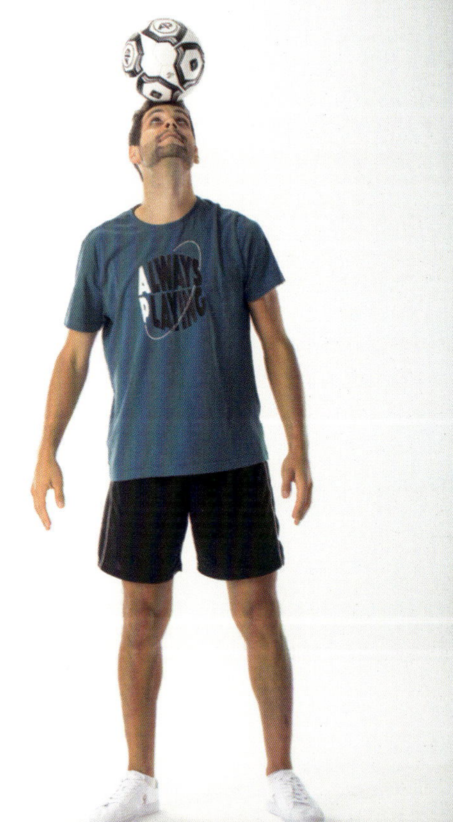

2

Side Head Stall

1. Stelle dich wieder gerade hin, wie beim Head Stall. Lege den Ball an deine linke Schläfe und halte ihn leicht mit deiner linken Hand fest. Beuge deinen Körper nach rechts, bis die Seite deines Kopfes etwa waagerecht ist. Winkle dabei dein rechtes Knie etwas an.

2. Schaue zum Ball und versuche, ihn auf der Schläfe zu balancieren. Nimm langsam deine Hand vom Ball.
Falls dir das noch nicht so gut gelingt, versuche, den Ball etwas zu deiner linken Schulter rollen zu lassen, so dass er sie berührt. Das gibt ihm mehr Halt. Wenn du diesen Trick auf deiner linken Seite kannst, probiere ihn auf der rechten Seite!

Wichtig:
Vergiss nicht, immer zum Ball zu schauen! Atme ruhig und gleichmäßig ein und aus.

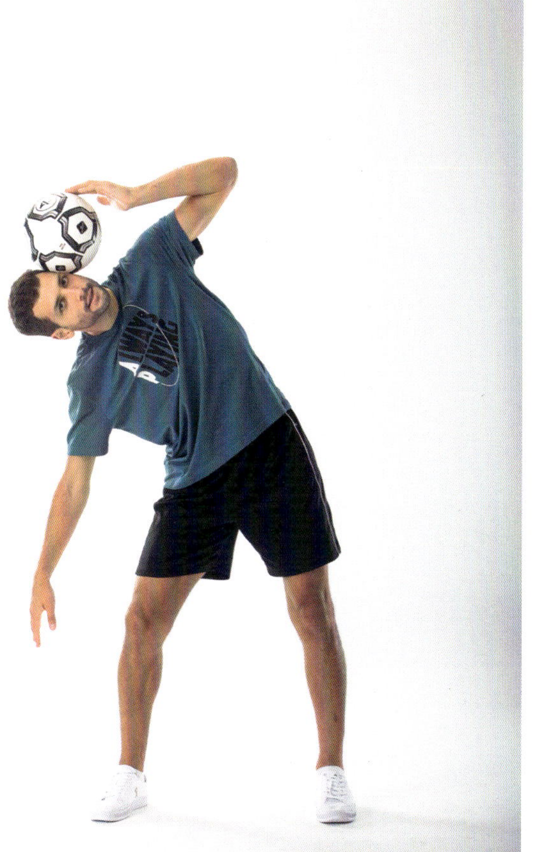

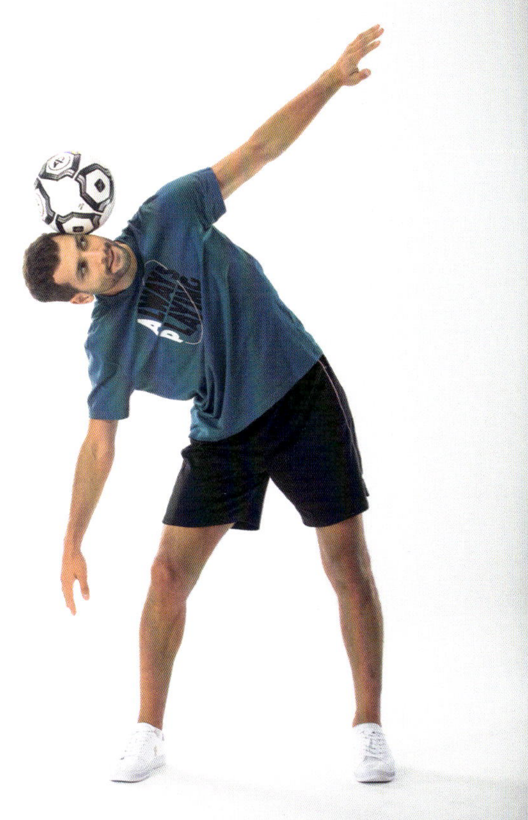

2

Abdullah

1. Setze dich auf den Boden und stelle die Füße mit angewinkelten Beinen vor dir auf. Klemme den Ball zwischen deine Knie. Stütze dich dann mit beiden Armen nach hinten auf dem Boden ab.

2. Bewege nun dein linkes Knie nach außen und strecke dein rechtes Bein aus. Deine linke Fußsohle ist am rechten Bein. Deine Beine bilden jetzt vor dir ein Dreieck, auf dem der Ball liegt. Der Ball sollte hierbei nicht den Boden berühren.

3. Drehe dich nun nach links und stütze dich auf deinen linken Ellenbogen. Führe dein rechtes Bein über den Ball.

4. Winkle dein rechtes Bein an und klemme den Ball zwischen Verse und Po ein. Strecke dann dein linkes Bein aus.

5. Bewege dein rechtes Knie nun in Richtung Boden und lasse den Ball langsam zwischen Ober- und Unterschenkel nach unten rollen.

6. Kurz bevor der Ball an deinem rechten Knie ankommt, schnicke dein rechtes Bein mit einer schnellen Bewegung nach oben, so dass der Ball hochfliegt. Dabei ist wichtig, dass dein rechtes Bein angewinkelt bleibt.
Drehe dich wieder zur Mitte zurück und fange den Ball zwischen deinen Knien.

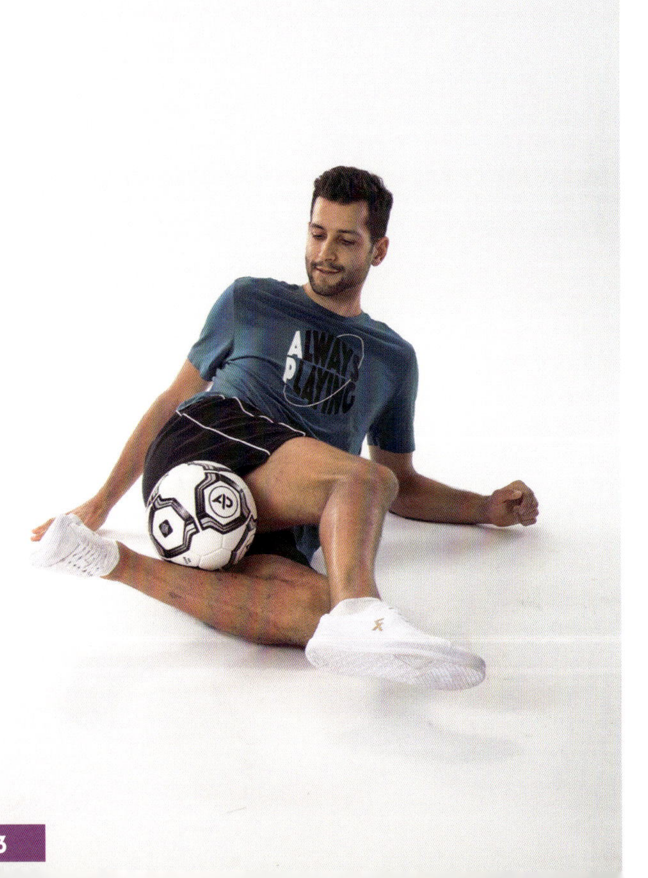

3

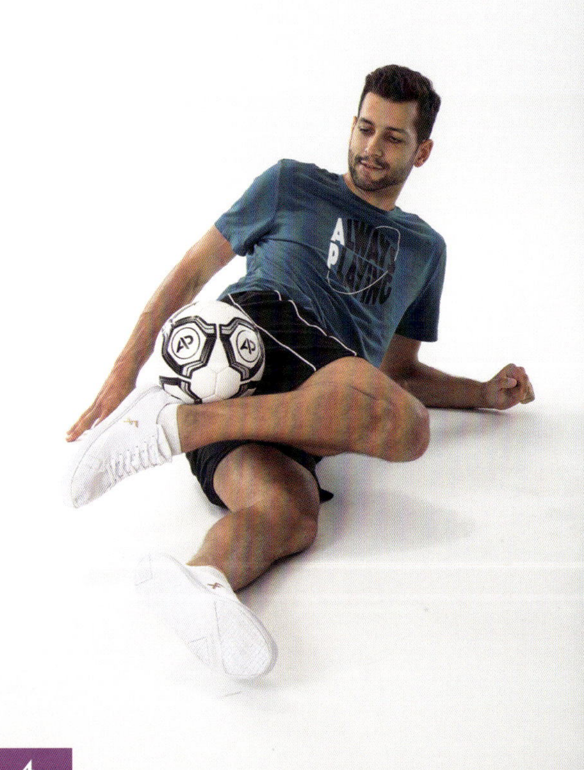

4

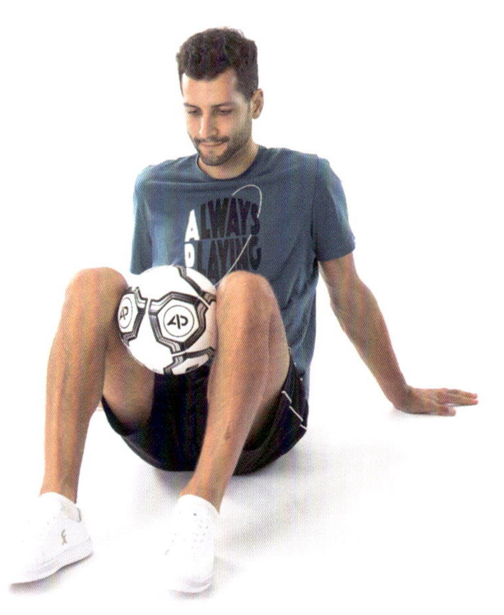

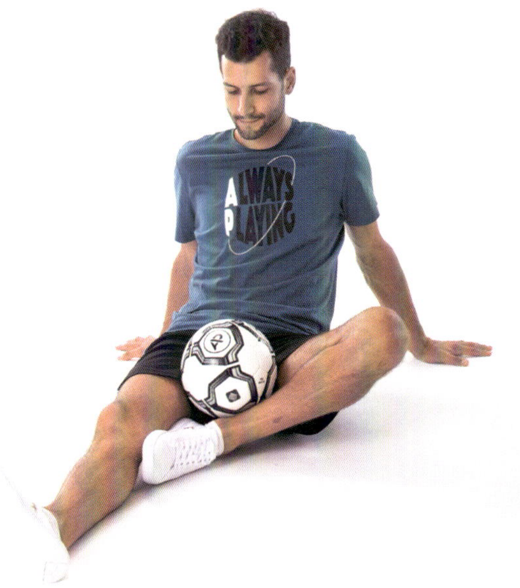

2

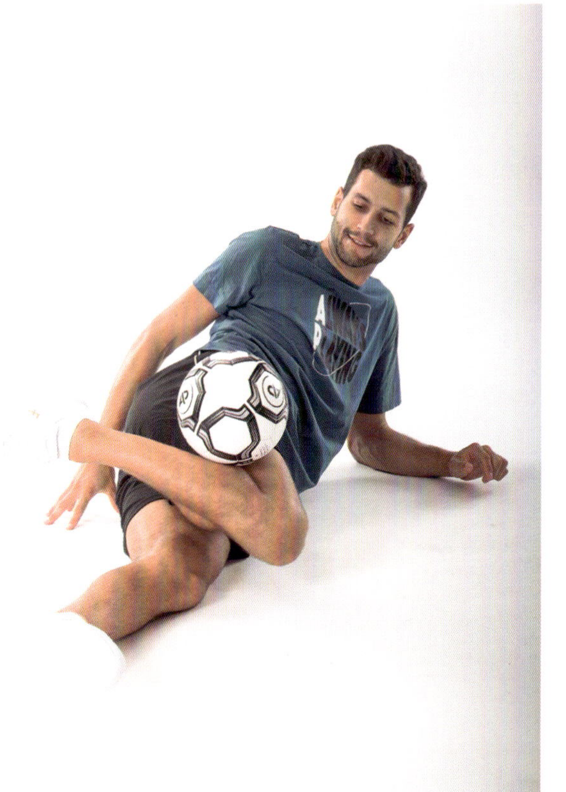

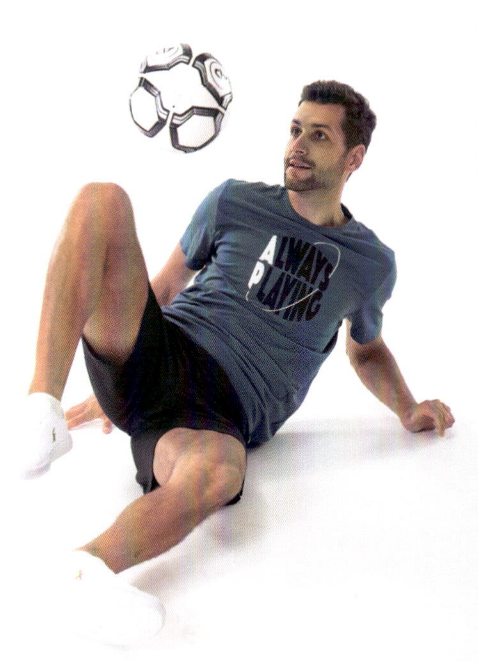

6

Slap

1. Stelle dich aufrecht hin. Lege den Ball zwischen deine Füße und klemme ihn zwischen den Knöcheln ein. Dein Blick geht zum Ball.

2. Führe nun den Ball mit dem linken Fuß langsam hinter dein rechtes Standbein. Mache diese Bewegung am Anfang langsam, so dass du den Ball immer unter Kontrolle hast.

3. Bewege den Ball so weit wie möglich um dein rechtes Bein herum und stelle dein linkes Bein auf dem Boden ab. Der Ball sollte nun auf deinem linken Spann liegen und den Boden nicht berühren.

4. Ziehe nun den Ball mit einer schnellen Bewegung des linken Fußes nach oben. Wichtig ist dabei, dass du mit deinem rechten Standbein auf dem Boden stehen bleibst und nicht hochspringst.

5. Während der Ball nach oben fliegt, bringe dein linkes Bein so schnell wie möglich wieder auf den Boden zurück, so dass du in einer normalen Standhaltung bist.

6. Drehe deinen Oberkörper um etwa 90° nach rechts und jongliere nun den Ball mit dem rechten Bein weiter.
Wenn dir der Slap auf einer Seite gelingt, probiere ihn direkt auch auf der anderen!

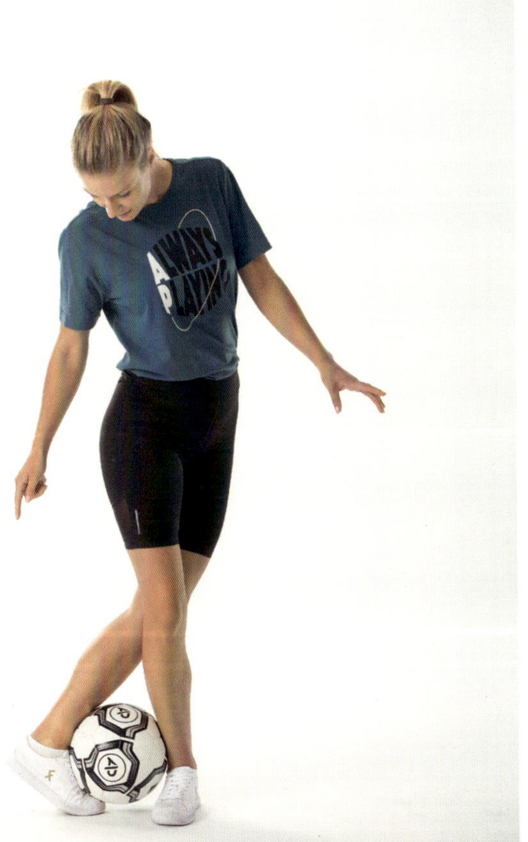

3

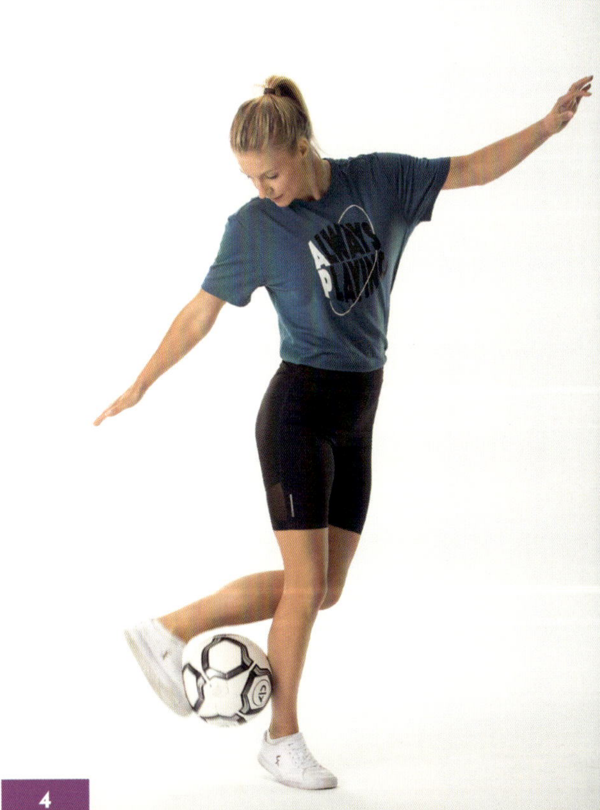

4

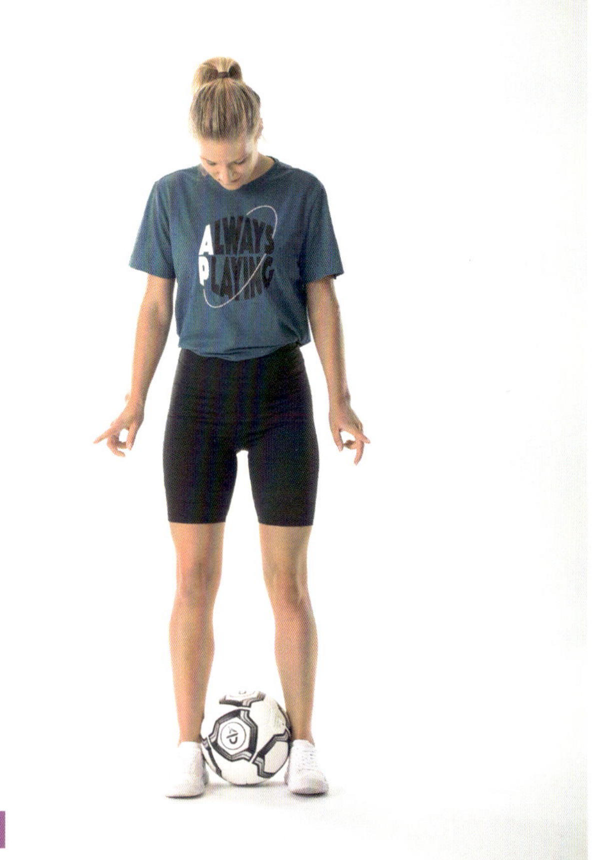
ALWAYS
PLAYING

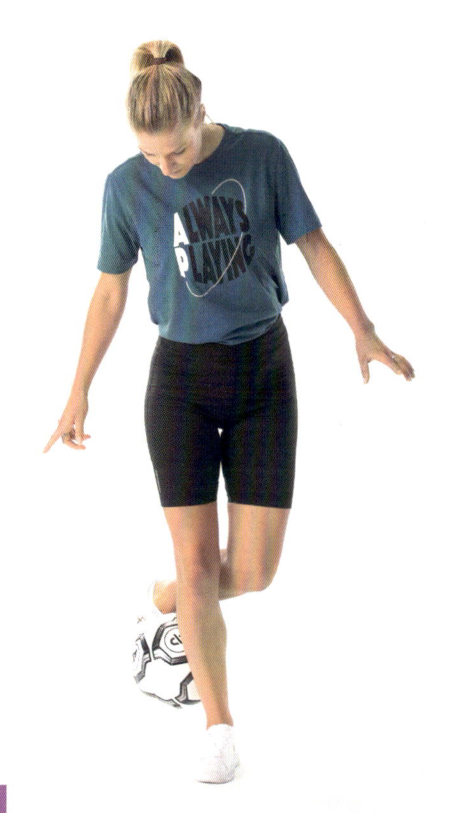
ALWAYS
PLAYING
2

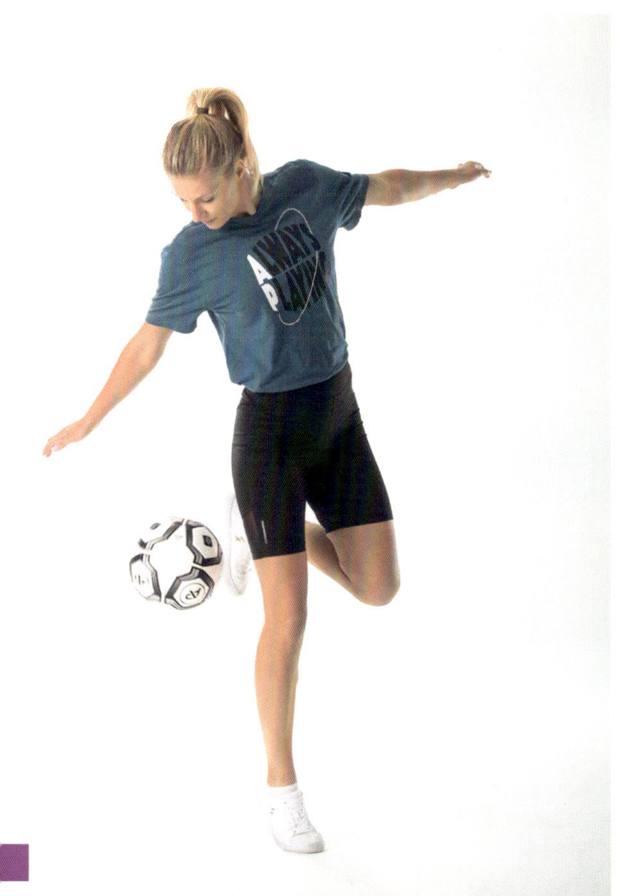
ALWAYS
PLAYING

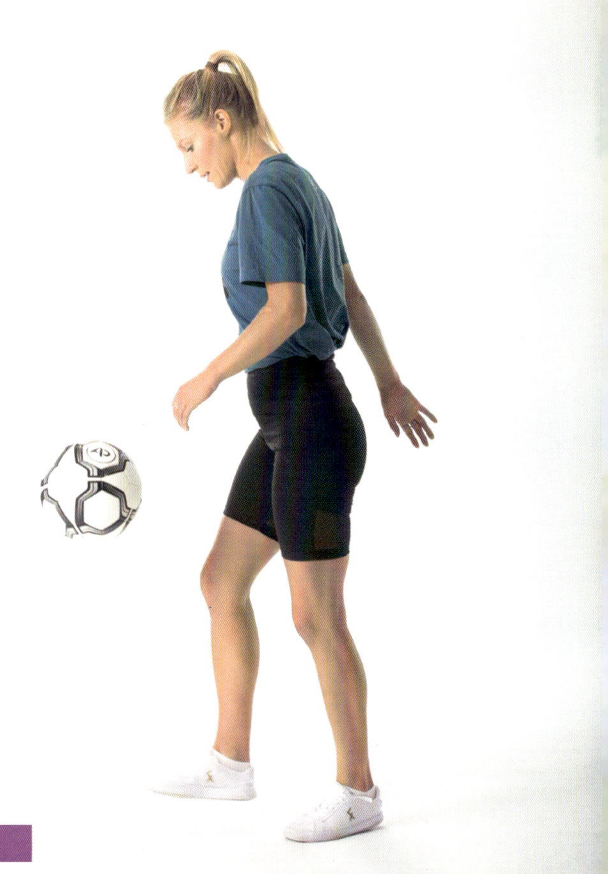
6

Crossover

1. Stelle dich aufrecht hin und halte den Ball in deinen Händen. Lasse den Ball auf deinen rechten Fuß fallen und schieße ihn nach oben. Am Anfang gelingt dir das leichter, wenn du den Ball etwas höher schießt als gewöhnlich, etwa auf Hüfthöhe.

2. Führe dein linkes Bein nun über den Ball zur rechten Seite.

3. Sobald der Ball nach unten fällt, springe mit dem rechten Bein in dieser Position ab. Schieße den Ball mit deinen Zehen (vorderer Spann) nach oben und beuge dabei deinen Oberkörper nach vorne.

4. Lande auf deinem rechten Bein und kontrolliere den Ball mit deinem linken Fuß.

So wird's einfacher:
Probiere den Crossover gleich zu Beginn auf beiden Seiten, vielleicht fällt dir dieser Trick sogar mit deinem vermeintlich schwächeren Bein leichter.
Solltest du das Timing etwas schwierig finden, lasse den Ball aus der Hand auf den Boden fallen und führe dann den Sprung aus.

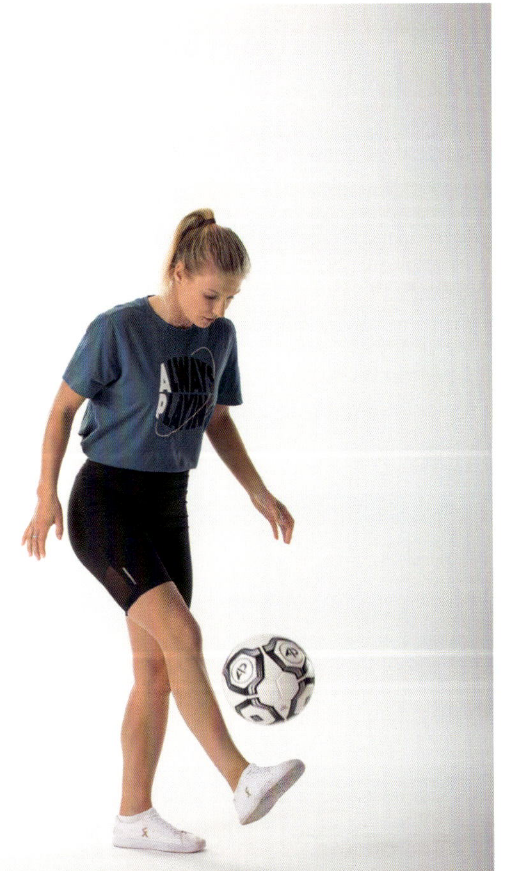

1

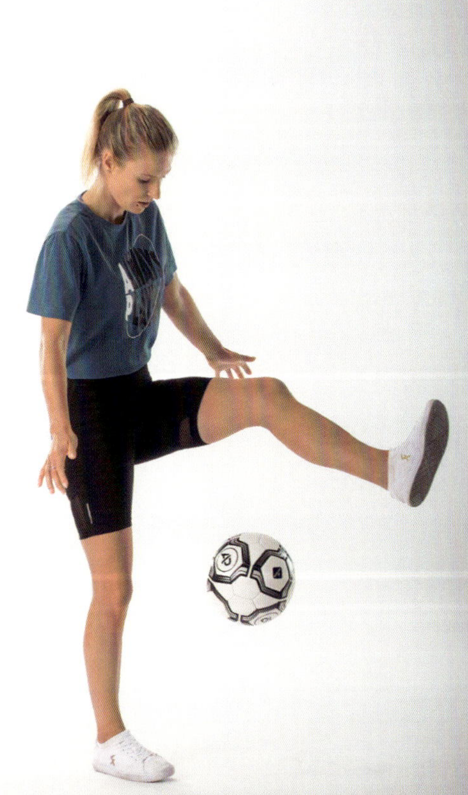

2

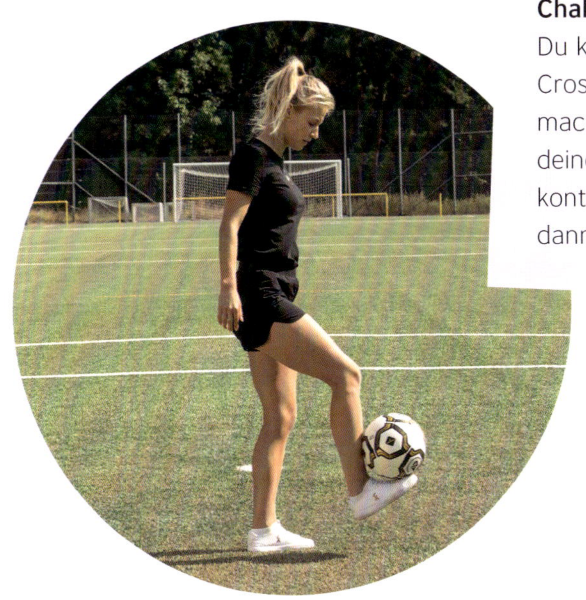

Challenge:
Du kannst auch mal versuchen, den Crossover nach dem Foot Stall zu machen. Balanciere den Ball auf deinem Spann, werfe ihn anschließend kontrolliert nach oben und versuche dann den Crossover.

„Wenn dir ein Trick nicht gleich gelingt, denke daran: Es geht nicht darum, die oder der Beste zu sein. Es geht darum, besser zu sein als gestern!"

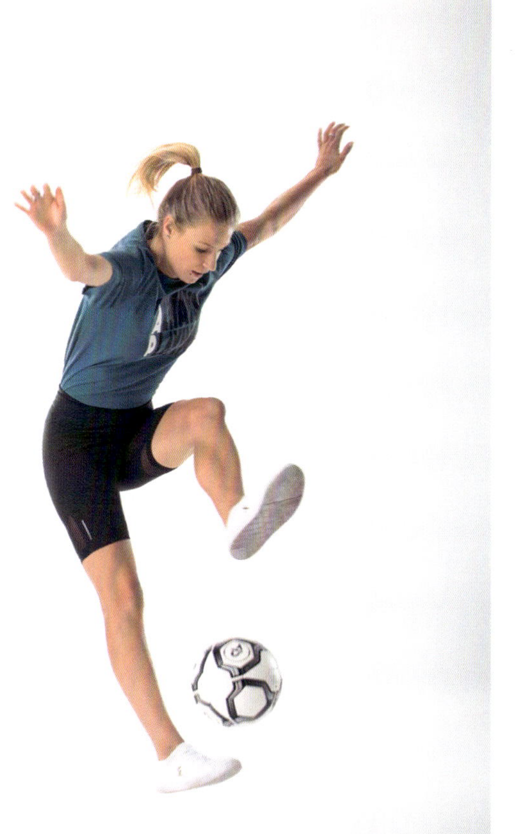

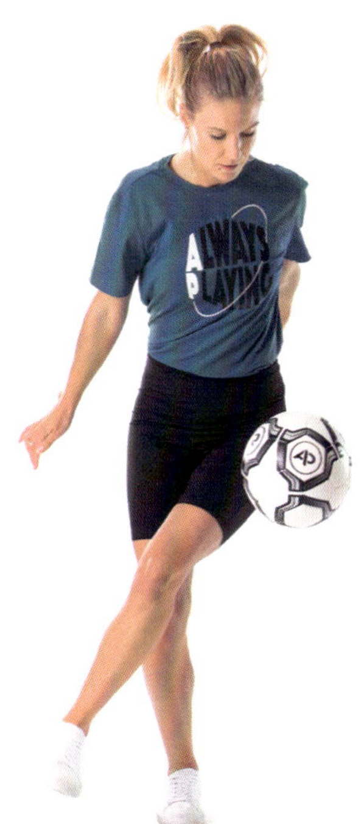

4

LEVEL 3: TRICKS FÜR FORTGESCHRITTENE

Around the World

1. Treffe den Ball während des Jonglierens ein wenig mit der Außenseite (Outside Around the World) deines rechten Fußes. Beuge dabei dein linkes Standbein etwas, um leichter Schwung holen zu können. Ziehe die Zehen deines rechten Fußes nach oben und versuche, den Ball zu deinem Körper zu ziehen.

2. Nachdem du den Ball getroffen hast, ziehe dein rechtes Bein direkt in einer kreisenden Bewegung nach oben. Strecke dein linkes Standbein aus.

So wird's einfacher:
Versuche den Ball auf deinem Fuß auszubalancieren (Foot Stall) und den Ball in einer Bewegung nach oben zu ziehen und um den Ball zu kreisen. Vielleicht fällt dir das leichter.

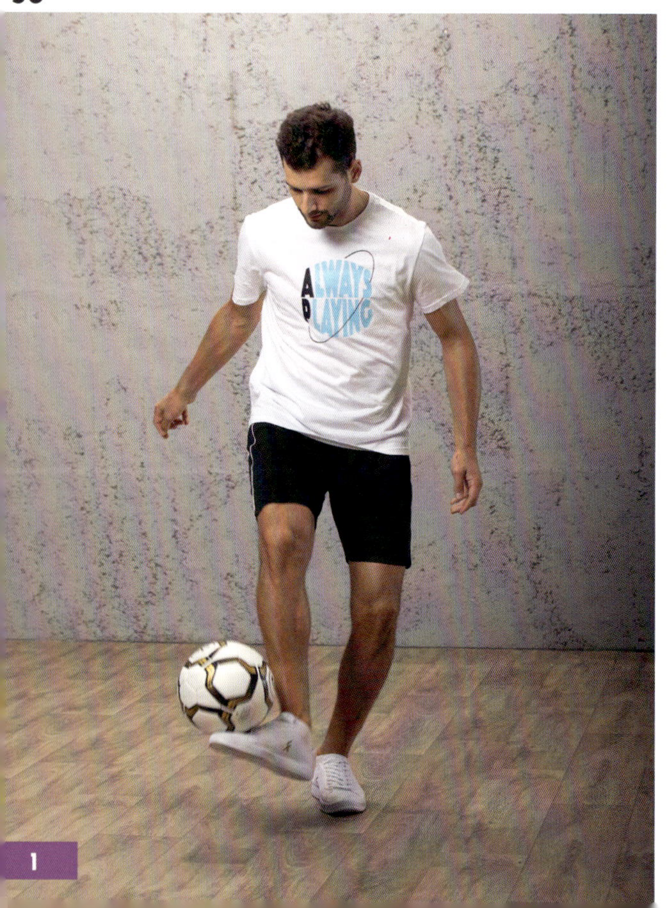

1

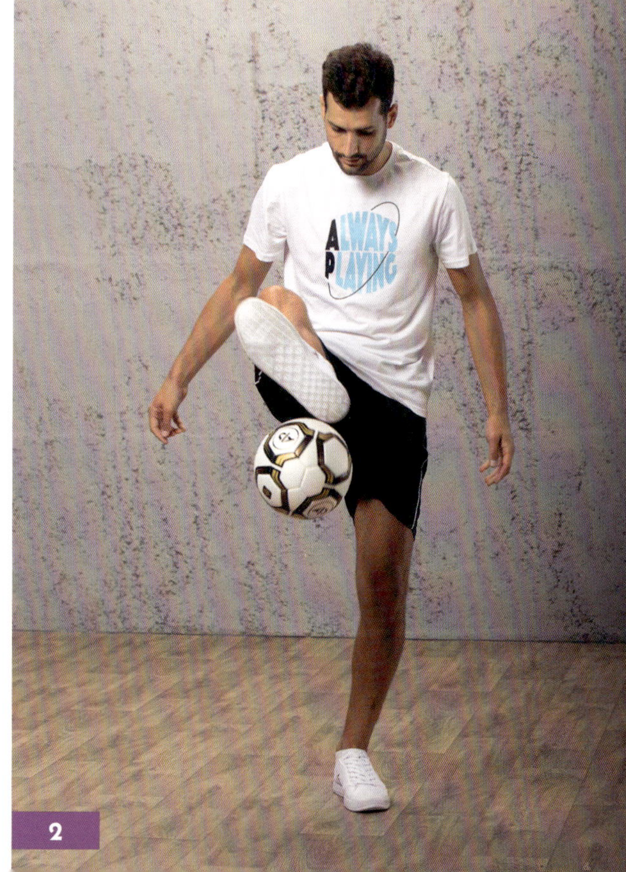

2

3. Versuche, die Bewegung so rund wie möglich durchzuführen, und bewege dein rechtes Bein zurück zur normalen Jonglier-Position.

4. Du kannst den Ball jetzt wieder kontrollieren und weiter jonglieren.

Variante: Versuche, den Ball nach der Bewegung um den Ball nicht mit dem rechten, sondern mit deinem linken Bein zu jonglieren. Dies nennt man Half Around the World.

Fact:
Den Around the World kannst du sowohl nach innen (Inside Around the World) als auch nach außen (Outside Around the World) ausführen. Probiere am besten beide Varianten und mit beiden Beinen, da dies die Grundlage für sehr viele Tricks im Freestyle Football ist.

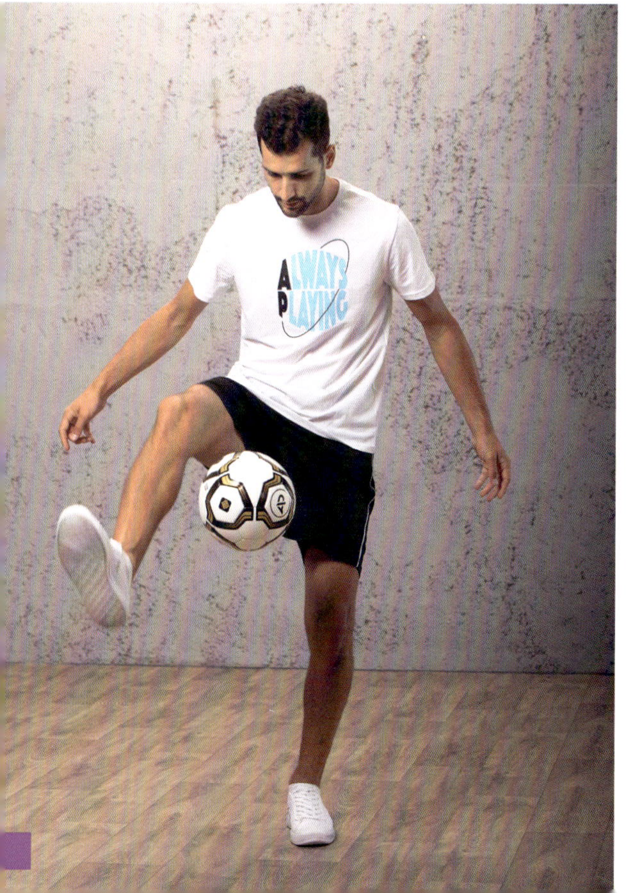

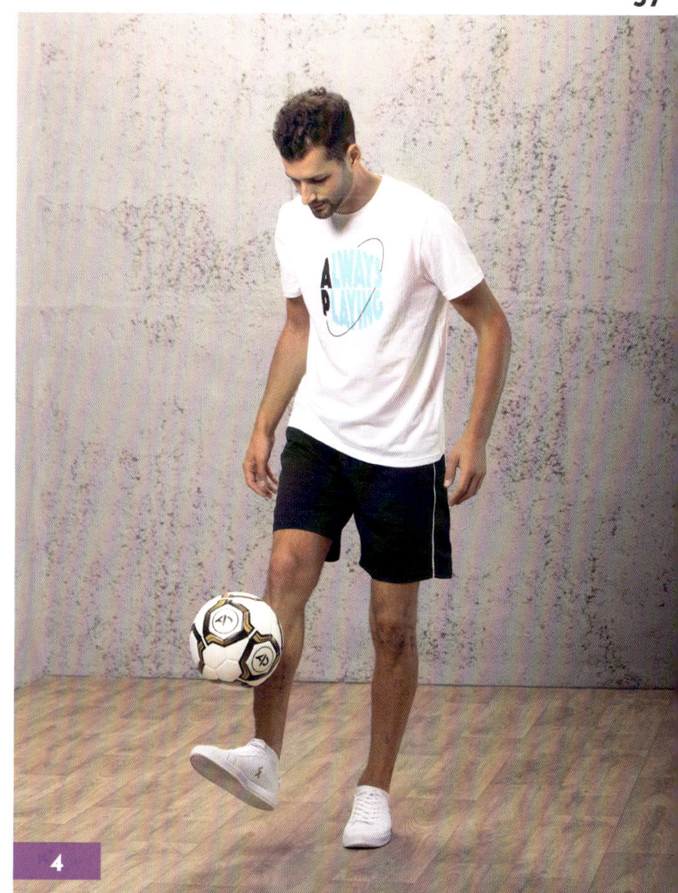

4

Hop the World

1. Stelle dich gerade hin und halte den Ball in deinen Händen. Lasse ihn vor dir zu Boden fallen und schieße ihn mit deinem rechten Fuß nach oben. Stelle den Fuß sofort wieder ab.

2. Wenn du den Ball getroffen hast, ziehe dein linkes Bein so schnell wie möglich nach oben und führe es von außen nach innen über den Ball und wieder nach unten.

3. Winkle nun dein linkes Knie an und mache eine kreisende Bewegung um den Ball.

4. Kontrolliere den Ball anschließend mit dem linken Bein, jongliere ihn also weiter.

Wichtig:
Der **HTW (Hop the World)** – ist einer der wichtigsten Tricks im Freestyle, ganz besonders, wenn du Lower-Combos machen möchtest. Den **ATW (Around the World)** und den HTW nutzt man in der Regel, um schwierigere Tricks in einer Combo miteinander zu verbinden. Probiere den HTW also von Beginn an mit beiden Beinen, erst mit dem einen, dann mit dem anderen!

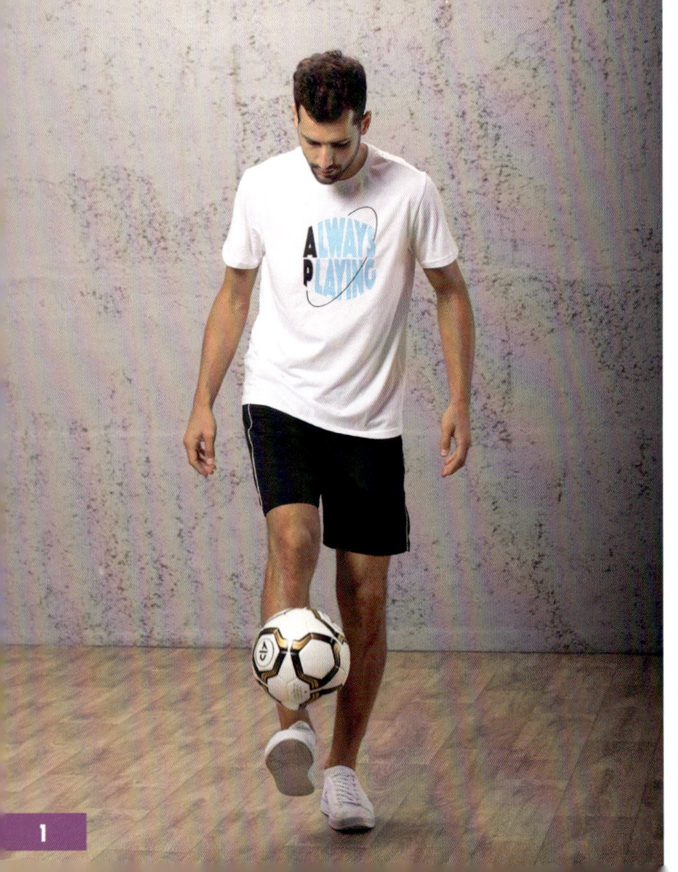

1

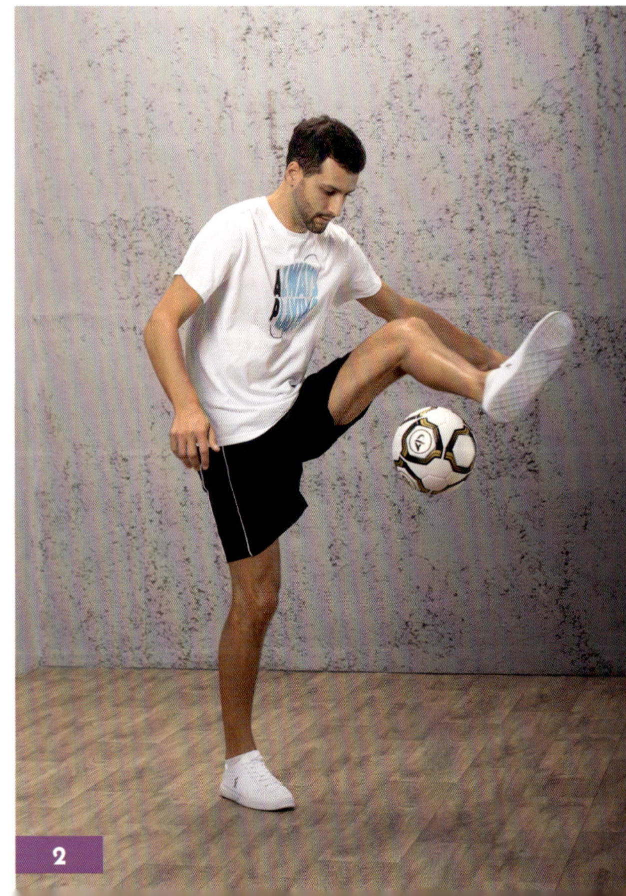

2

Variante:

Wie beim ATW gibt es auch beim HTW nicht nur den Inside HTW, den du gerade gelernt hast, sondern auch den Outside HTW. Beim Outside gehst du also nicht von außen nach innen um den Ball, sondern von innen nach außen. Diese Variante ist etwas anspruchsvoller, aber wir sind uns sicher, dass du auch das hinbekommst.

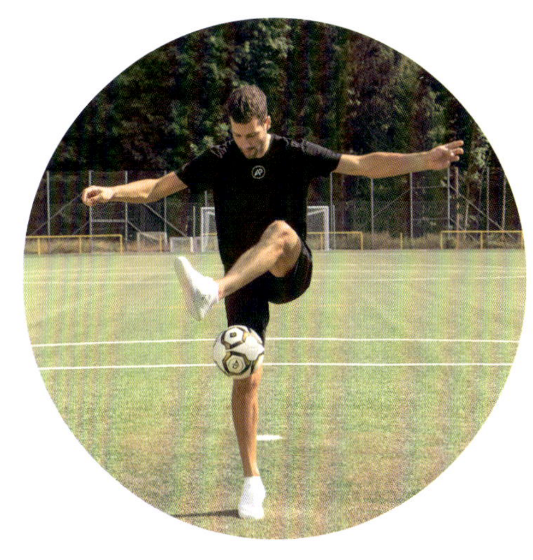

„Wenn du aufgeben willst, denk daran, warum du angefangen hast."

So wird's einfacher:

Versuche, mit deinem Standbein auf deinen Zehenspitzen zu stehen. So wirst du noch ein paar Zentimeter größer und hast mehr Zeit und Platz, um den Ball zu umrunden.

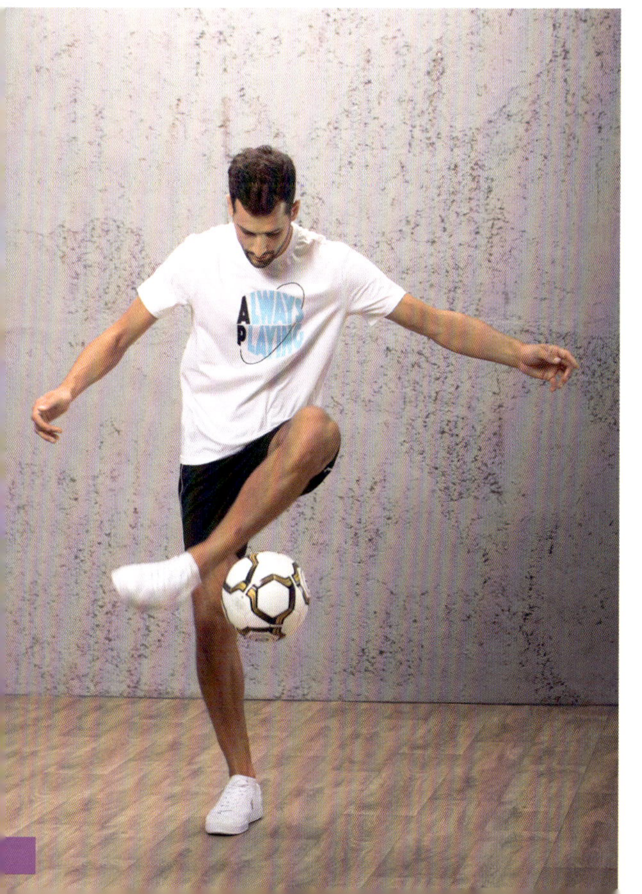

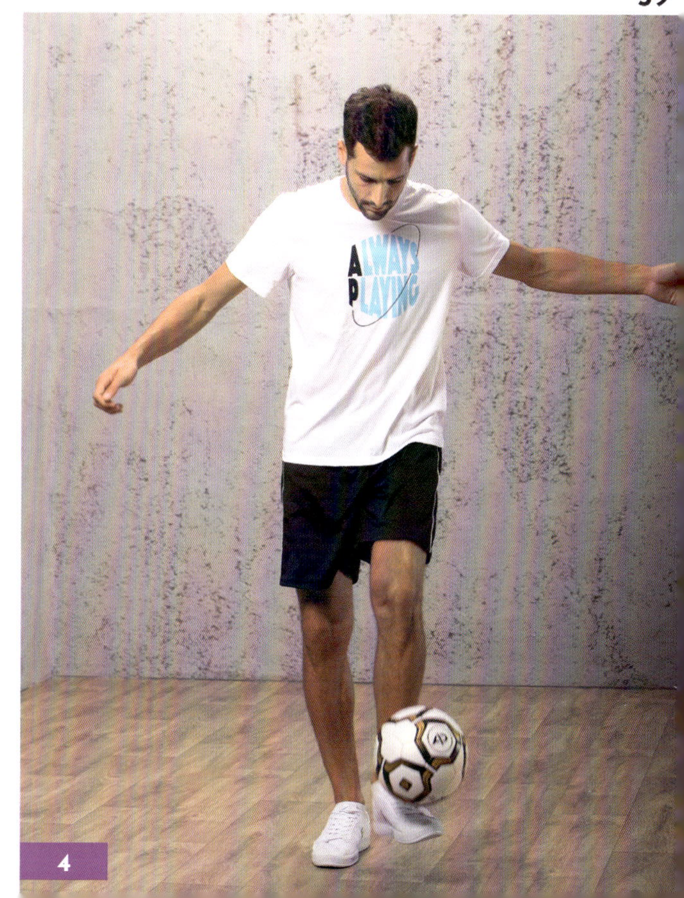

Sitdown Crossover

1. Setze dich auf den Boden und stelle die Füße vor deinem Gesäß auf. Stütze dich nach hinten mit den Händen ab. Klemme dann den Ball zwischen deinen Füßen ein.

2. Hebe beide Beine gleichzeitig an und halte dabei den Druck auf den Ball aufrecht. Wirf den Ball mit den Füßen etwas nach oben.

3. Sobald du den Ball losgelassen hast, bewege dein rechtes Bein so schnell wie möglich zurück Richtung Boden und dein linkes Bein nach oben, indem du es ausstreckst.

4. Schieße den Ball mit deinem rechten Fuß nach oben und kreise mit deinem linken Bein von außen nach innen um den Ball. Damit du genug Zeit für diesen Move hast, ist es gut, wenn du den Ball etwa auf Höhe deines Kopfes kicken kannst.

5. Nachdem du den Ball nach oben geschossen hast, bewege dein linkes Bein über innen zurück zur Ausgangsposition auf dem Boden.

6. Nun kannst du den Ball mit deinem rechten Fuß weiterjonglieren oder zwischen beiden Füßen fangen.

Fact:
Patrick hält mit 118 Sitdown Crossovers in einer Minute den Guinness-Weltrekord!

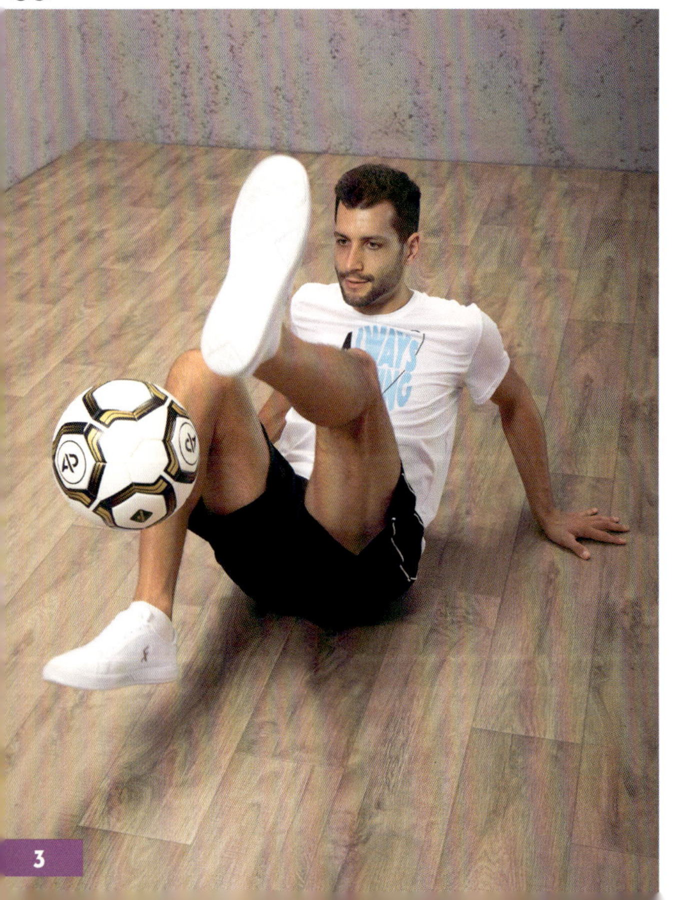

3

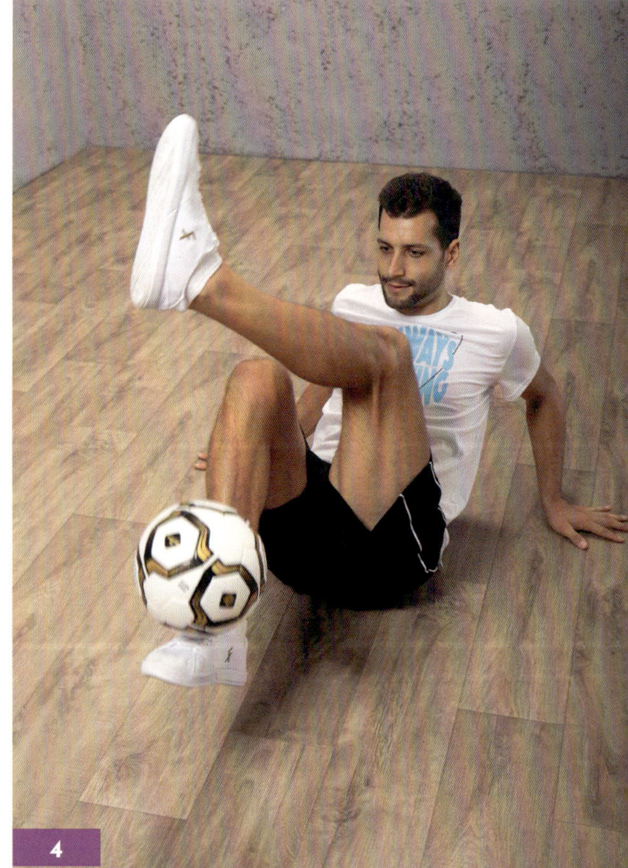

4

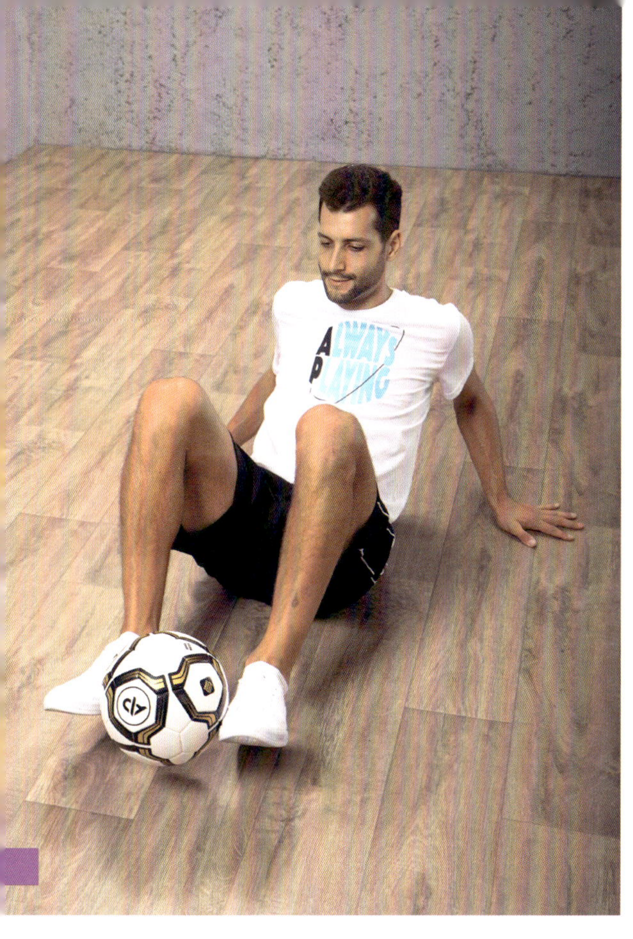

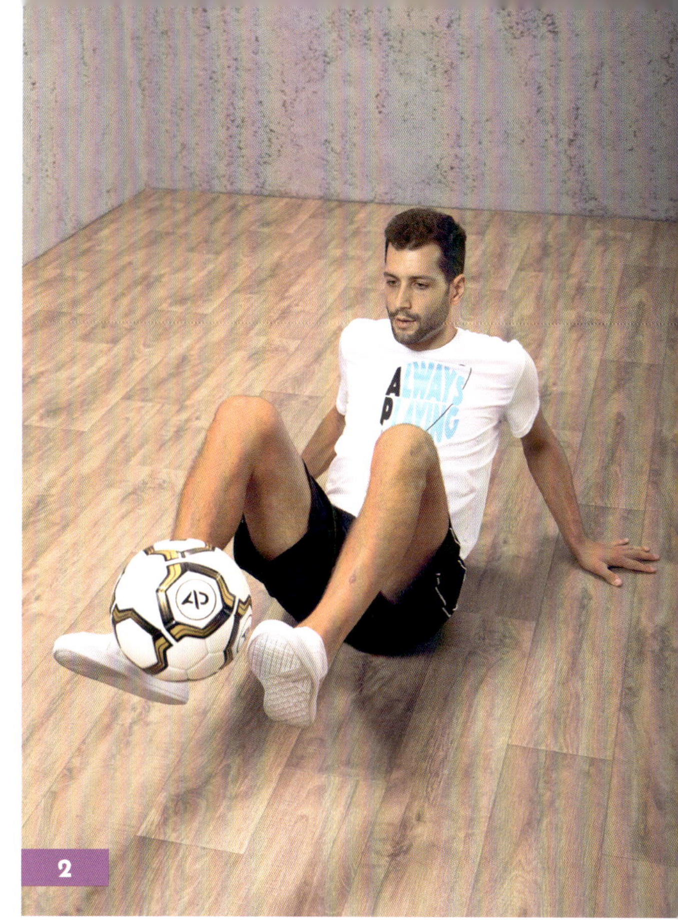
2

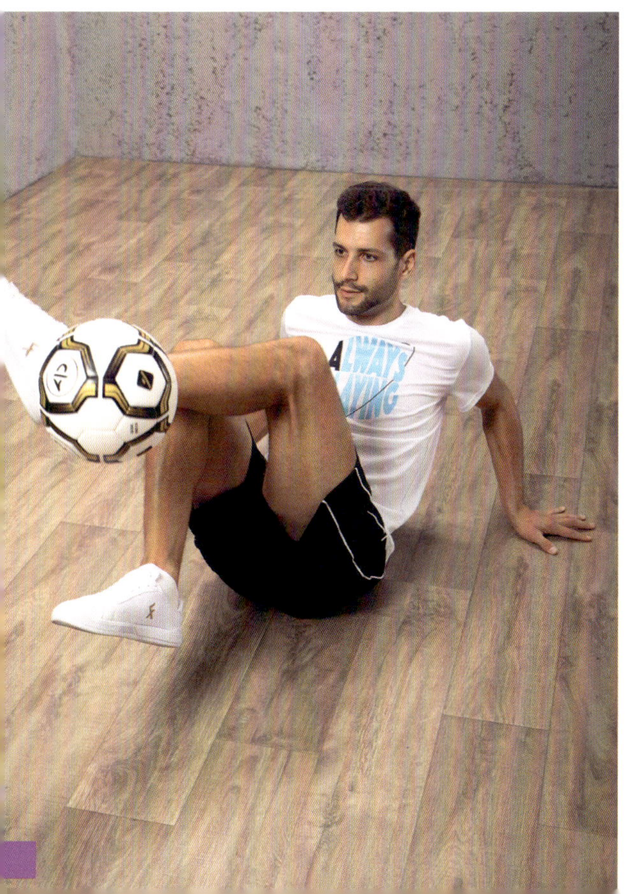

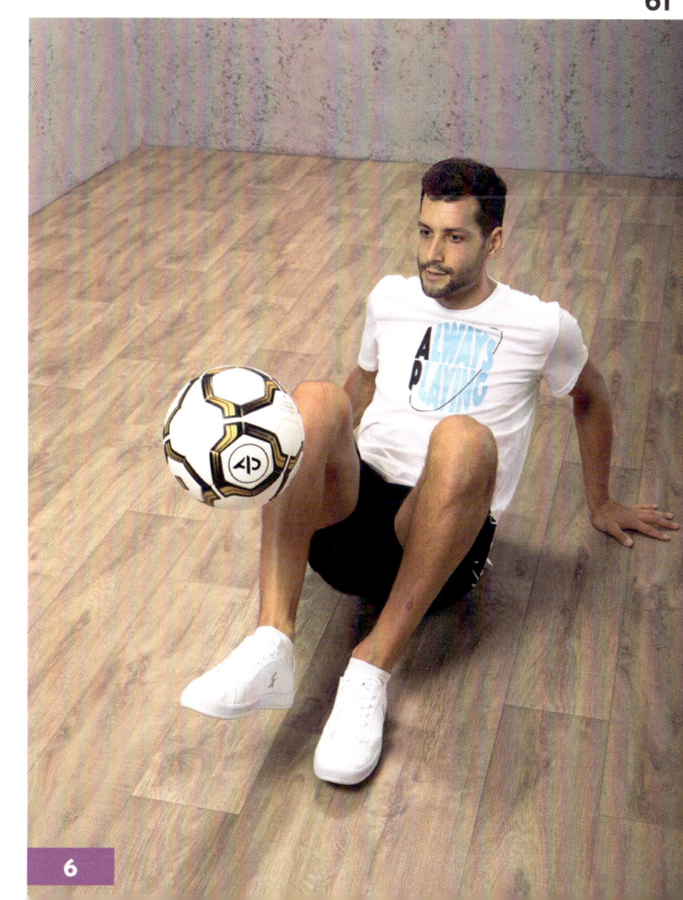
6

Sole Stall

1. Lege dich mit dem Rücken auf den Boden und stelle die Füße vor dem Gesäß auf. Klemme den Ball zwischen deinen Fußknöcheln ein. Stütze dich dann mit deinen Armen und Ellenbogen auf dem Boden ab und halte deinen Kopf hoch, so dass du den Ball sehen kannst. Bewege den Ball etwas nach links und versuche, ihn zwischen deinem linken Spann und deiner rechten Sohle einzuklemmen.

2. Strecke nun deine Beine etwas und bewege sie mit dem Ball langsam nach oben. Dabei ist wichtig, dass du den leichten Druck auf den Ball beibehältst.

3. Halte inne, sobald dein rechtes Bein nach oben zeigt und weitgehend ausgestreckt ist. Stabilisiere den Ball mit der linken Fußspitze.

4. Versuche, den Ball auf deiner rechten Fußsohle zu balancieren. Das geht am besten, wenn dein rechtes Bein noch leicht gebeugt und die Schuhsohle waagerecht ist. Bewege dein linkes Bein langsam zurück Richtung Boden. Konzentriere dich vollkommen auf den Ball.

5. Beuge dein linkes Bein und stelle den Fuß auf dem Boden ab – dies gibt dir Stabilität. Versuche, den Ball auf der Sohle über deiner Brust zu halten. Hierfür kannst du dich mit deinem linken Bein etwas nach hinten drücken.

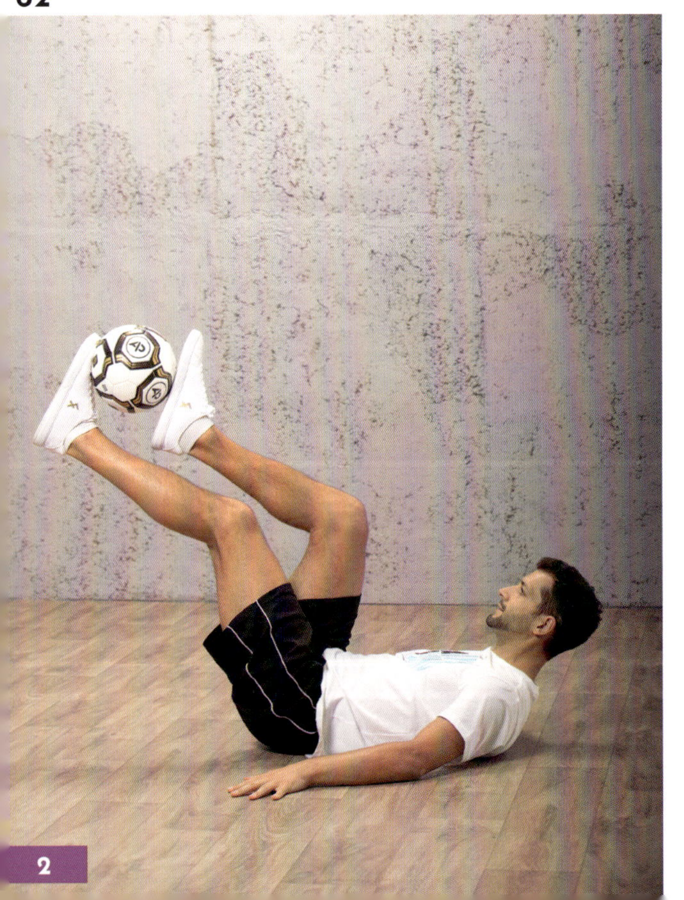

2

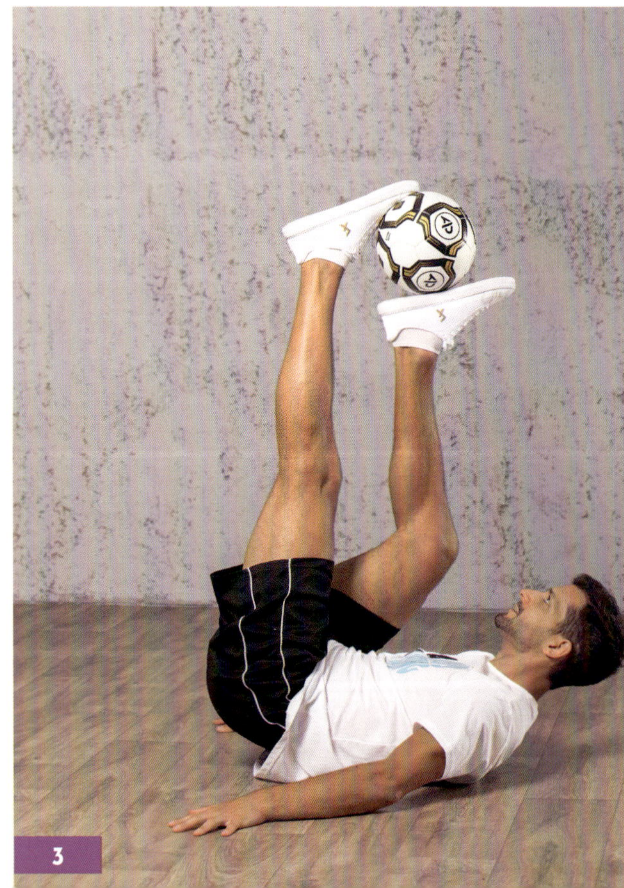

3

So wird's einfacher:
Zugegeben: Das Balancieren auf der Schuhsohle ist ganz schön schwierig. Wenn der Ball also herunterfällt, nimm ihn einfach mit den Händen und lege ihn wieder drauf. Das ist beim Üben erlaubt!

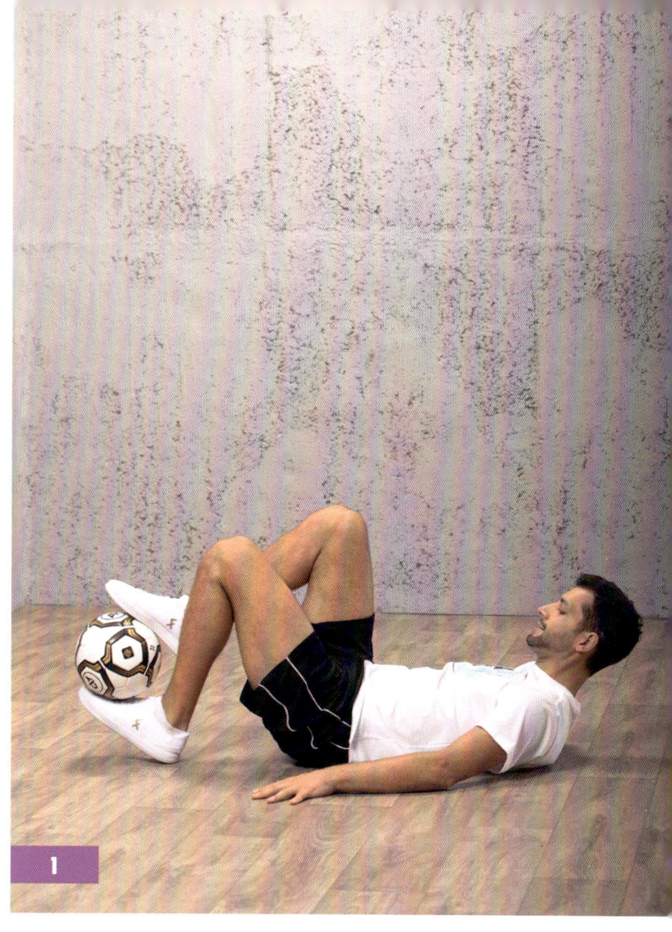
1

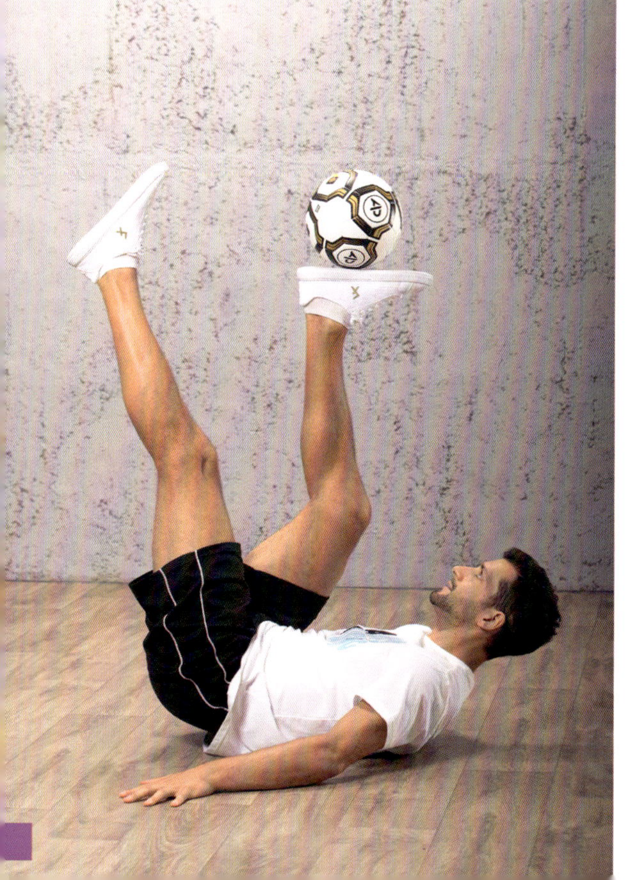

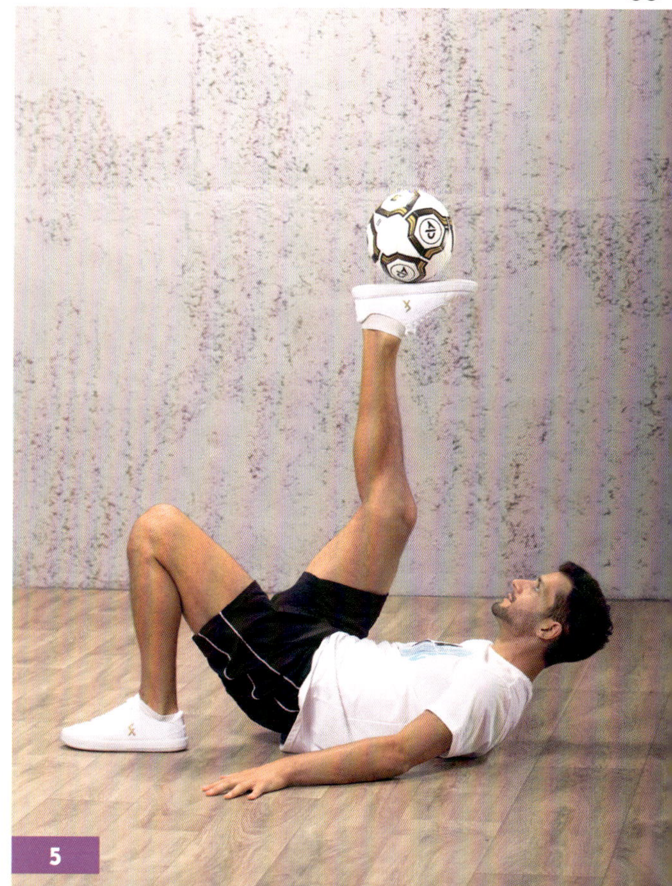
5

Yosuke Stall

1. Dieser Trick ist eine Variante des Sole Stalls. Lege dich wieder auf deinen Rücken auf den Boden und stelle die Füße vor dem Gesäß auf. Drehe dich dann etwas zur rechten Seite, so dass dein Oberschenkel auf dem Boden aufliegt. Dein linker Fuß bleibt auf dem Boden. Er hilft dir, die Balance zu halten. Winkle dein rechtes Bein weiter an, so dass dein Unterschenkel senkrecht nach oben zeigt. Die Fußsohle ist waagerecht. Lege deinen rechten Arm nach vorn ausgestreckt auf den Boden, um dich abzustützen. Lege den Ball mit deiner linken Hand auf deine Schuhsohle.

2. Nimm deine Hand nun vorsichtig vom Ball und versuche, den Ball auf der Sohle zu balancieren. Bewege deine Sohle mithilfe deines Fußgelenks, das Knie bleibt stets angewinkelt.

Challenge:
Versuche, vom Sole Stall zum Yosuke Stall zu wechseln oder umgekehrt, ohne dass der Ball die Sohle verlässt.

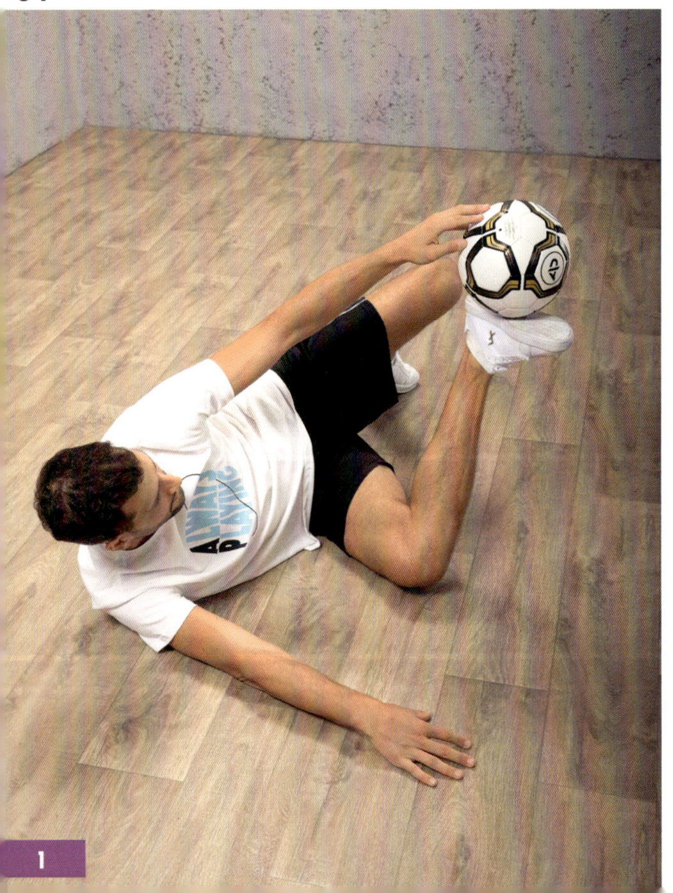

1

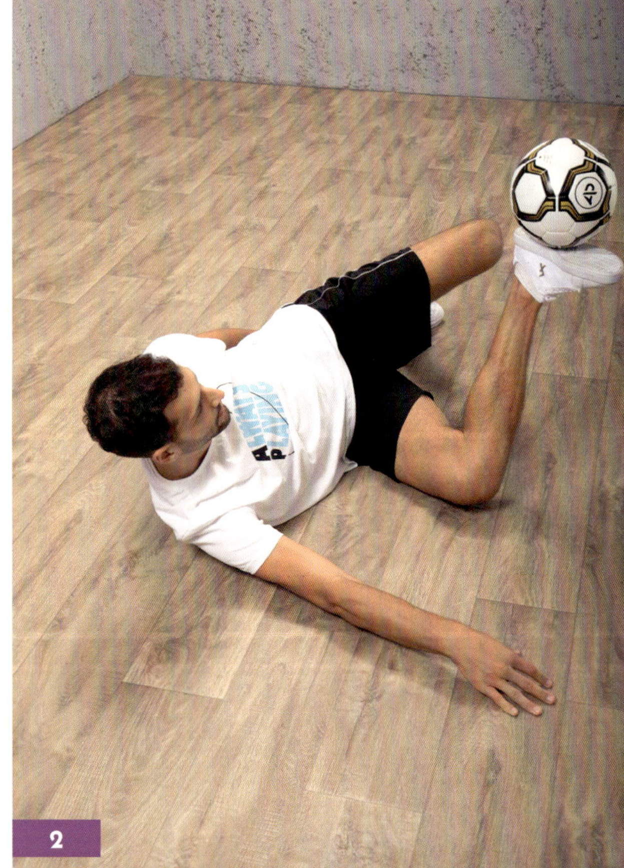

2

Sole Juggles

1. Du kannst den Ball auch im Liegen jonglieren. Lege dich dazu mit dem Rücken auf den Boden. Hebe deine Beine und strecke das rechte weitgehend aus. Das linke bleibt etwas angewinkelt. Lege den Ball mit den Händen auf die waagerechte Schuhsohle deines rechten Fußes.

2. Rolle den Ball dann über deine rechte Sohle und werfe ihn etwas nach oben. Dabei ist wichtig, dass der Ball gerade nach oben fliegt. Er sollte nicht zu hoch fliegen, denn sonst wird es schwierig, den Ball wieder zu kontrollieren.

3. Während sich der Ball in der Luft befindet, wechsle die Position der beiden Beine: Beuge das rechte etwas und strecke das linke aus. „Fange" den Ball mit deiner linken Schuhsohle, rolle ihn etwas ab und schieße ihn erneut nach oben. Und so weiter!

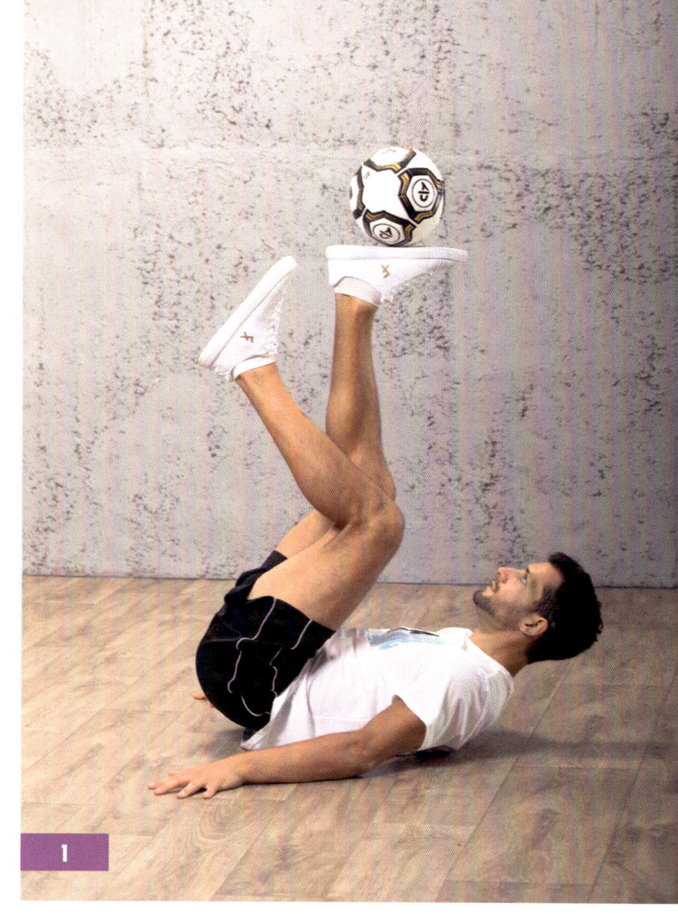

1

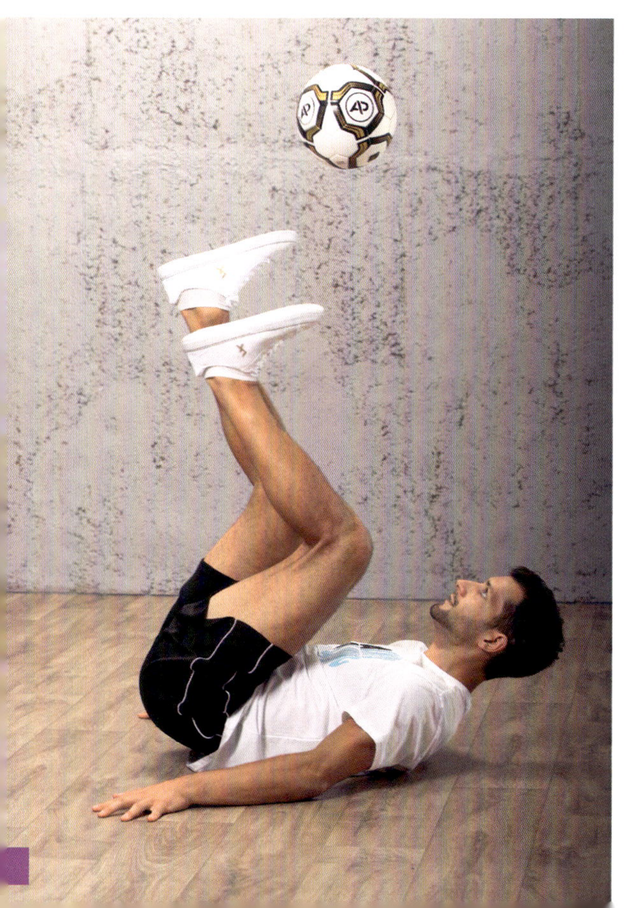

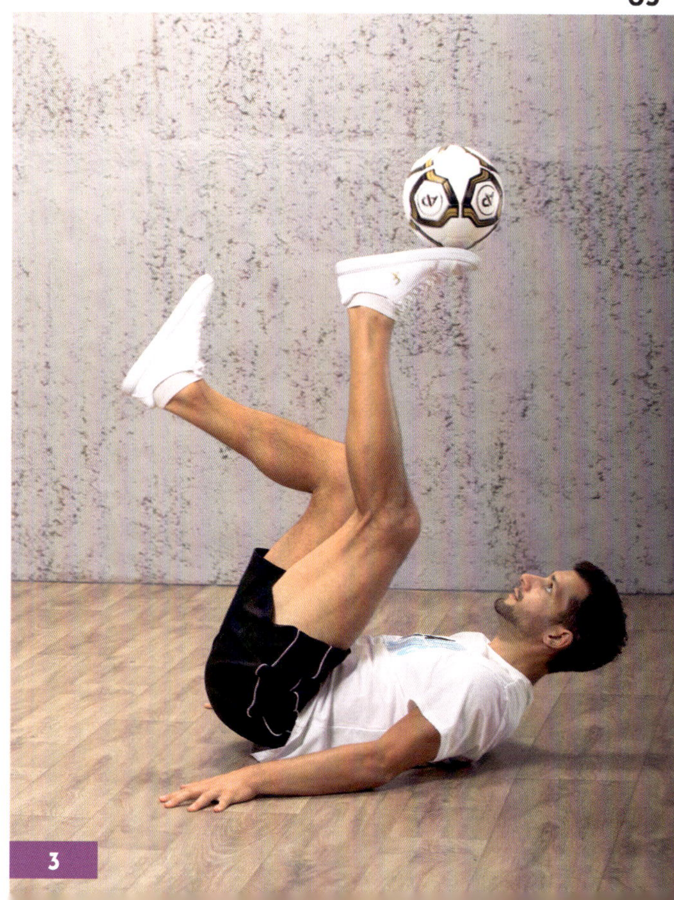

3

Clipper

1. Stelle dich aufrecht hin und halte den Ball in den Händen. Winkle nun dein rechtes Knie an und heben den Fuß vor deinen Körper, so dass der Unterschenkel möglichst waagerecht ist. Lege dann den Ball auf die Innenseite deines rechten Fußes.

2. Versuche nun, den Ball in dieser Position zu halten. Nimm vorsichtig die Hände vom Ball. Die Flexibilität im Fußgelenk ist bei dem Trick entscheidend. Achte darauf, dass dein Fuß in der richtigen Position ist, damit der Ball liegen bleibt.

3. Bewege nun dein angewinkeltes rechtes Bein hinter dein linkes. Platziere den Ball wieder auf der Innenseite deines rechten Fußes. Beuge dazu dein linkes Bein etwas.

4. Nimm deine Hand vom Ball und bewege dein Bein mit dem Ball im gleichen Moment nach oben und kicke den Ball mit einer schnellen Bewegung der Fußinnenseite in die Luft.

5. Jetzt kannst du den Clipper aus dem Jonglieren heraus probieren. Schieße ihn dazu neben dein linkes Bein und versuche, den Ball mit deinem rechten Fuß so abzufedern. Gehe dabei mit deinem linken Bein leicht in die Hocke.

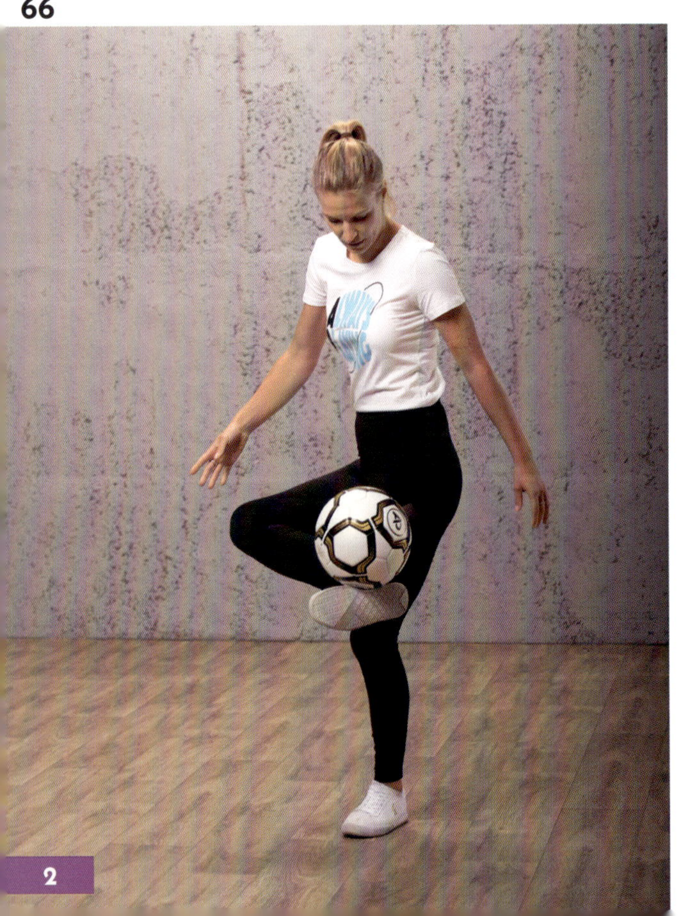

2

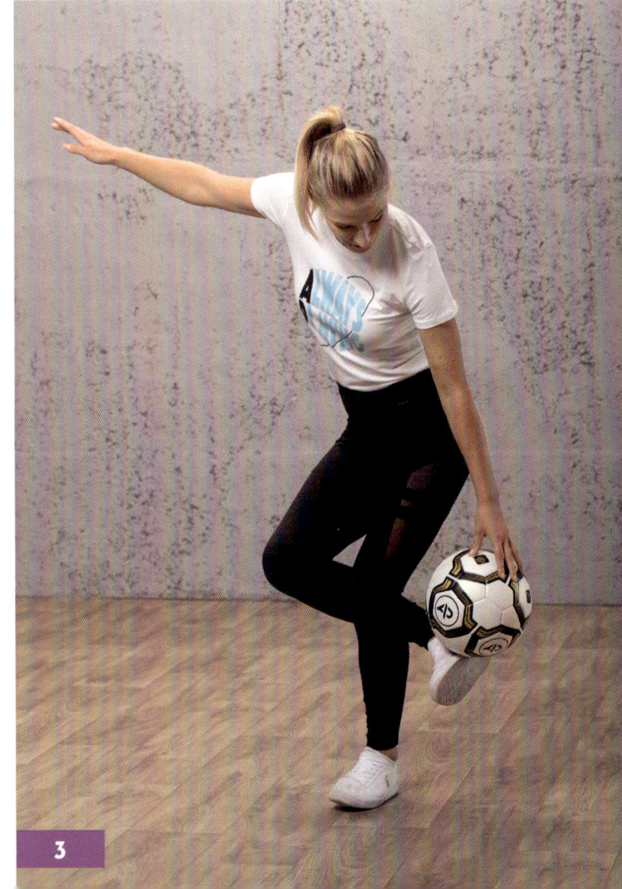

3

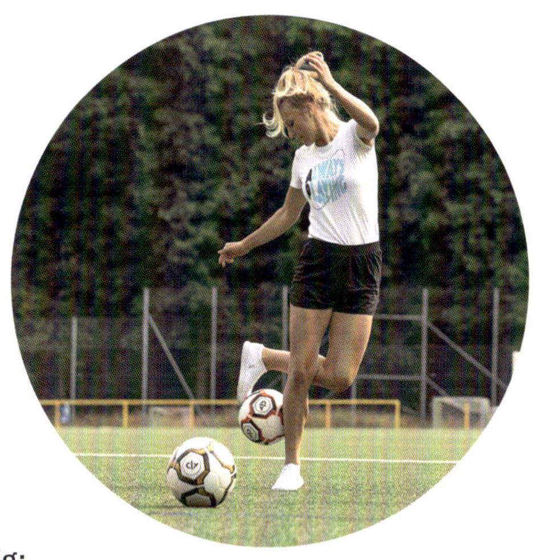

Wichtig:
Es ist wichtig, dass du den Ball nicht nur mit deiner Fußinnenseite triffst, sondern diesen so lange wie möglich auf der Innenseite deines Fußes hältst. Bewege dein rechtes Bein mit dem Ball in Richtung Boden (abfedern) und anschließend wieder zurück nach oben.

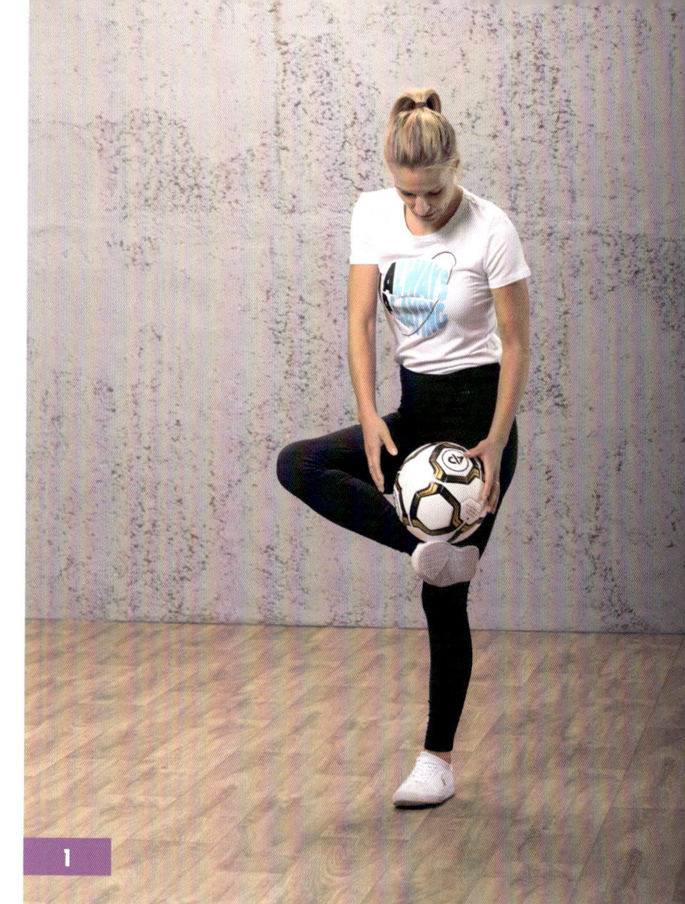

1

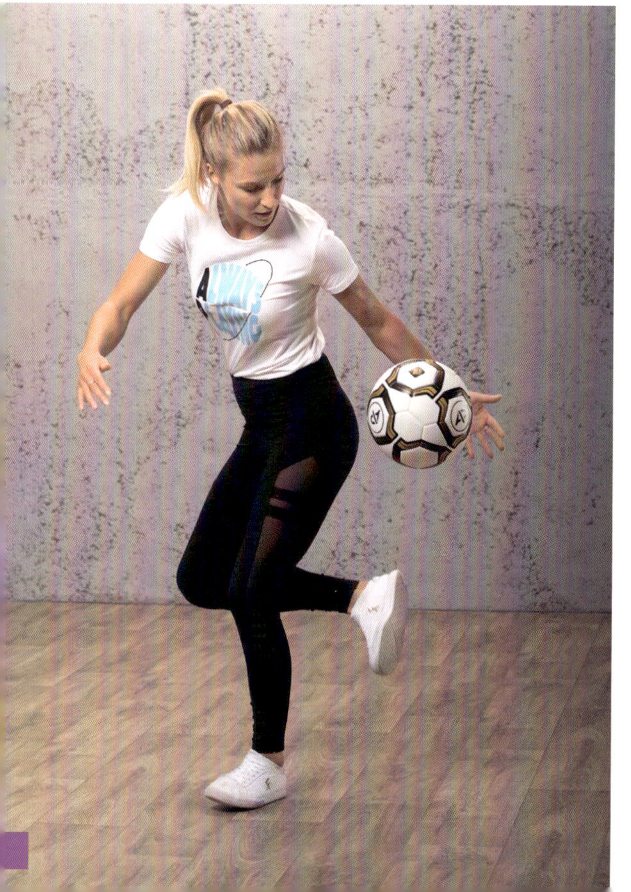

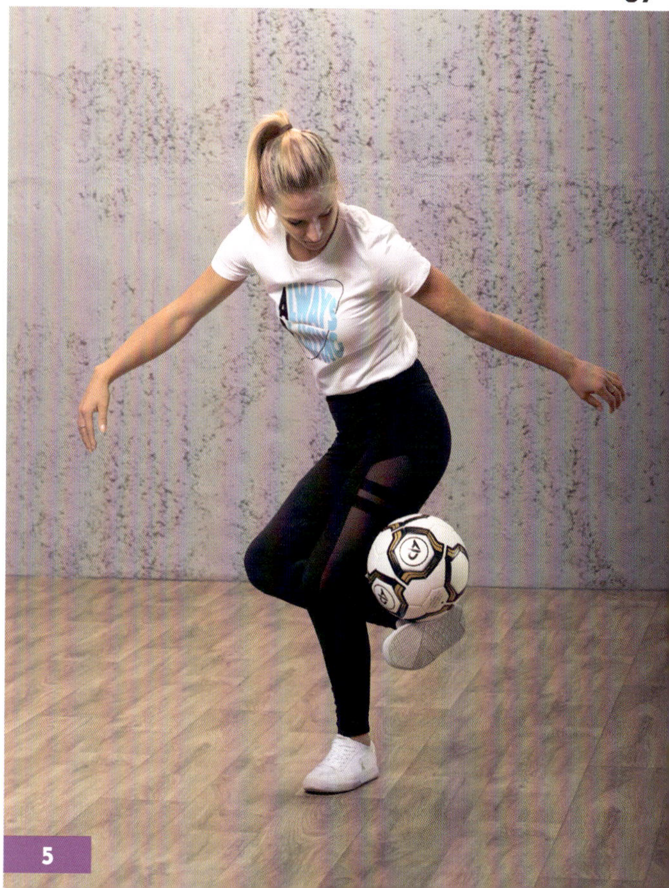

5

Upper 360

1. Die Ausgangsposition ist der normale Neck Stall (siehe S. 42). Denke daran, dass dein Rücken gerade ist und deine Schultern nach oben gezogen sowie deine Armen nach hinten gestreckt sind.

2. Lasse nun den Ball in Richtung deiner rechten Schulter rollen, indem du dich wieder etwas ausrichtest und deinen Oberkörper nach hinten bewegst. Versuche, den Ball auf deiner rechten Schulter anzuhalten und zu balancieren. Beuge dich dafür leicht auf die linke Seite und nimm deinen rechten Arm nach oben.

3. Als Nächstes rollst du den Ball auf deine Brust. Beuge dafür deinen Oberkörper so weit wie möglich nach hinten. Das gelingt dir am besten, wenn du dabei die Beine etwas beugst. Lenke den Ball mit leichten Bewegungen deiner Schulter.

4. Rolle den Ball nun auf deine linke Seite. Wenn du dabei deine Arme nach vorne ausstreckst, kannst du die Balance besser halten. Achte darauf, dass deine Beine etwas gebeugt sind.

5. Bewege den Ball nun von der Brust auf deine linke Schulter, indem du dich etwas aufrichtest und deinen Oberkörper nach rechts beugst, wie bei Schritt 2.

6. Rolle dann den Ball von der linken Schulter wieder zurück in deinen Nacken. Die erste Umrundung ist geschafft! Probiere es gleich noch einmal, auch in die andere Richtung!

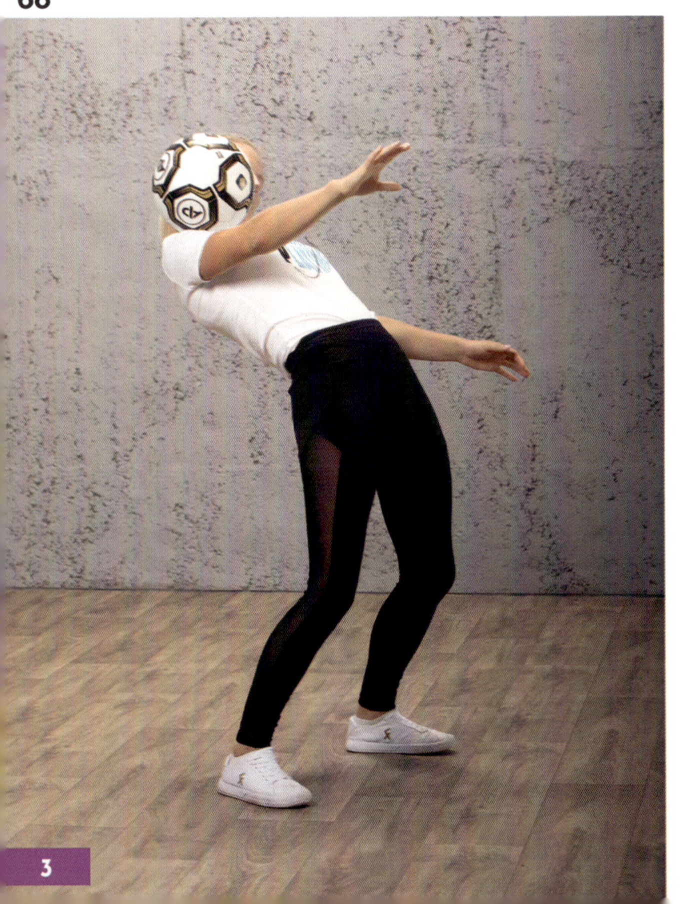

3

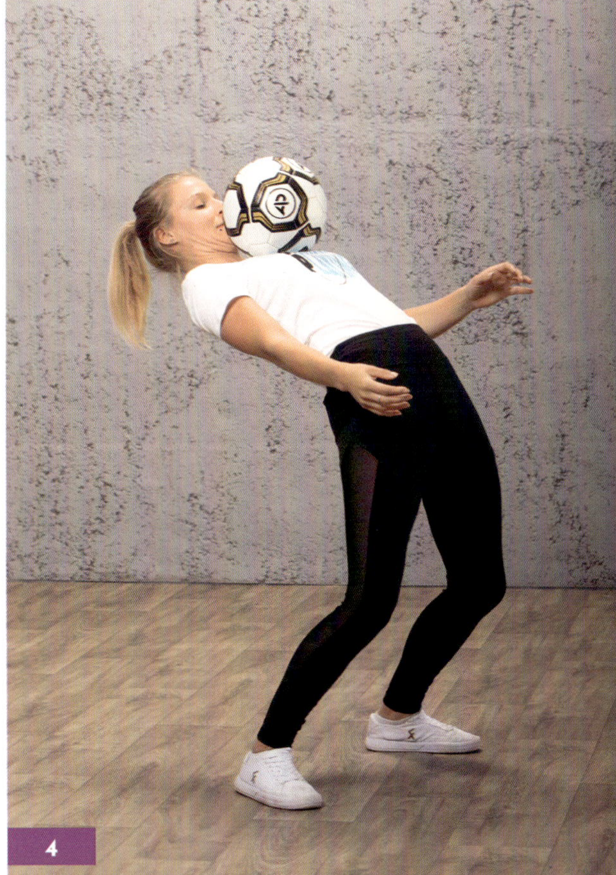

4

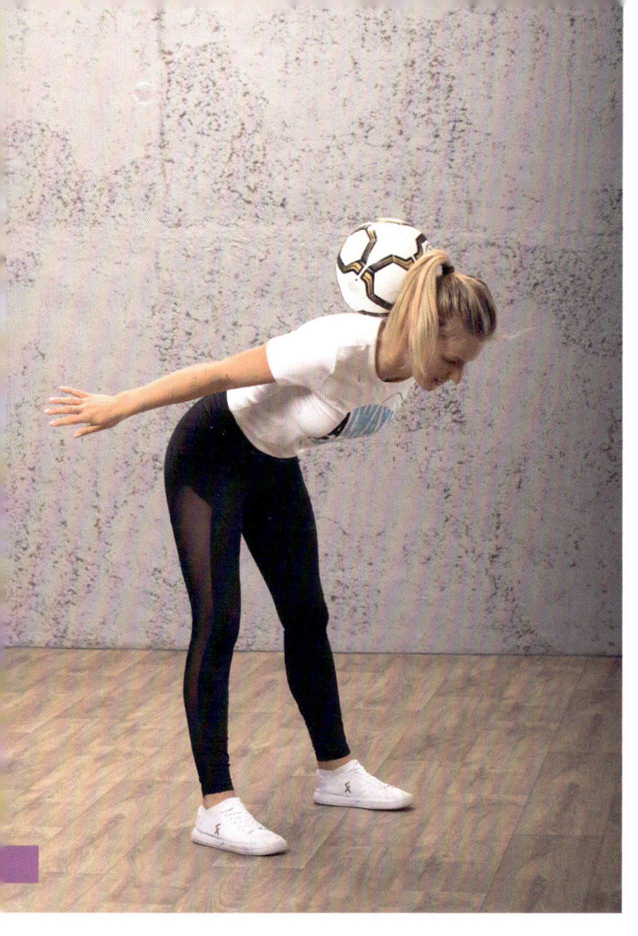

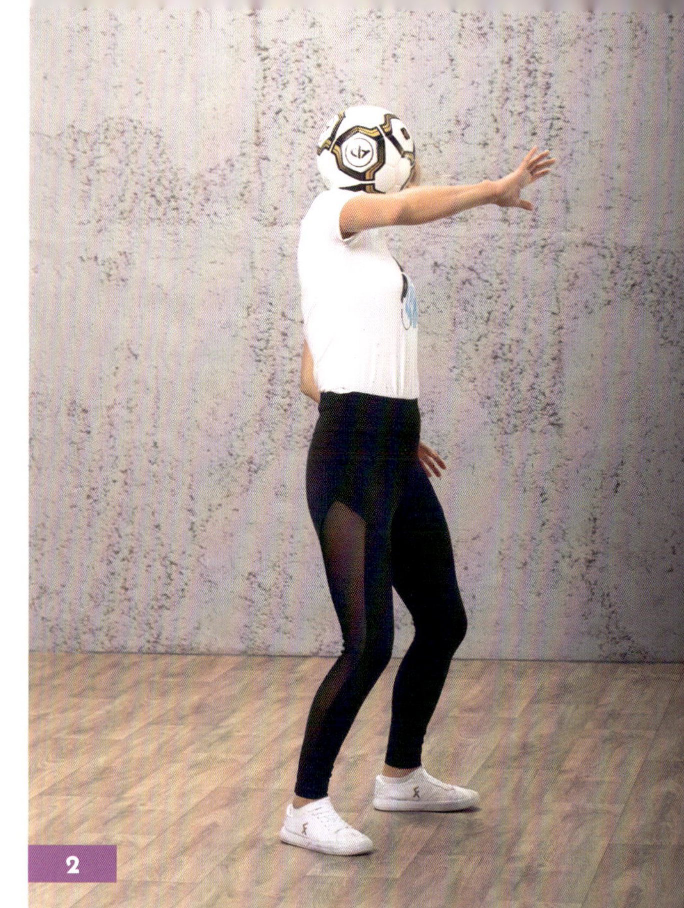
2

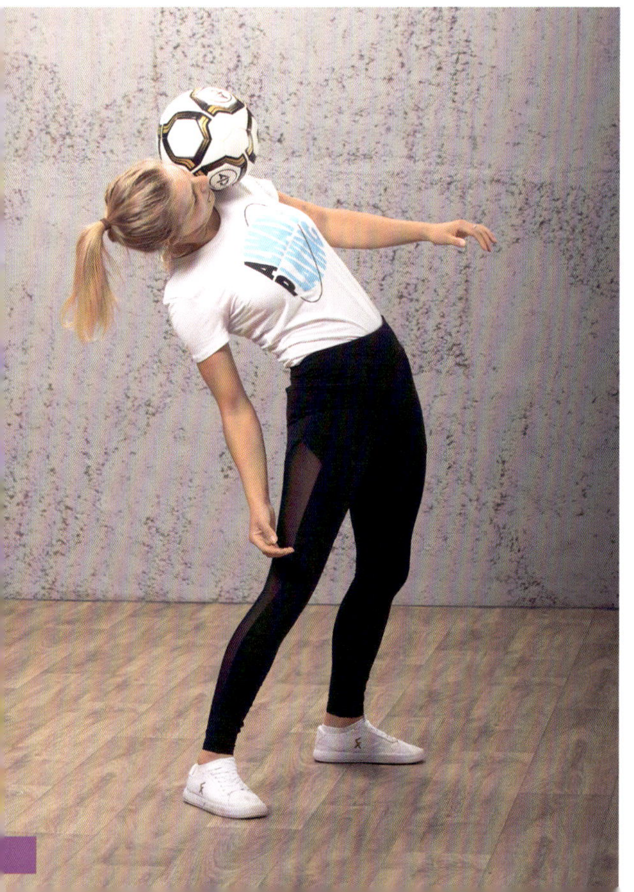

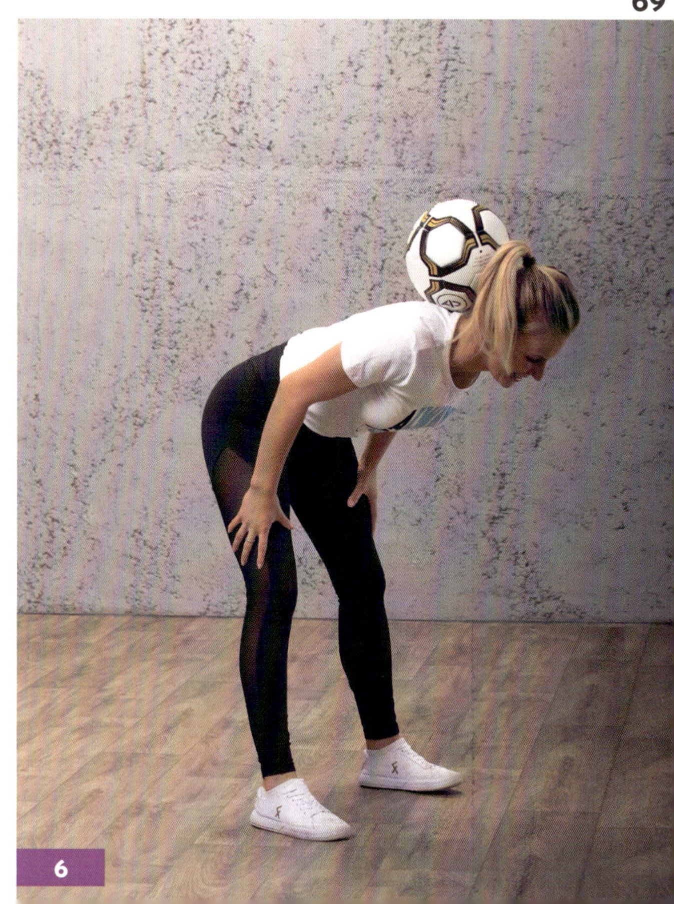
6

LEVEL 4: TRICKS FÜR PROFIS

New Shit

1. Für diesen Trick erklären wir dir zuerst den **Toe Bounce**. Halte dafür den Ball in den Händen, beuge dich nach vorn und lasse den Ball auf die Zehen deines linken Fußes fallen.

2. Wenn der Ball auf deine Fußzehen trifft, ziehe sie schnell nach oben, so dass der Ball zurück in deine Hände geschossen wird. Dabei muss deine Ferse immer auf dem Boden bleiben. Wenn das funktioniert, kannst du es aus dem Jonglieren probieren.

3. Es geht weiter mit dem New Shit: Wenn du den Ball mit links nach oben gekickt hast und er sich in der Luft befindet, versuche dein rechtes Bein um den Ball zu führen.

4. Drehe dich danach sofort um 180° nach links, so dass sich der Ball jetzt hinter dir befindet. Halte deinen Blick auf dem Ball.

5. Versuche nun, den Ball mit deiner linken Ferse zu treffen und wieder nach oben zu kicken.

6. Drehe dich danach sofort weiter nach links um deine eigene Achse. Nimm dein rechtes Bein nach oben und versuche, direkt im Anschluss einen Hop the World (siehe S. 58) zu machen. Am Anfang kannst du diesen Schritt auch weglassen, um die Bewegung besser lernen zu können. Jongliere den Ball danach normal weiter.

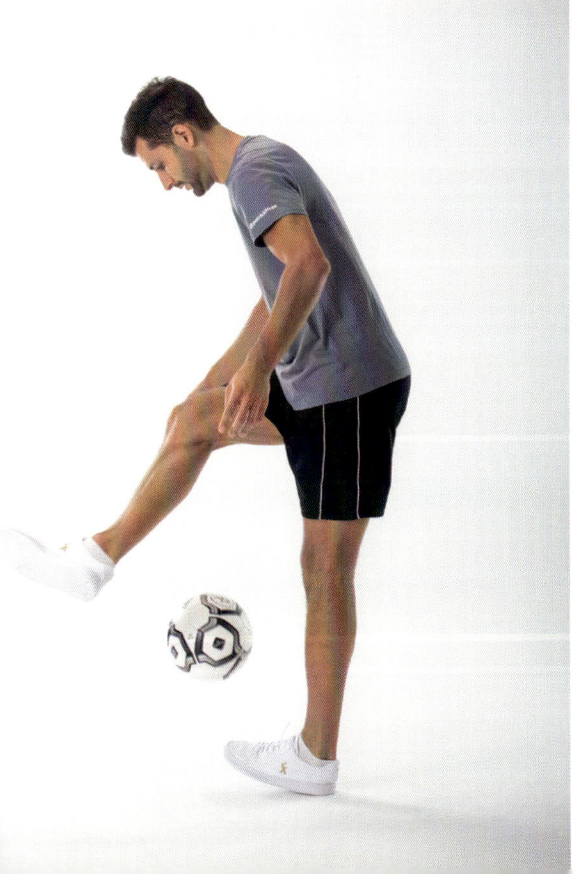

3

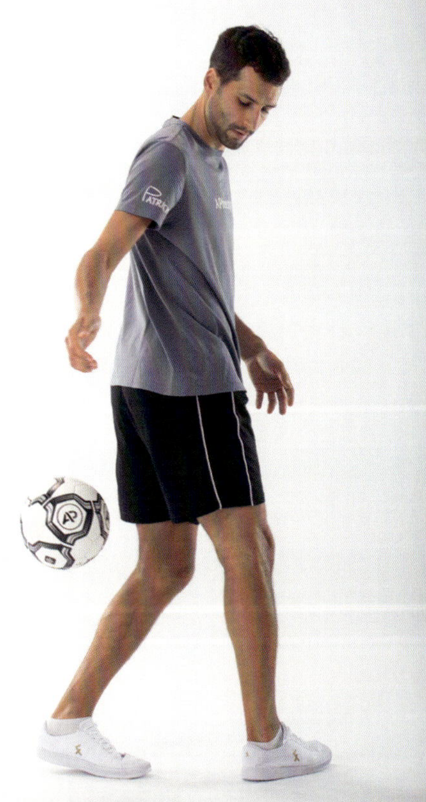

4

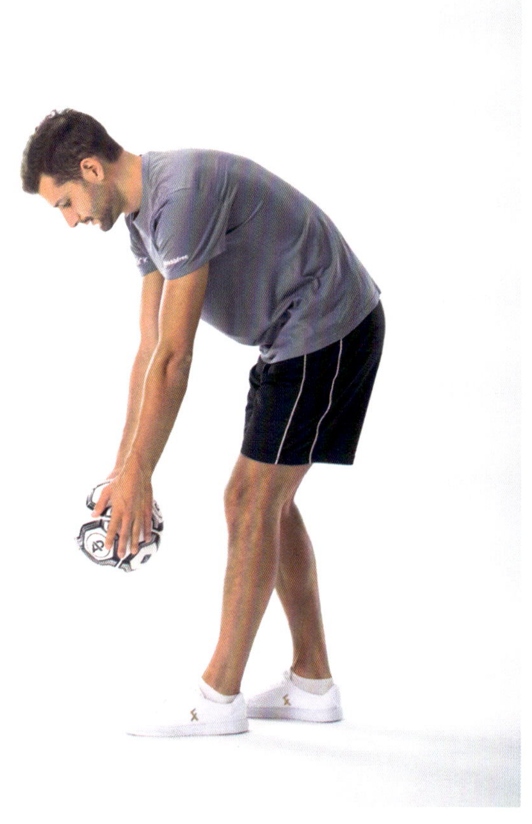

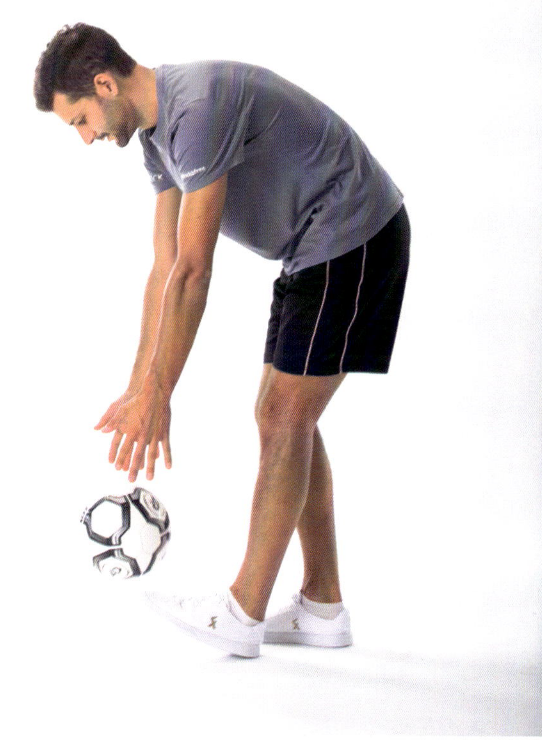

2

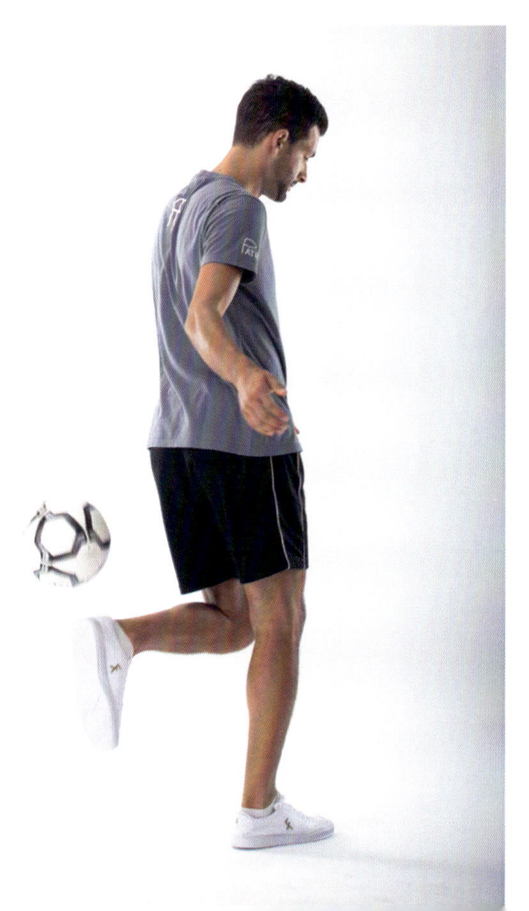

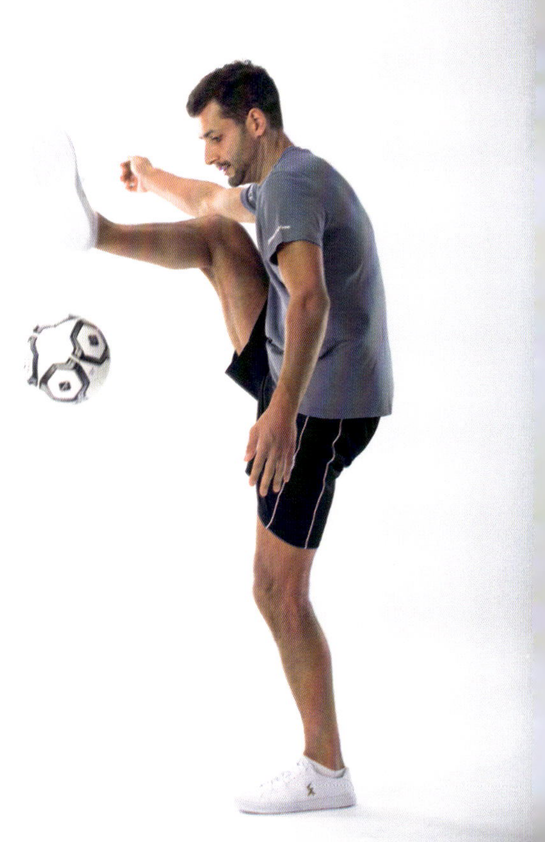

6

Homie Touzani Around the World

1. Lasse den Ball wie beim normalen Around the World auf deinen rechten Fuß fallen, so dass er eher auf die Fußaußenseite trifft. Beuge dabei dein linkes Standbein etwas. Kicke den Ball nun nach oben, allerdings etwas höher und zu deiner linken Seite.

2. Während der Ball in der Luft ist, springe mit den Zehenspitzen deines linken Fußes ab und führe gleichzeitig dein rechtes Bein um den Ball.

3. Jetzt befinden sich beide Beine in der Luft. Ziehe dein linkes Bein so schnell wie möglich nach oben.

4. Lande auf deinem rechten Bein und führe gleichzeitig deinen linken Fuß um den Ball.

5. Bevor der Ball auf dem Boden aufkommt, schieße ihn mit deinem linken Fuß nach oben. Wenn dir das gelungen ist, probiere diesen Trick auch, indem du mit deinem anderen Bein beginnst.

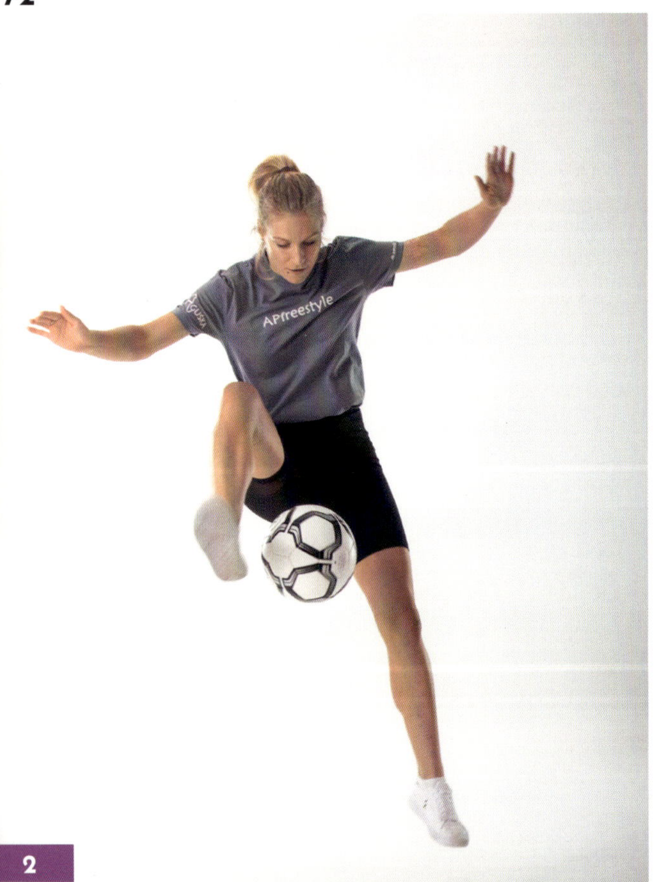

2

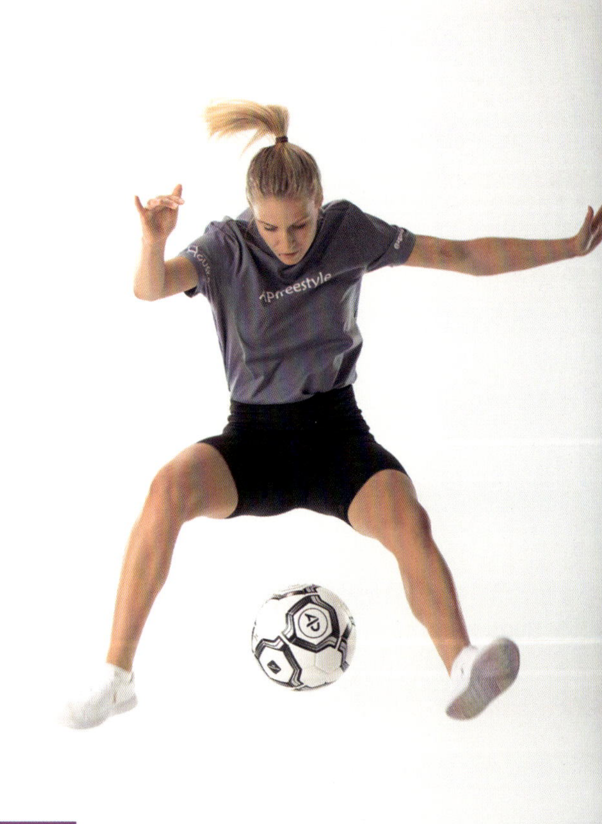

3

So wird's einfacher:
Am Anfang kannst du den Ball auch aus deiner Hand fallen lassen und mit beiden Beinen über den Ball springen. Wichtig ist hier, dass der Ball nur einmal den Boden berührt.

Variante:
Beim **Homie Mitch Around the World** führst du die Bewegung am Anfang nach innen aus, nicht nach außen, wie beim ATW.

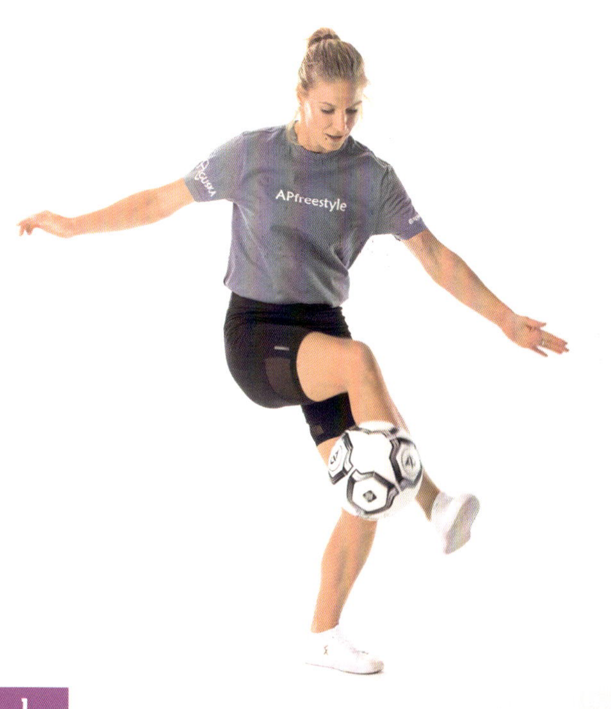

1

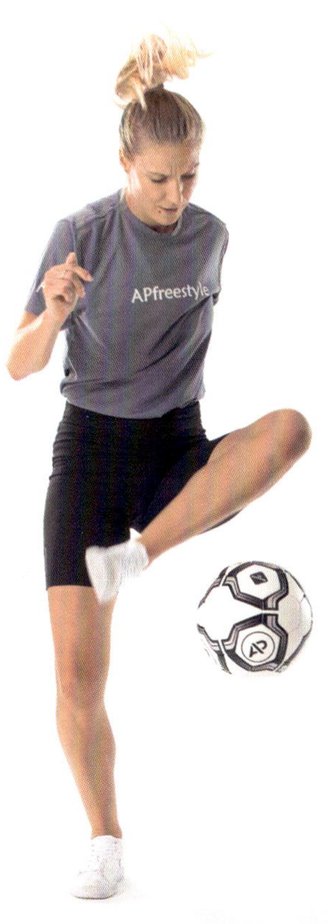

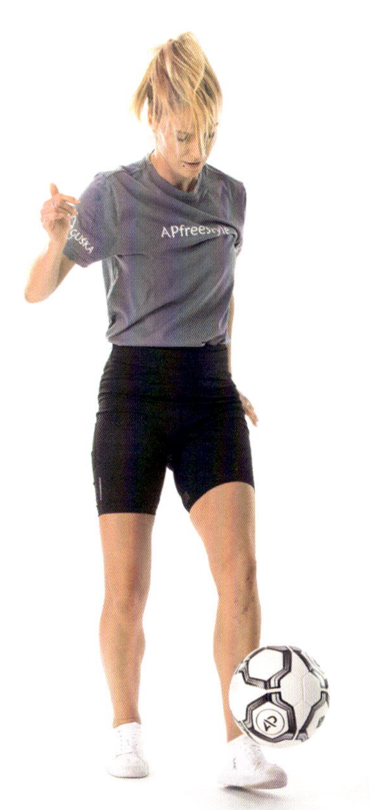

5

Neck Stall to Handstand

1. Auch wenn du noch keinen Handstand kannst, ist dieser Trick machbar. Probiere ihn daher unbedingt aus!
Lege den Ball in deinen Nacken wie beim Neck Stall. Balanciere den Ball zwischen oberem Rücken und Hinterkopf. Strecke die Arme zur Stabilisierung zu den Seiten aus.

2. Bewege deinen Kopf etwas nach oben und führe deine Arme nach unten, so dass der Ball ein Stück nach hinten rollt. Beuge dich dann noch weiter nach vorn.

3. Setze nun die Hände etwas vor deinen Schultern auf den Boden und nimm mit einem deiner Beine etwas Schwung für den Handstand. Am besten denkst du dabei gar nicht viel an den Ball!

4. Durch den Schwung des Handstands rollt der Ball über dein Gesäß. Fange ihn mit deiner rechten Kniekehle auf und klemme ihn zwischen den Beinen fest ein.

5. Versuche nun, so lange wie möglich in der Handstand-Position zu bleiben. Dein Blick geht dabei auf den Boden und dein Körper ist vollständig angespannt.

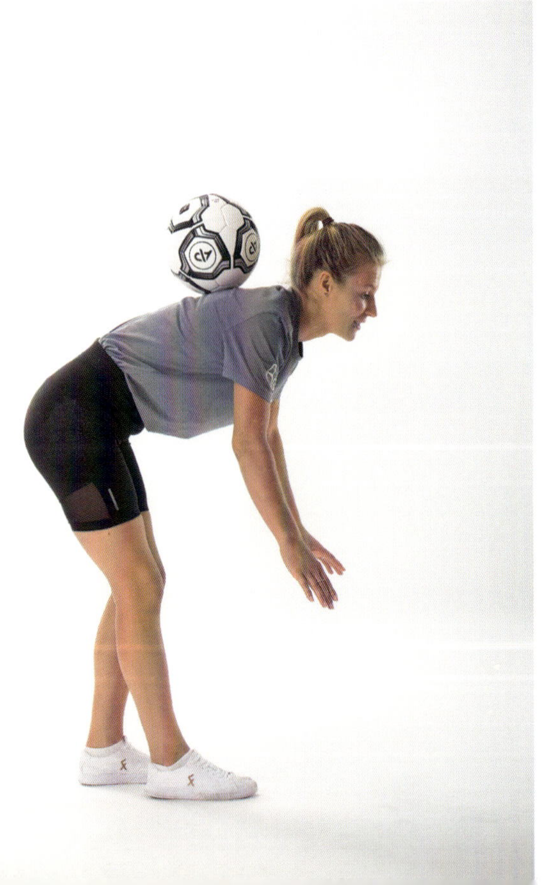

2

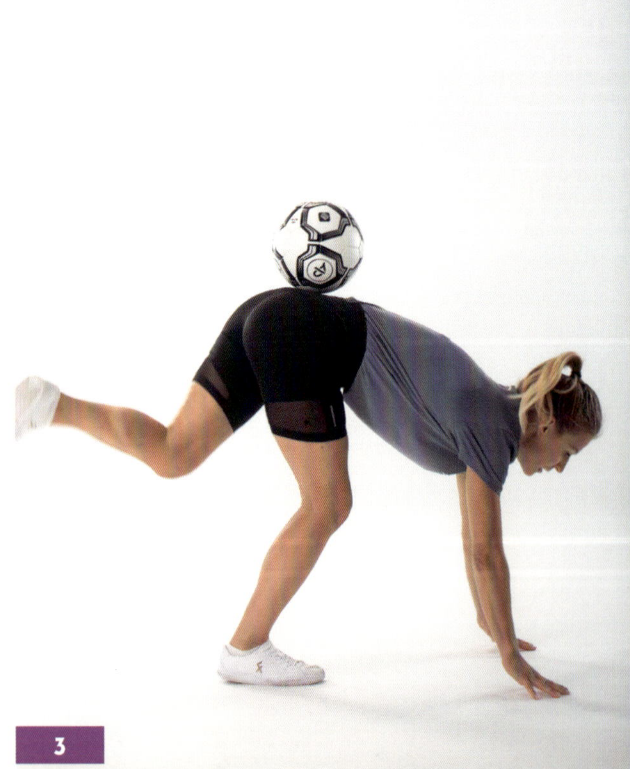

3

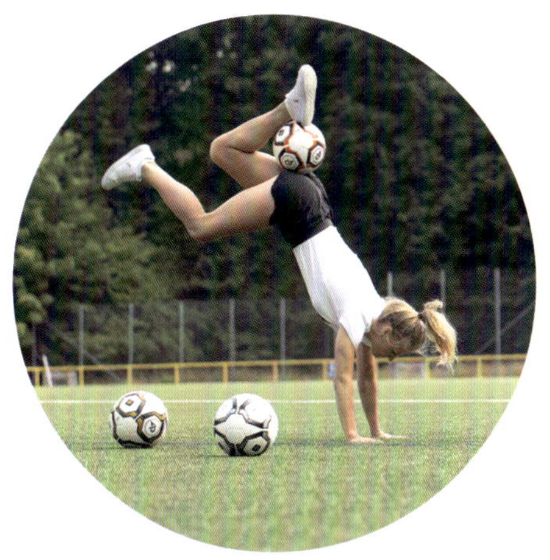

Handstand:
Finger spreizen, greife mit deinen Fingern in den Boden, spanne alle Muskeln (besonders Bauch, Po, Oberkörper, Beine) an. Hole nicht zu viel Schwung, da du sonst überkippen kannst. Übe zunächst an einer Wand (30 cm entfernt) und achte auf die Position deiner Hüfte.

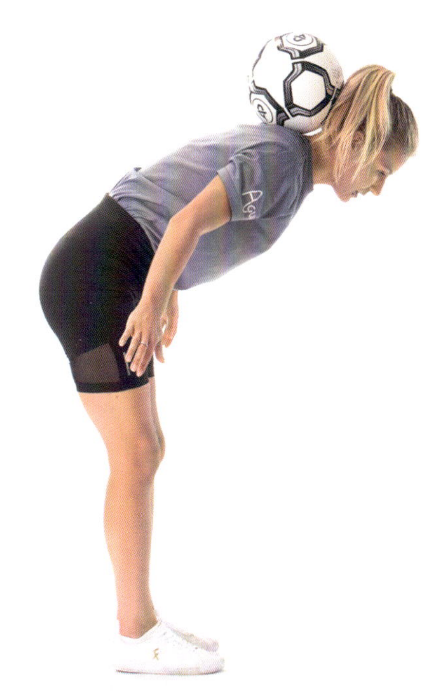

1

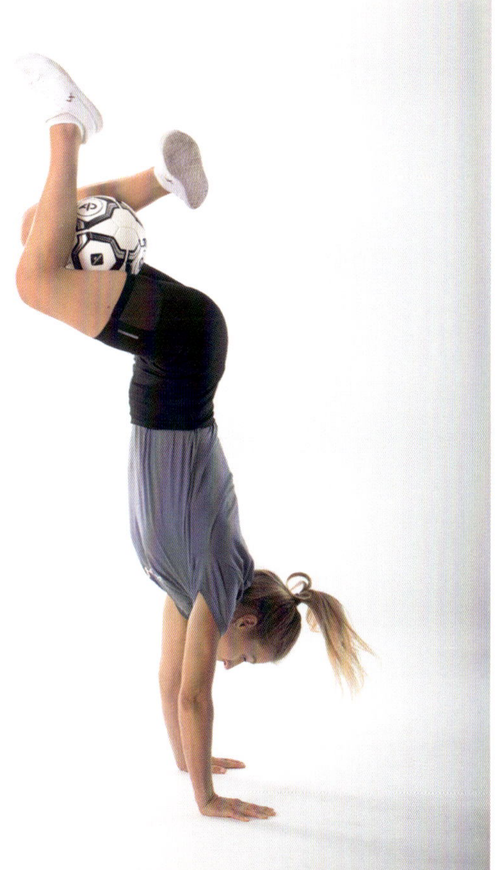

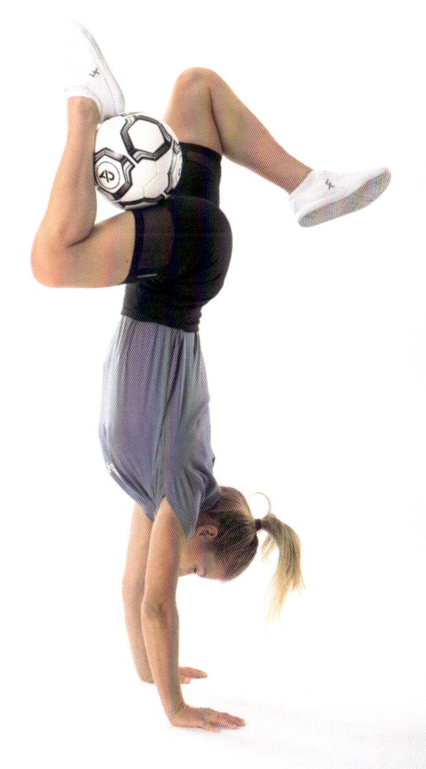

5

Neck Stall to Sole Stall

1. Lege den Ball in deinen Nacken wie beim Neck Stall. Strecke die Arme etwas zur Seite weg.

2. Gehe in die Hocke. Achte dabei darauf, dass dein Oberkörper möglichst gerade bleibt und du nach vorne schaust.

3. Beuge die Beine noch mehr und flippe den Ball mit deinem Nacken nach oben (Neck Flip).

4. Lasse dich dann etwas nach hinten fallen und stütze dich dabei mit deinen Händen auf dem Boden ab. Dein Blick ist auf dem Ball.

5. Rolle dich nun nach hinten ab und setze deine Ellenbogen auf den Boden.

6. Strecke dein rechtes Bein aus und versuche, den Ball mit deiner Schuhsohle aufzufangen und darauf zu balancieren. Der Trick fällt dir möglicherweise etwas leichter, wenn du versuchst, den Ball etwas abzufedern.

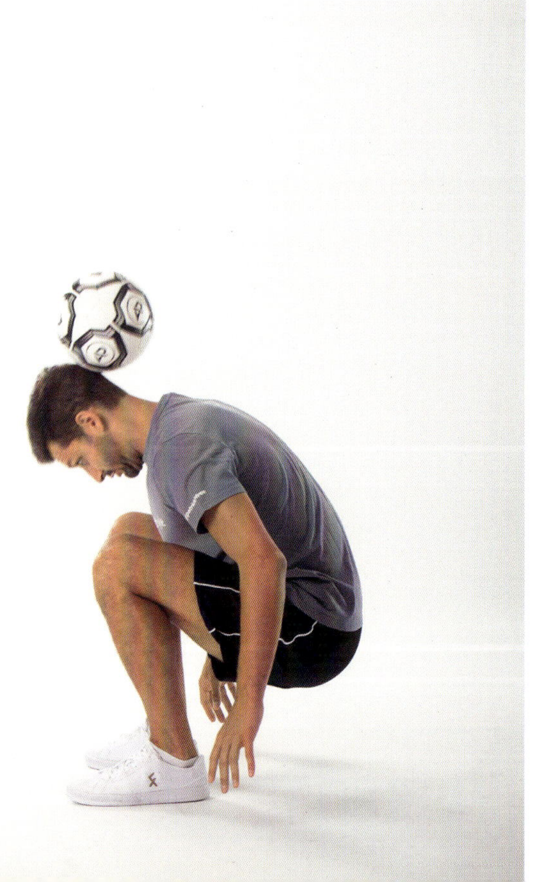

3

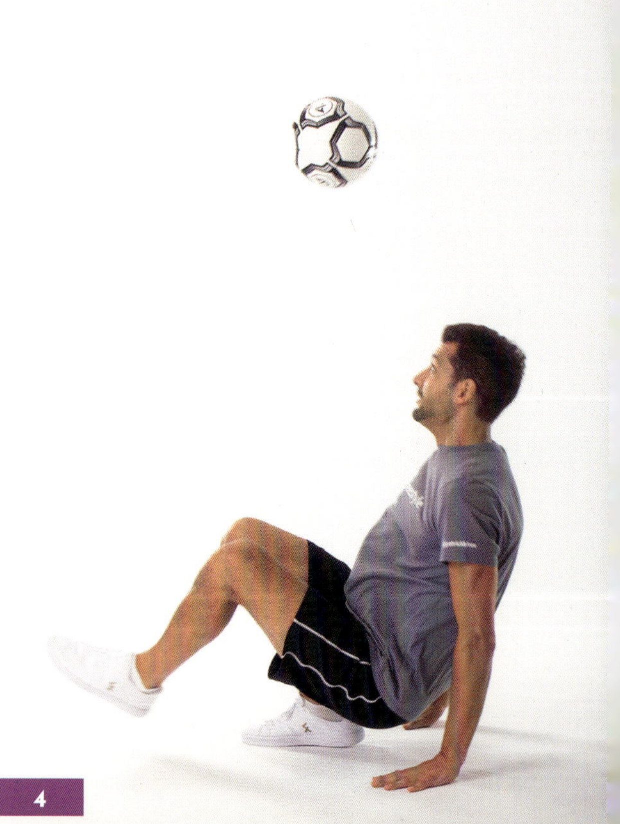

4

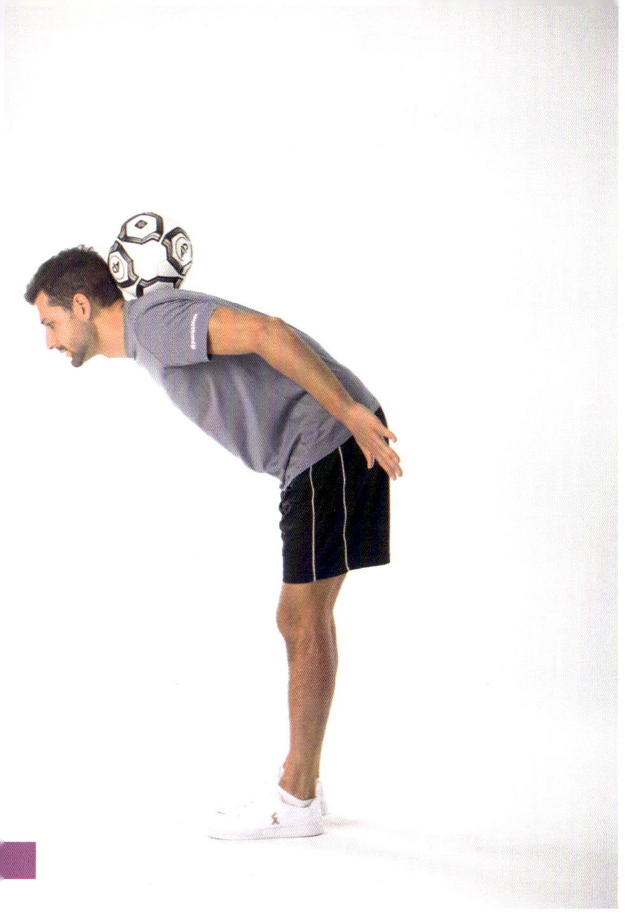

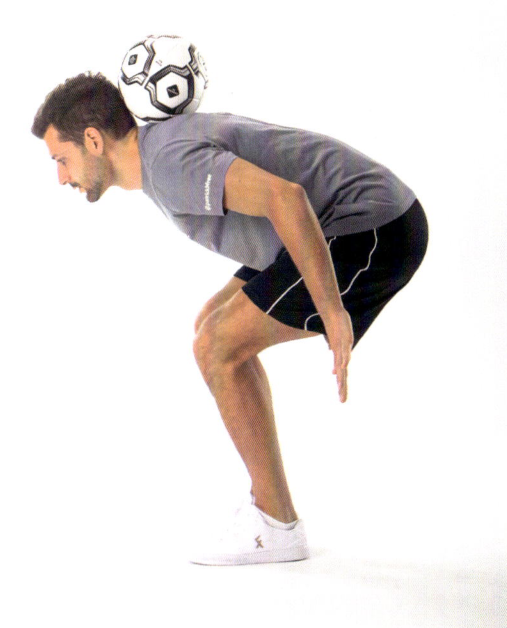

2

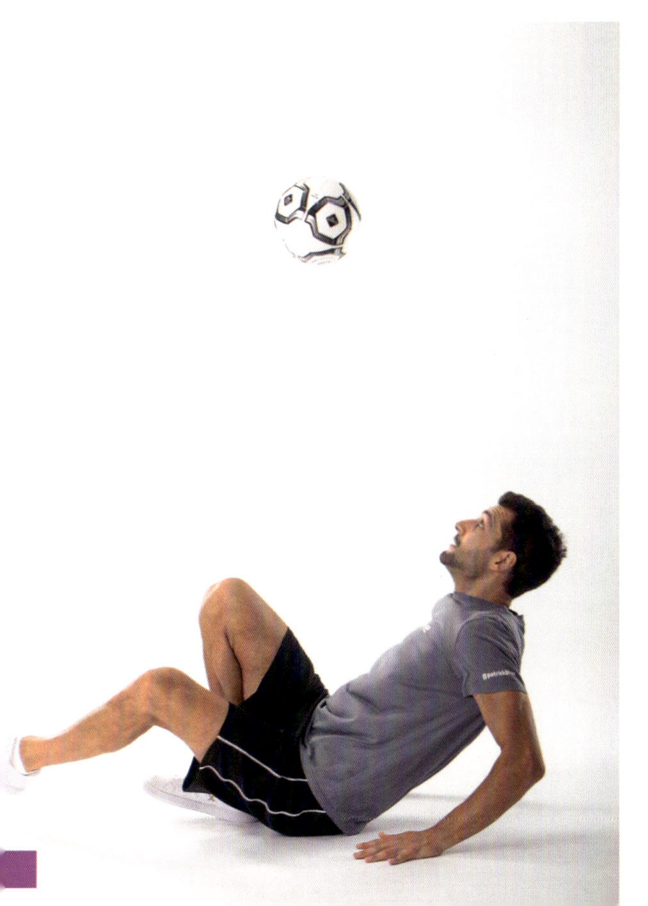

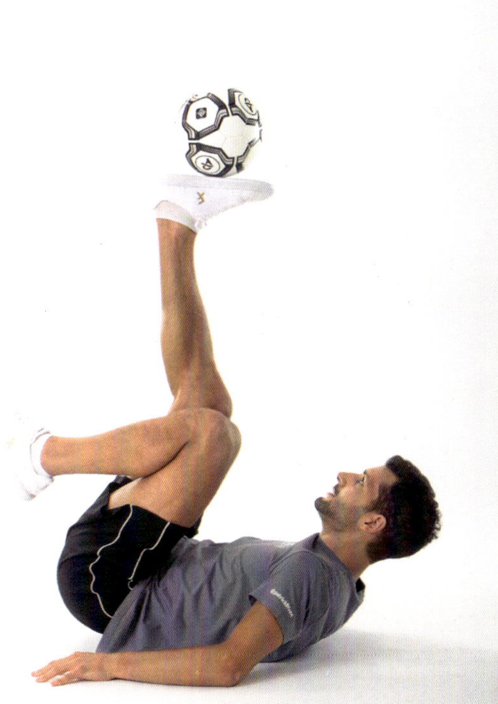

6

LEVEL 5: TRICKS ZU ZWEIT

Duo Ground Move Passes

1. Stellt euch mit etwa 2 m Abstand gegenüber auf und stellt jeweils den rechten Fuß auf den Ball. Dazu wird das rechte Knie gebeugt. Das linke Bein steht ein Stück hinter dem Ball.

2. Zählt von 3 herunter auf 0. Dann rollt ihr die Bälle gleichzeitig mit der Sohle gerade nach vorne. Die Bälle rollen nun aneinander vorbei, jeweils zur anderen Person. Das kann man auf den Fotos sehr gut am roten bzw. schwarzen Muster auf den Bällen erkennen.

3. Stoppt nun den Ball, indem ihr ihn jeweils mit der Sohle eures linken Fußes festhaltet.

4. Rollt den Ball mit der linken Sohle nach rechts und stoppt ihn mit der Sohle eures jeweils rechten Fußes.

5. Rollt den Ball mit der rechten Sohle nach hinten und macht mit dem gleichen Bein einen Ausfallschritt nach hinten. Stoppt dann den Ball, indem ihr das jeweils rechte Knie daraufsetzt.

6. Steht nun wieder auf und dreht euch dabei um 90° nach rechts. Während ihr die Bewegung macht, steht ihr mit eurem rechten Bein auf den Ball.

7. Rollt den Ball wieder nach hinten und dreht euch erneut um 90° nach rechts. Stoppt den Ball erneut mit eurer rechten Sohle.

8. Nun rollt ihr den Ball erneut gerade nach hinten und dreht euch dabei um 180° nach rechts. Jetzt steht ihr euch wieder gegenüber. Stoppt den Ball, der von der anderen Person zu euch zugerollt kommt, mit dem rechten Fuß. Nun könnt ihr wieder von vorne anfangen.

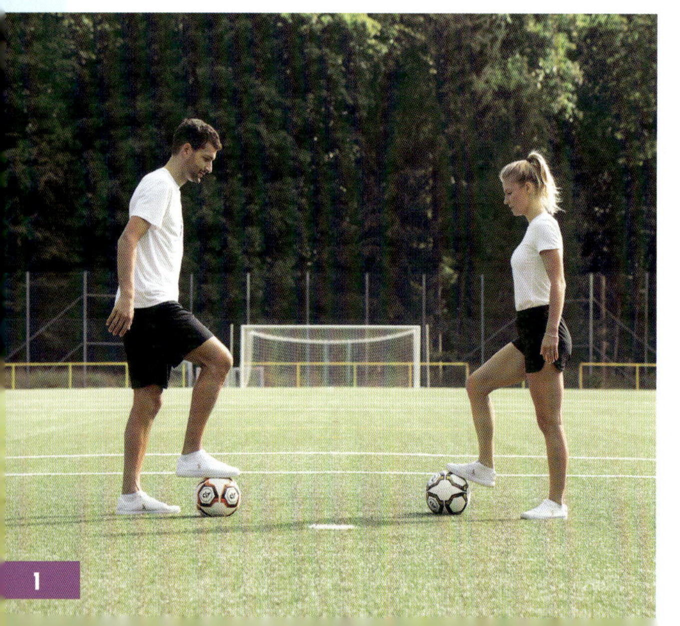
1

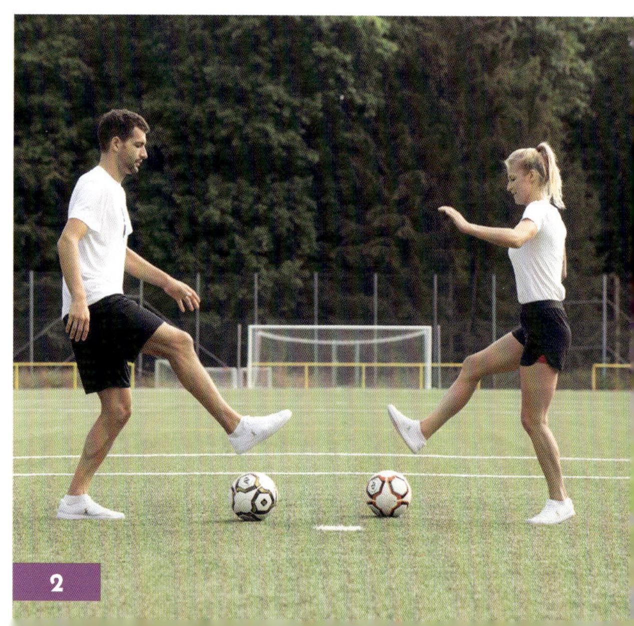
2

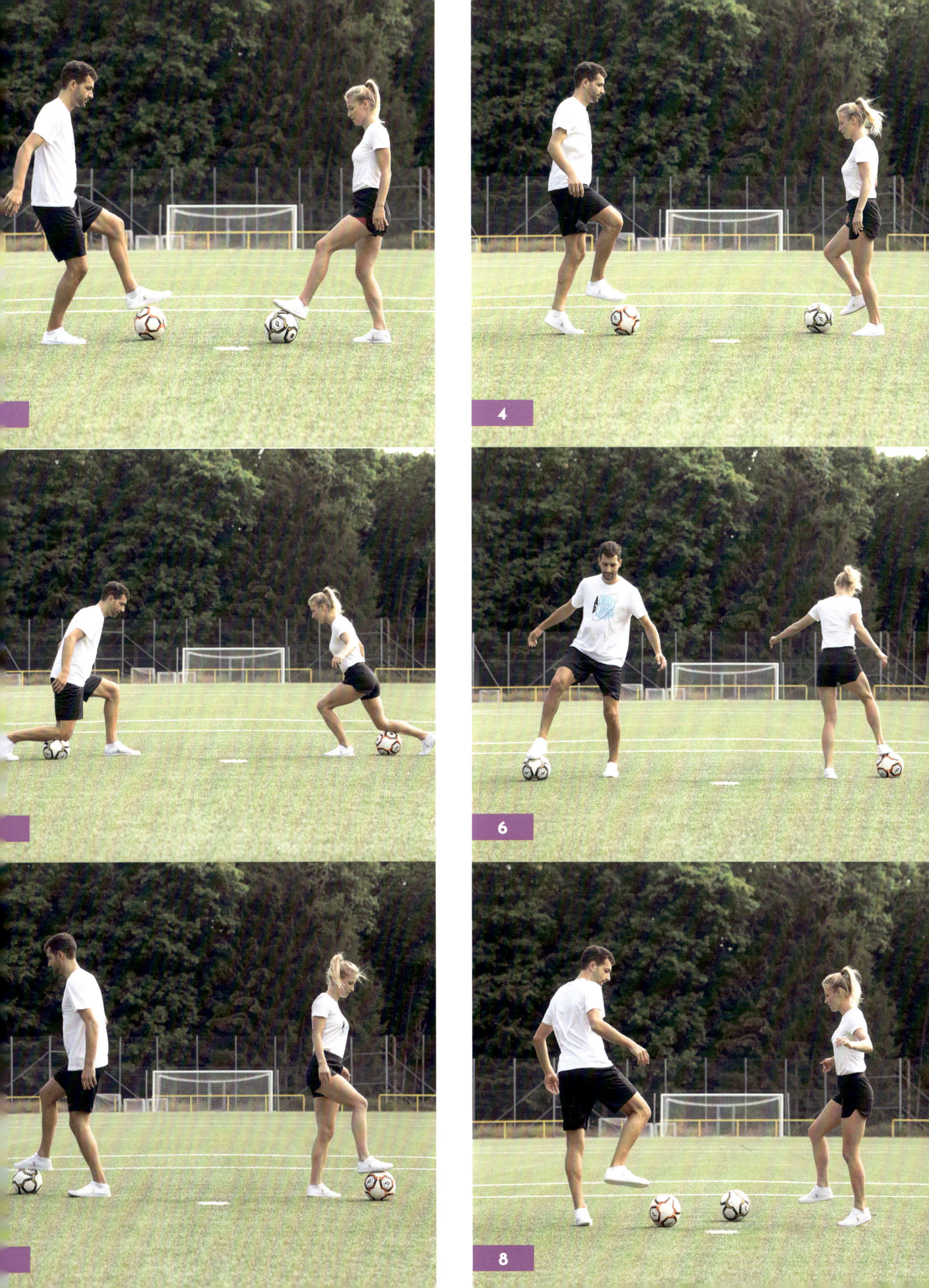
4
6
8

Duo Sitting Sole Blocking Trick

1. Setzt euch mit etwa 1,5 m Abstand auf den Boden. Eure Beine sind angewinkelt, die Füße auf dem Boden, und ihr stützt euch mit den Händen nach hinten ab. Legt den Ball zwischen euch und berührt ihn jeweils mit der rechten Sohle.

2. Übt nun leichten Druck auf den Ball aus und bewegt eure rechten Beine gleichzeitig nach oben. Der Ball und eure rechten Füße lösen sich also vom Boden, und der Ball ist zwischen euren Sohlen eingeklemmt.

3. Werft den Ball nun gemeinsam gerade nach oben, indem ihr gleichzeitig eure rechten Füße nach oben schnickt. Der Ball soll etwas höher als eure Köpfe fliegen. Sobald der Ball eure Sohlen verlassen hat, bewegt ihr jeweils das linke Bein nach oben und das rechte Bein nach unten.

4. Der Ball fällt wieder nach unten, und die Position eurer rechten und linken Beine hat gewechselt.

5. Versucht, den Ball in der Luft zwischen euren linken Sohlen einzuklemmen. Das rechte Bein könnt ihr nun wieder auf dem Boden abstellen. Diese Bewegung könnt ihr beliebig oft hintereinander durchführen.

Variante:
Eine schwierigere Variante ist es, den Ball nicht gerade nach oben zu schießen, sondern in Richtung von Person A oder B, die den Ball dann zurück zur Mitte köpft und ihr den Ball dann wieder zwischen euren Sohlen auffangt.

„Dein Körper kann alles! Es ist nur dein Gehirn, das du überzeugen musst."

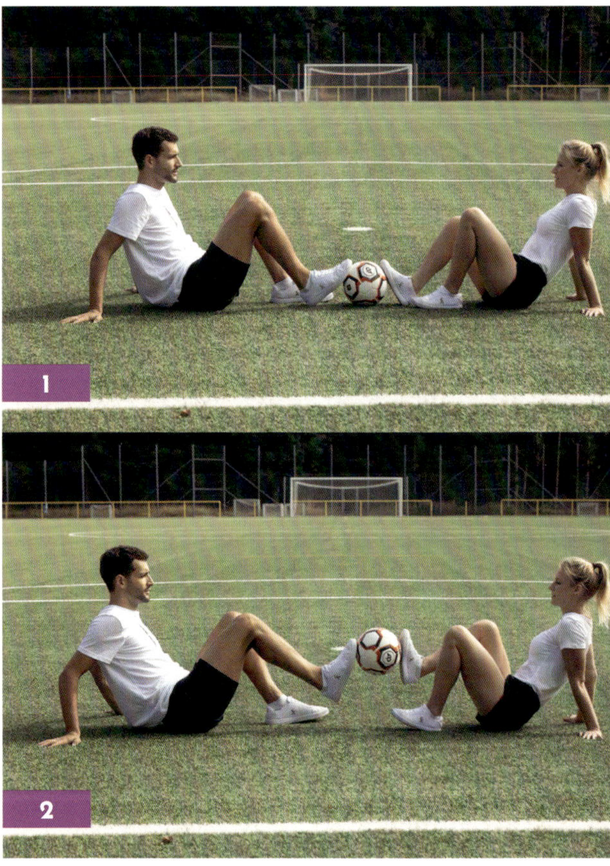

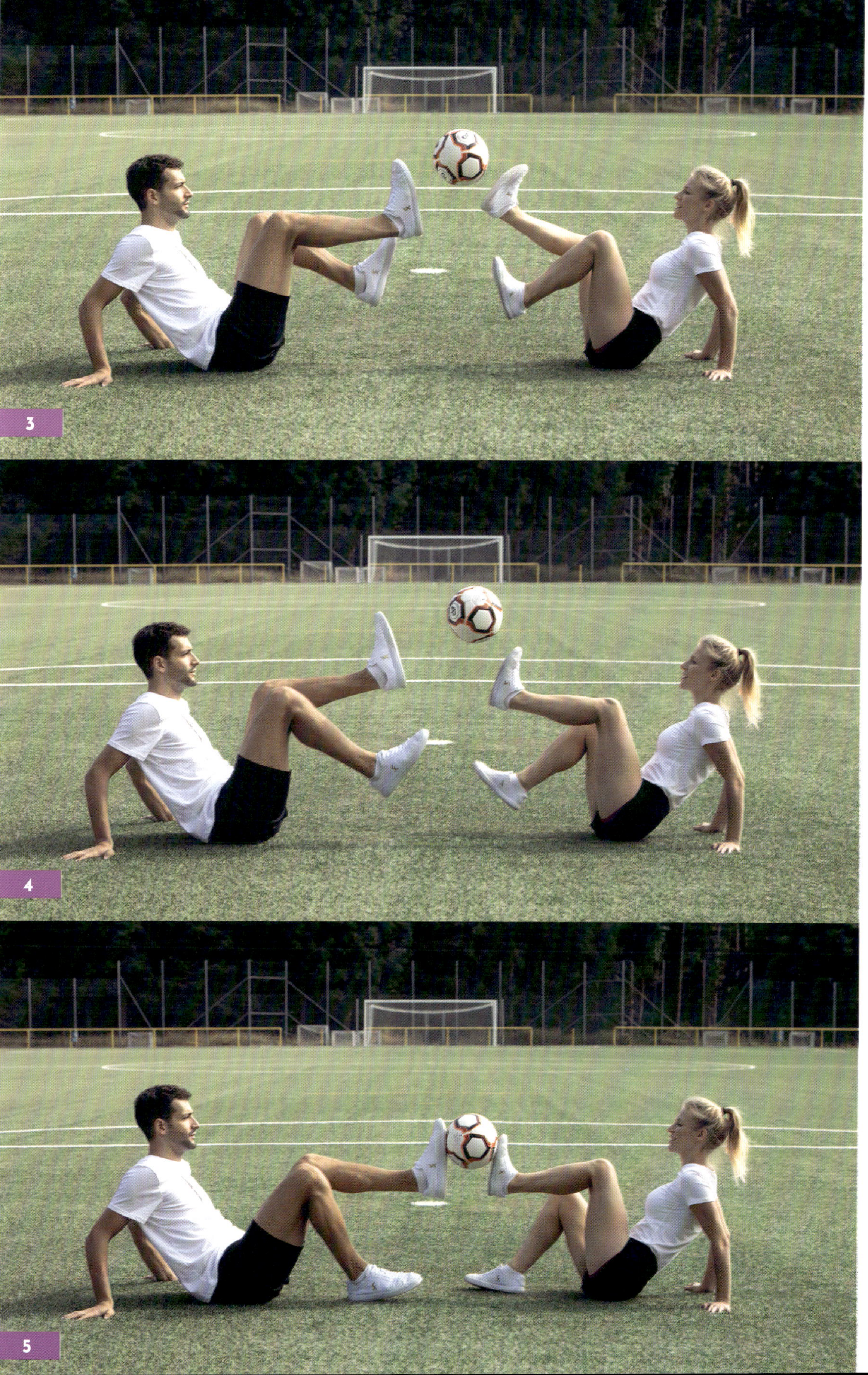
3
4
5

Duo Blocking Around the World

1. Stellt euch mit etwa 1,5 m Abstand gegenüber auf und legt den Ball in die Mitte zwischen eure Füße. Person A, hier Patrick, stellt die Zehenspitzen des rechten Fußes auf den Ball, Person B, hier Aguśka, stellt den rechten Fuß auf den Boden direkt vor den Ball.

2. Nun rollt Person A (Patrick) den Ball auf den Spann von Person B (Aguśka).

3. Person B bewegt das rechte Bein nun langsam nach oben, indem das Knie gebeugt wird. Person A bleibt dabei mit der Schuhsohle auf dem Ball und hält ihn so dort fest.

4. Nun rollen beide Personen die Füße langsam gegen den Uhrzeigersinn um den Ball herum.

5. Der Ball berührt nun jeweils die Innenseite des gehobenen Fußes beider Personen. Person A bewegt ihr Bein etwas nach unten und Person B beugt das Knie.

6. Der Ball liegt jetzt auf dem Spann von Person A, und Person B hält die Schuhsohle auf dem Ball und kontrolliert ihn so. Diese Bewegung könnt ihr beliebig oft wiederholen. Probiert sie auch im Uhrzeigersinn aus!

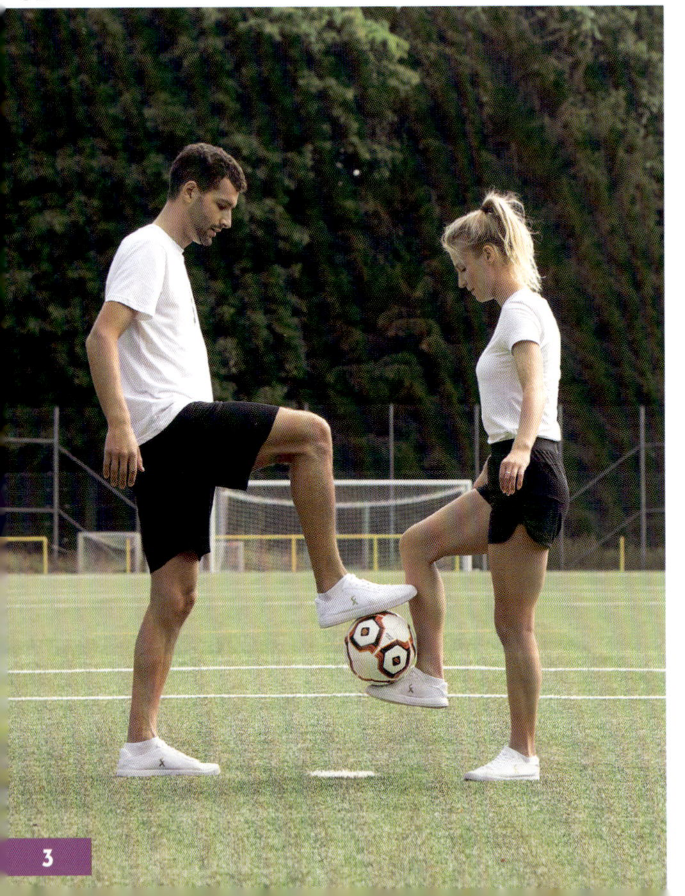

3

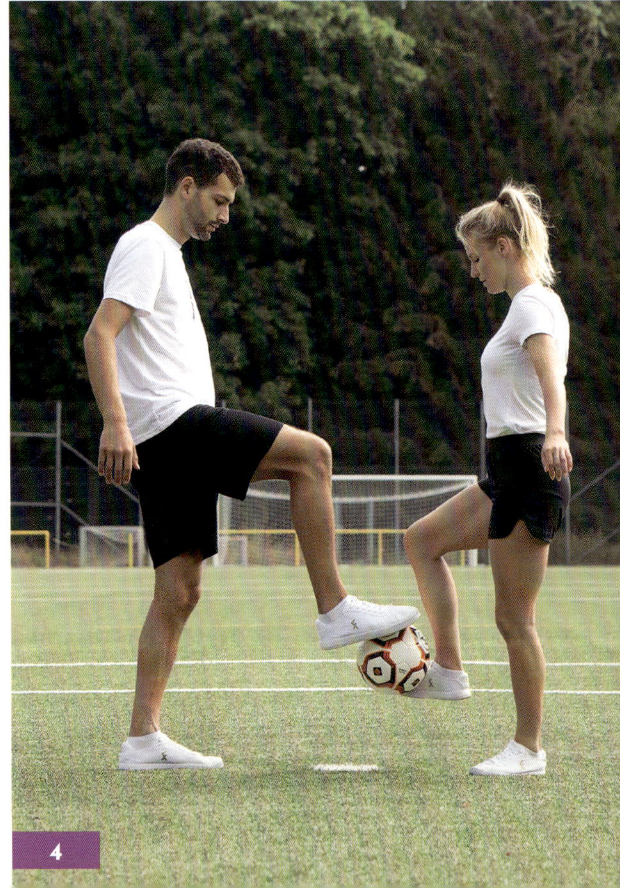

4

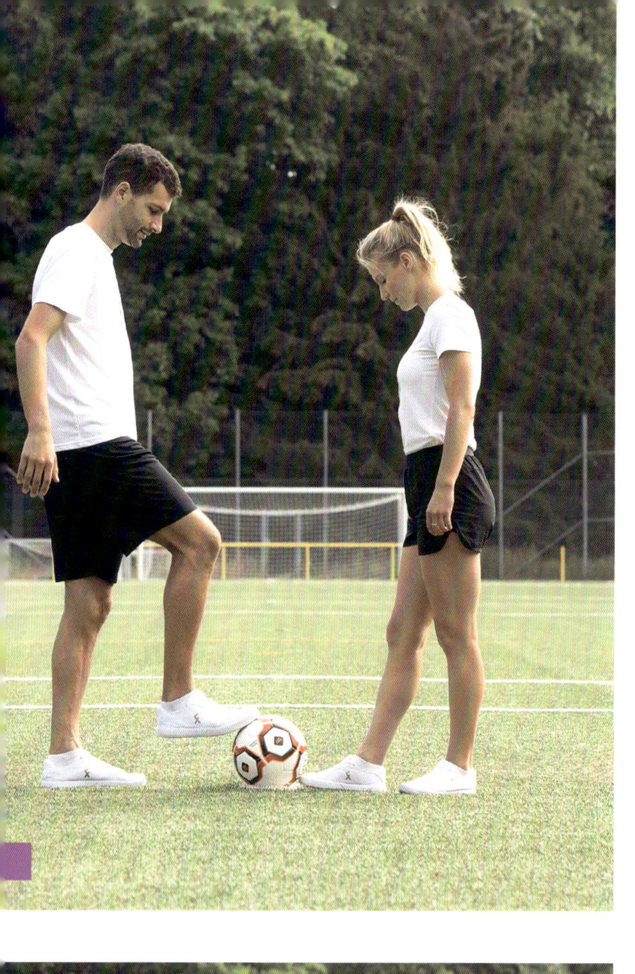

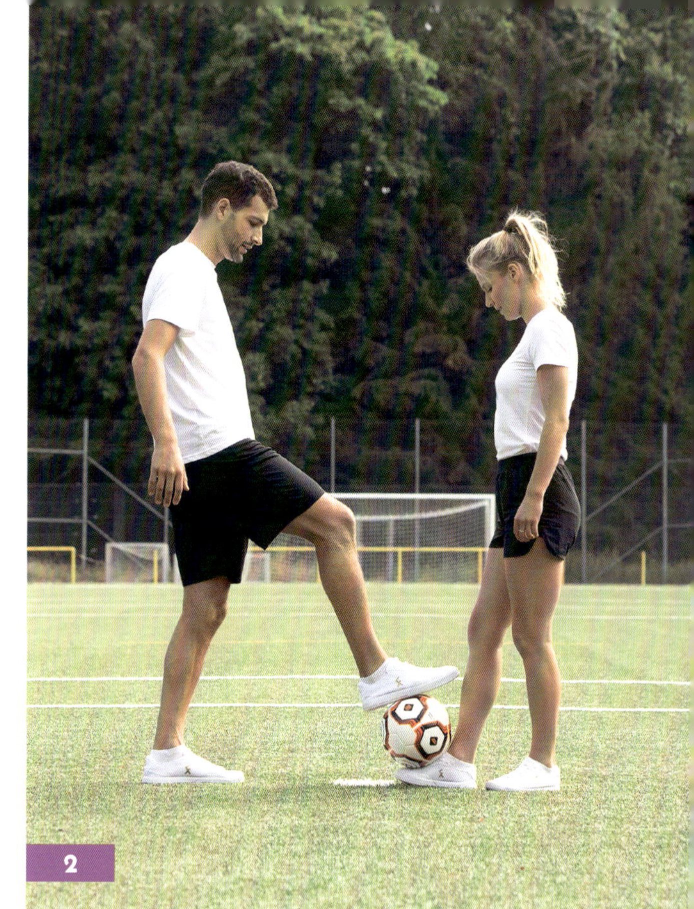
2

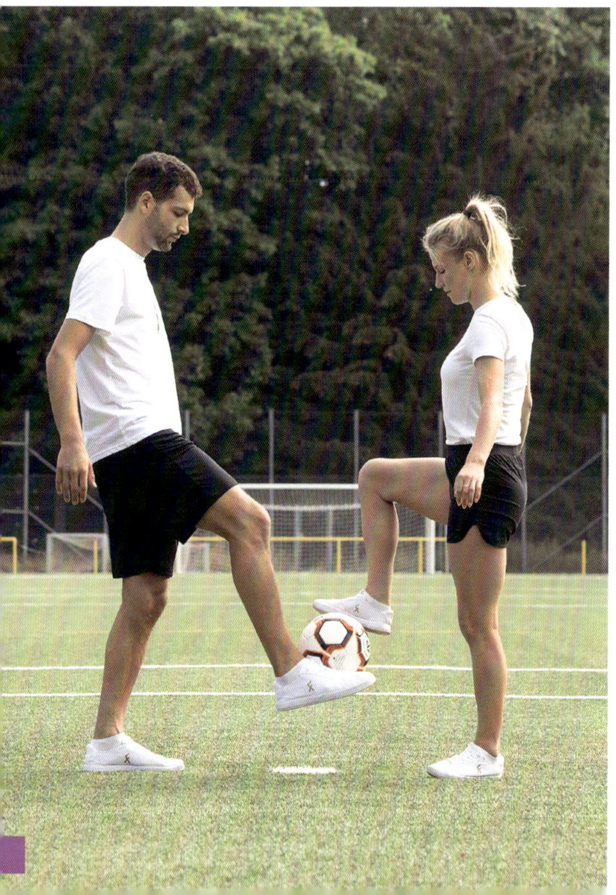

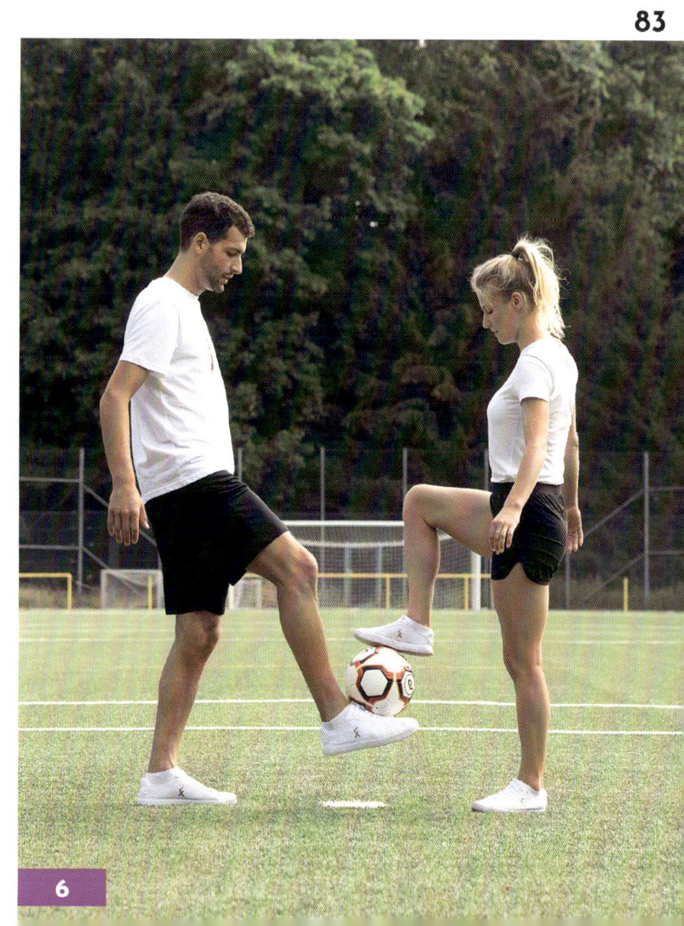
6

Duo Blind Back Sole Catch

1. Stellt euch wieder im Abstand von etwa 1,5 m gegenüber auf. Person A (Patrick) legt sich den Ball wie bei einem Neck Stall in den Nacken.

2. Dann fassen sich beide Personen an der Hand, Person A mit der rechten, Person B (Aguśka) mit der linken. So könnt ihr die Balance besser halten. Dreht euch nun um 180°, so dass ihr mit dem Rücken zueinander steht.

3. Jetzt steht ihr dichter zusammen und gebt euch auch die anderen Hände. Dadurch habt ihr den richtigen Abstand. Person A richtet sich nun langsam auf.

4. Der Ball rollt dem Rücken von Person A hinab.

5. Wenn der Ball etwa auf Taillenhöhe ist, klemmt ihr den Ball zwischen den beiden unteren Rücken ein. Beide Beine stehen noch auf dem Boden. Nun zählt ihr von 3 auf 0 herunter und bewegt dann eure Hüften ganz wenig nach vorne, so dass der Ball nach unten fällt. Dabei winkeln beide Personen jeweils das rechte Bein an, die Schuhsohlen sind senkrecht.

6. Versucht, den Ball beim Herunterfallen zwischen euren Sohlen zu fangen und einzuklemmen, bevor er den Boden berührt. Hierfür ist eine kleine Bewegung meist völlig ausreichend.

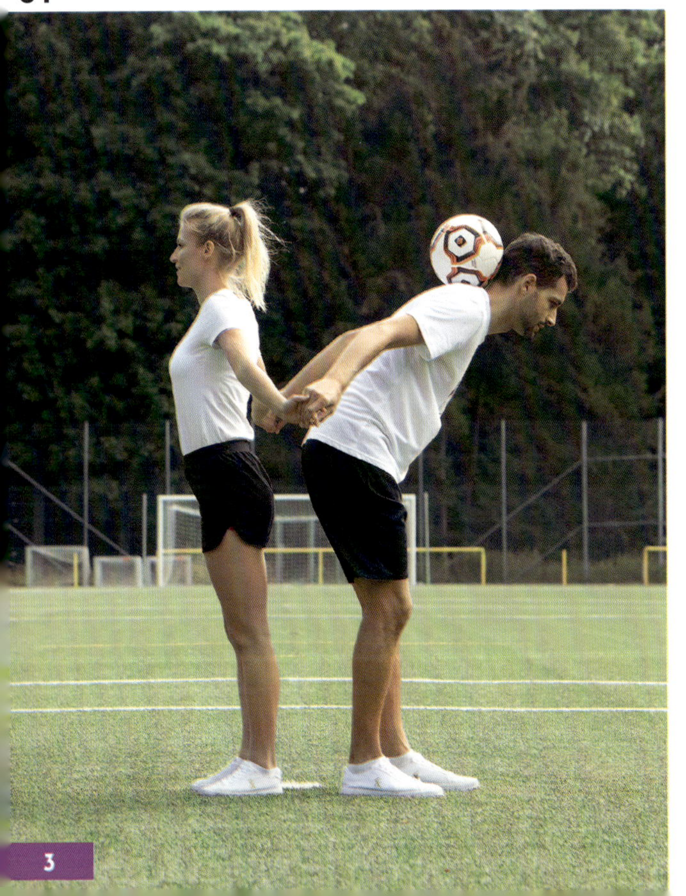

3

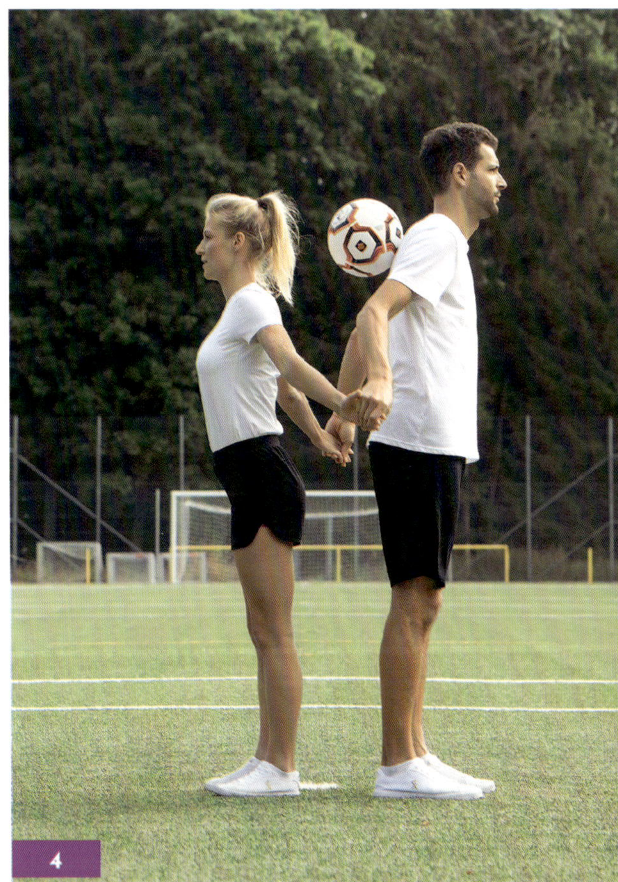

4

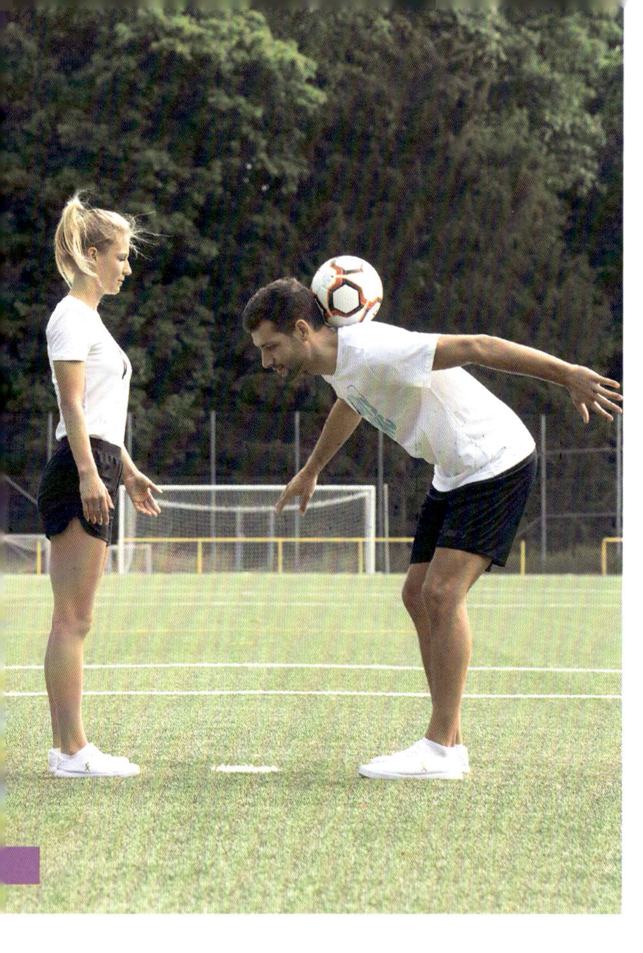

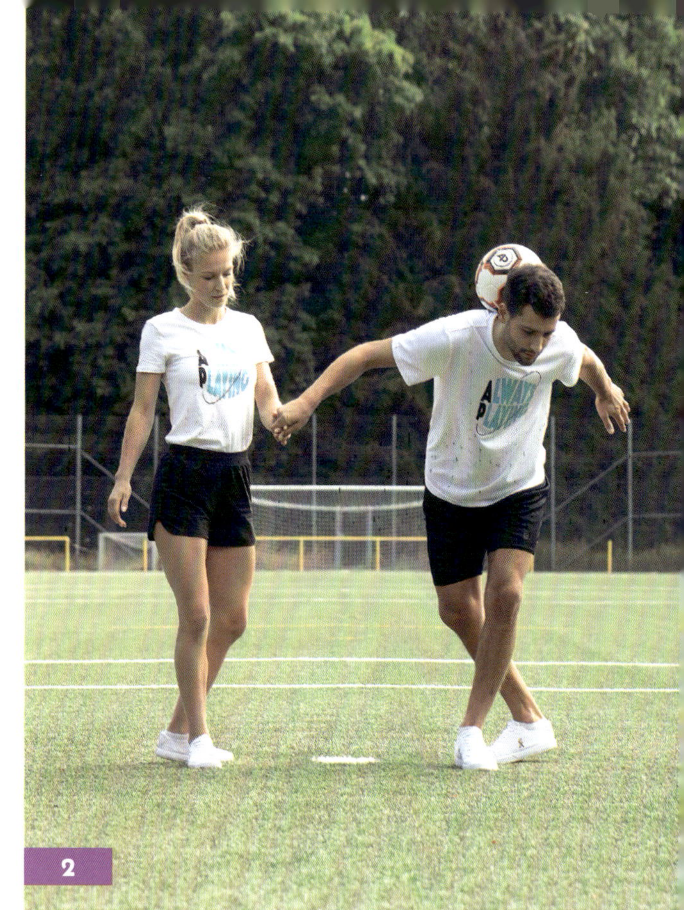
2

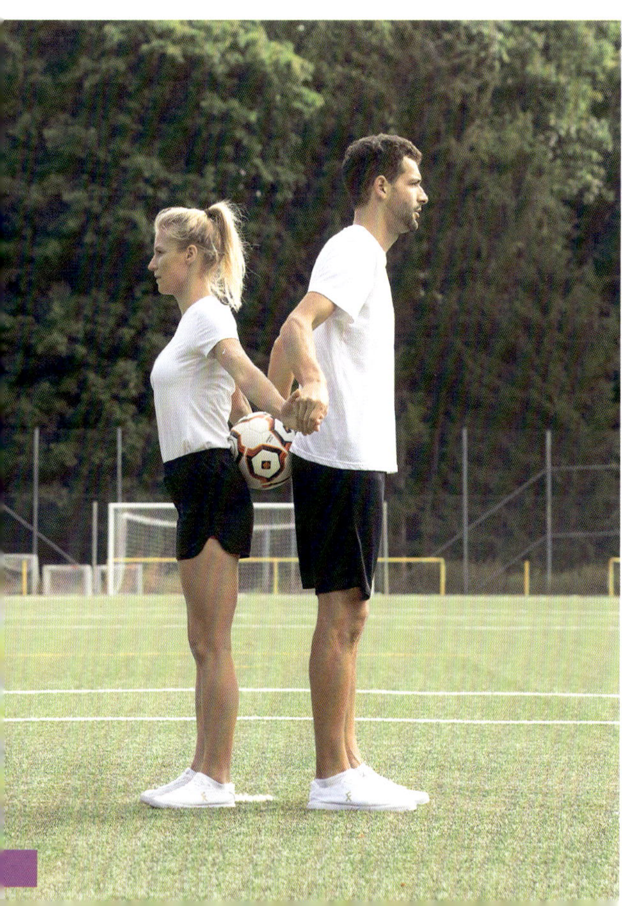

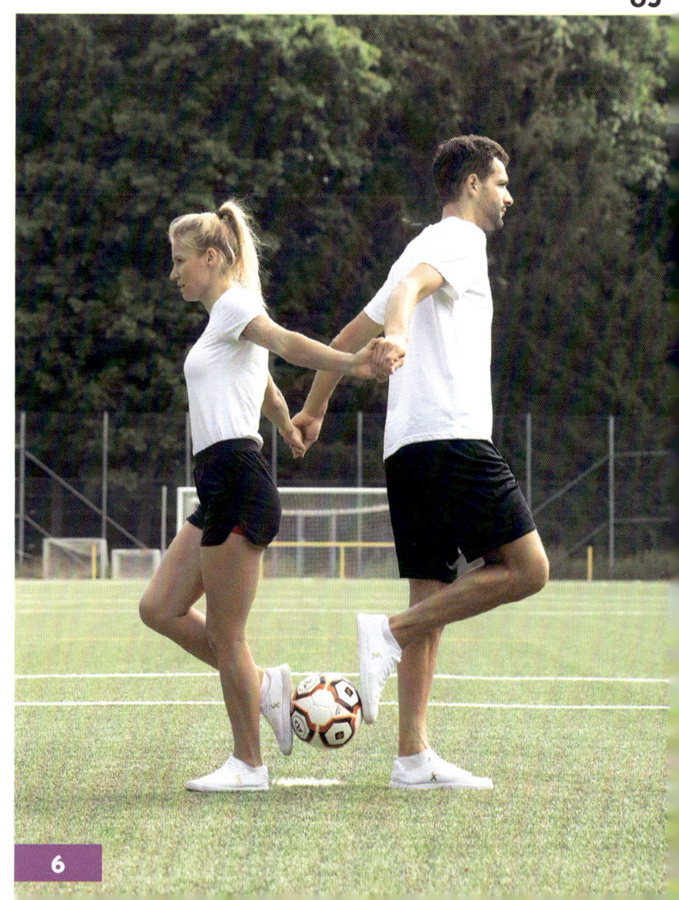
6

Duo Side Crossing Legs

1. Stellt euch nebeneinander hin und legt den rechten bzw. den linken Arm in den Rücken der anderen Person. Der Ball liegt vor euch. Person A (Aguśka) berührt den Ball mit der rechten Sohle und Person B (Patrick) hält das linke Bein nach oben und nach links, so dass sich die Beine kreuzen.
Person A beginnt nun damit, den Ball unter dem linken Bein von Person B zu jonglieren, und schießt ihn bei der zweiten Berührung etwas höher, etwa bis zur Hüfte.

2. Person B bewegt ihr Bein nun in Richtung Boden, und Person A bewegt ihr rechtes Bein nach oben. Person B jongliert den Ball zweimal mit dem linken Bein, während Person A das rechte Bein nach oben nimmt und um den Ball führt.

3. Person A streckt nun ihr rechtes Bein nach rechts. Dieses kreuzt dadurch über das linke Bein von Person B. In diesem Moment schießt Person B den Ball wieder etwas höher. Person A jongliert anschließend den Ball zweimal. Dann könnt ihr das Ganze noch einmal probieren.

So wird's einfacher:
Dieser Trick gelingt euch etwas leichter, wenn ihr den Ball statt zweimal dreimal jongliert. Umgekehrt wird es schwieriger, wenn ihr den Ball nur einmal jongliert.

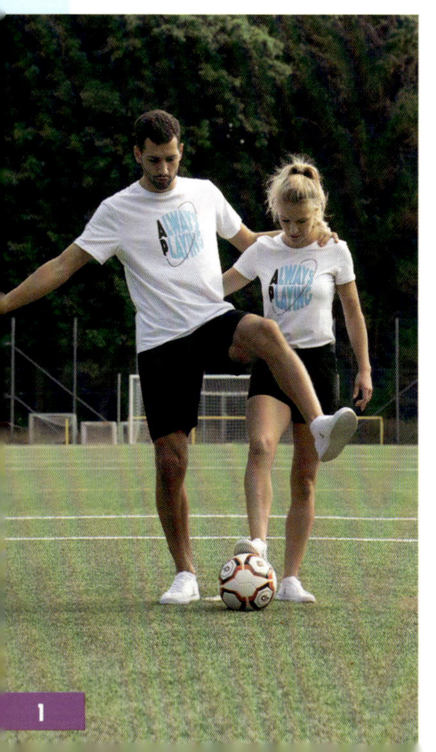
1

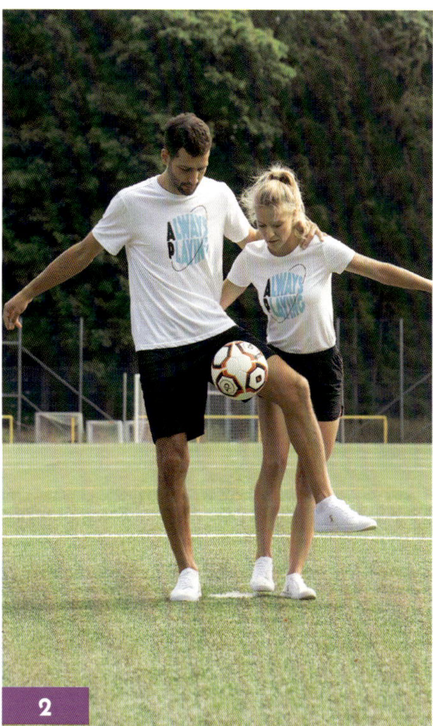
2

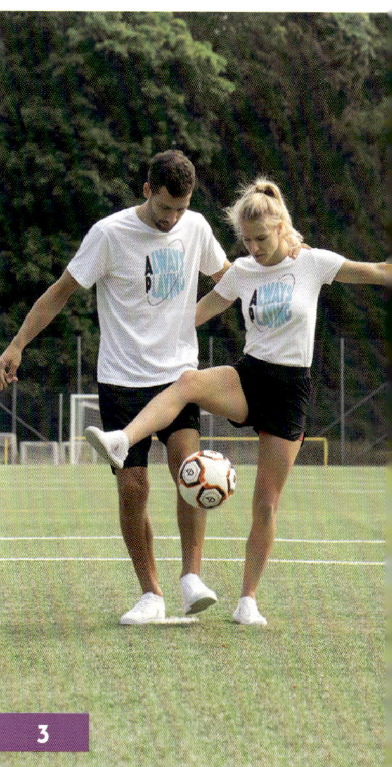
3

Duo Front Crossing Legs

1. Positioniert euch gegenüber und berührt den Ball jeweils mit eurer rechten Fußinnenseite. Hier könnt ihr den Ball gut einklemmen. Geht dabei mit eurem Standbein leicht in die Hocke. Zieht den Ball nun gemeinsam nach oben. Das Timing ist hier wichtig. Achtet darauf, dass ihr die Bewegung zusammen ausführt. Lasst den Ball los, sobald der Ball auf Kniehöhe ist.

2. Person A (Aguśka) bewegt ihr rechtes Bein nun wieder gerade nach unten, unter den Ball, und schießt diesen wieder gerade nach oben. Person B (Patrick) hingegen geht mit ihrem rechten Bein nach oben, und von außen nach innen um den Ball.

3. Sobald Person A den Ball hochgeschossen hat, bewegt sie ihr Bein erneut nach oben über den Ball. Person B schießt nun den Ball nach oben, während Person A eine Bewegung von außen nach innen um den Ball macht. Dies könnt ihr jetzt beliebig oft hintereinander probieren.

„Setze deine Ziele hoch, und höre nicht auf, bis du ankommst."

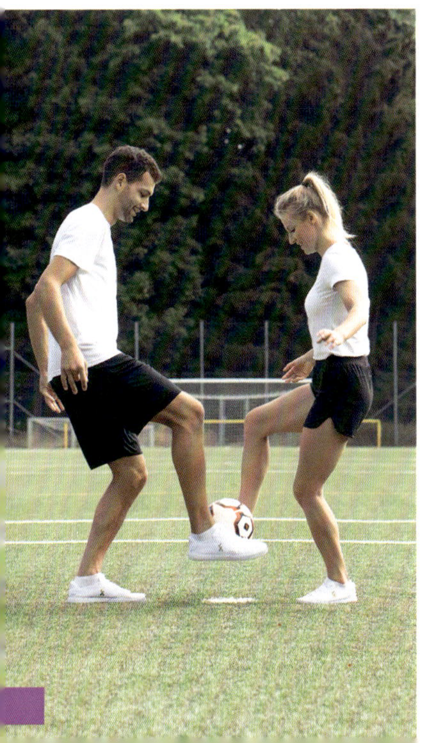

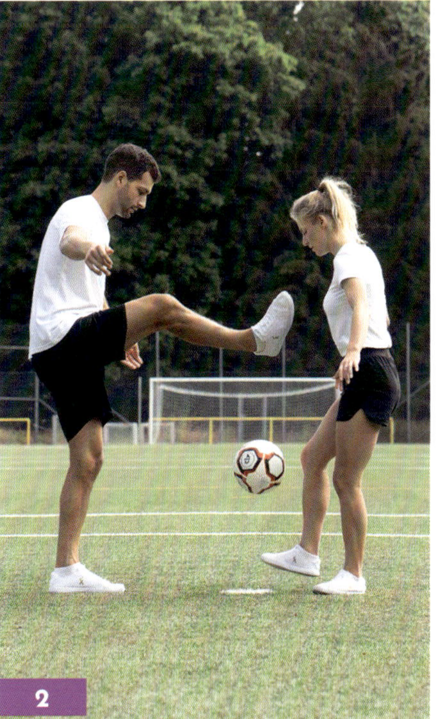

2

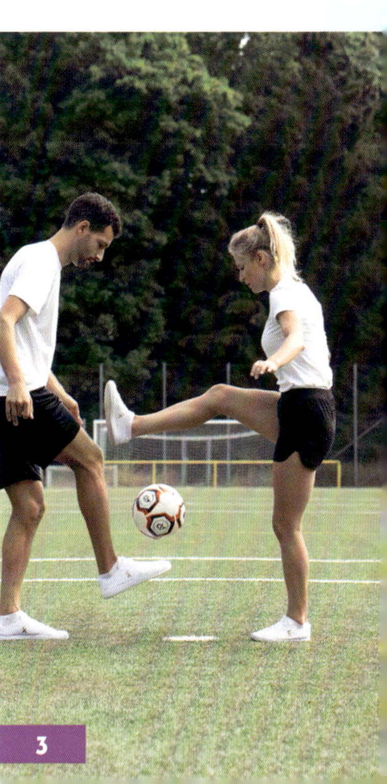

3

Duo Neck Catch Passes

1. Stellt euch mit etwa 1,5 m Abstand gegenüber auf. Person B (Patrick) beginnt mit dem Neck Stall und hält den Ball im Nacken.

2. Nun richtet sich Person B mit gesenktem Kopf in einer schnellen Bewegung auf. Der Ball wird so aus dem Nacken von Person B zu Person A (Aguśka) geschleudert.

3. Person A behält den Ball so lange wie möglich im Blick und geht dabei schon leicht mit dem Oberkörper nach unten. Person A fängt den Ball nun in der Neck Stall-Position auf. Dabei sind die Knie angewinkelt, und der Ball berührt den Kopf sowie den oberen Rücken.
Nun könnt ihr den Trick von Neuem beginnen, aber mit der anderen Person als Startpunkt.

Challenge:
Mit diesem Trick haben wir 2021 den Guinness-Weltrekord aufgestellt. Wir haben in 30 Sekunden 24 Pässe von Nacken zu Nacken geschafft. Jetzt fordern wir euch heraus und sind gespannt, wie viele Pässe ihr in 30 Sekunden schafft!

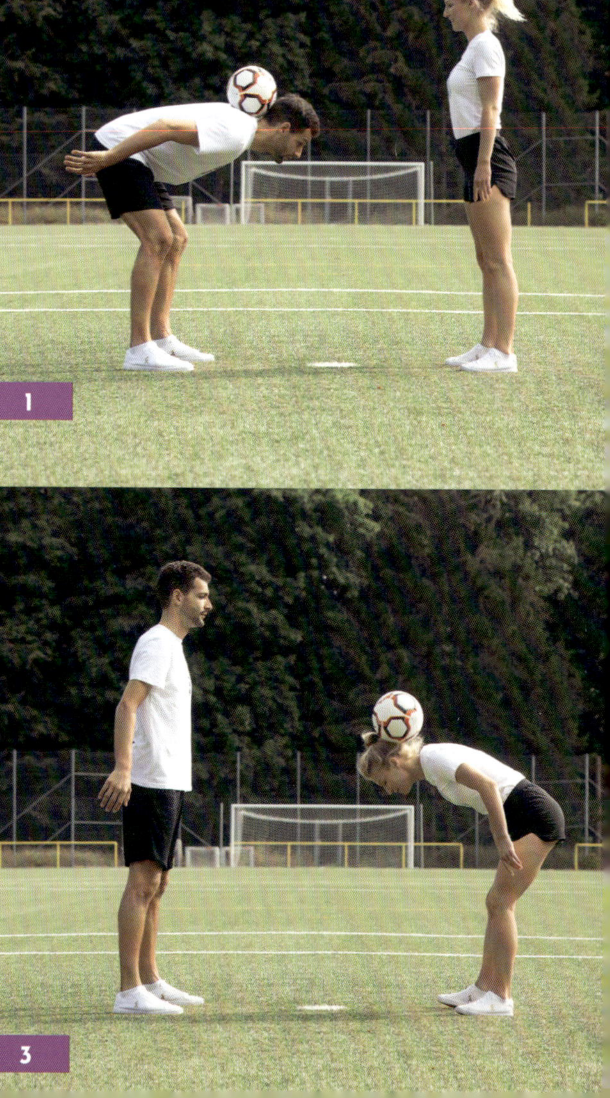

1

3

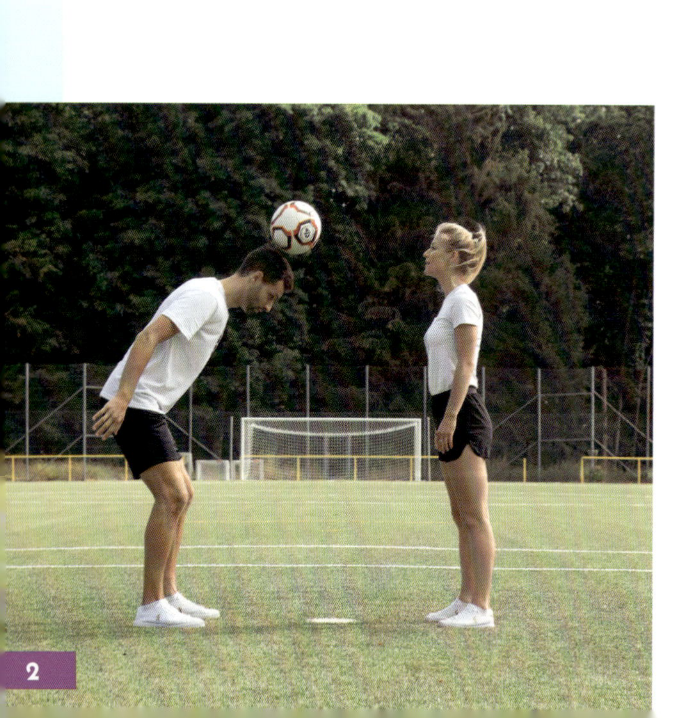

2

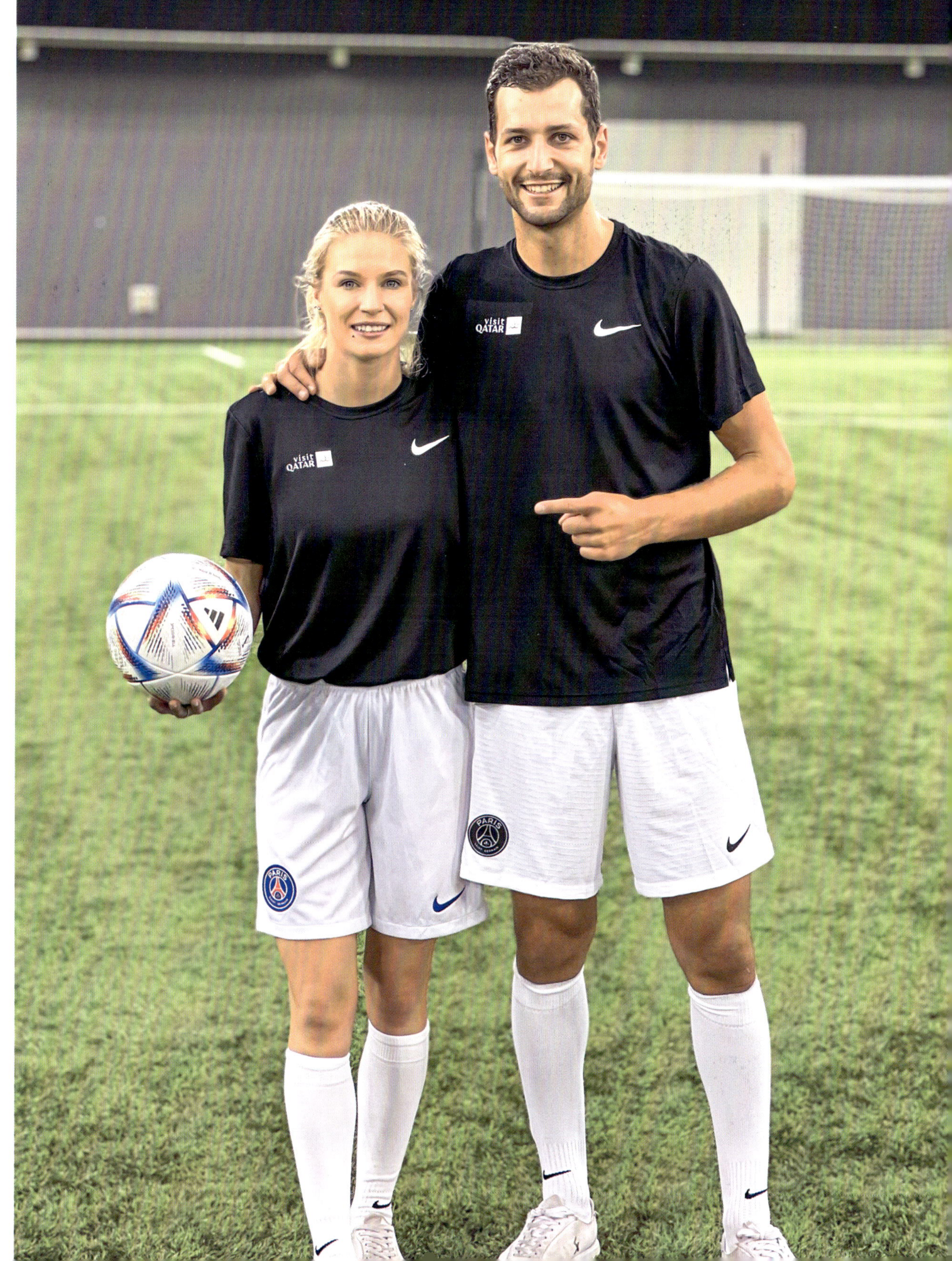
learning, studying, sacrifice and
visit QATAR
visit QATAR

COMBOS

Aguśka's Challenge

1. Diese Combo besteht aus Uppers, Sitdown und Blocking Tricks. Beginne mit dem Neck Stall (siehe S. 42) und gehe anschließend langsam in die Liegestütz-Position.

2. Bringe dann deinen Bauch auf den Boden und rolle den Ball von deinem Nacken in Richtung deiner Beine. Dies geht am besten, wenn du deinen Oberkörper mit deinen Armen vom Boden abdrückst.

3. Hebe die Unterschenkel und klemme den Ball zwischen Waden und hinteren Oberschenkeln ein.

4. Drehe dich anschließend nach rechts, bis du in einer sitzenden Position mit angewinkelten Beinen bist. Der Ball ist nun zwischen deinen Knien eingeklemmt. Stütze dich mit deinen Armen nach hinten auf dem Boden ab.

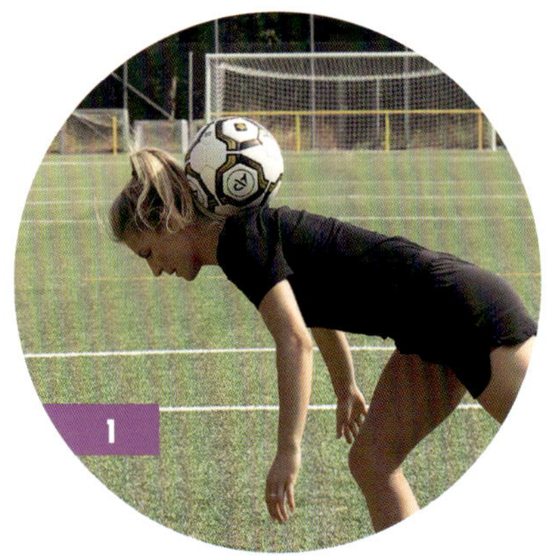

1

5. Verlagere dein Gewicht auf deine Füße und komme mit dem Ball zwischen deinen Knien bzw. den Oberschenkeln in den Stand.

6. Lass den Ball nun nach unten zwischen deine Knöchel fallen. Klemme ihn hier gut ein und springe mit dem Ball nach oben.

7. Ziehe schnell deine Knie vorne hoch und lasse auf dem höchsten Punkt deines Sprungs los. Jetzt kannst du den Ball mit deinen Händen fangen oder weiter jonglieren und wieder von vorne anfangen.

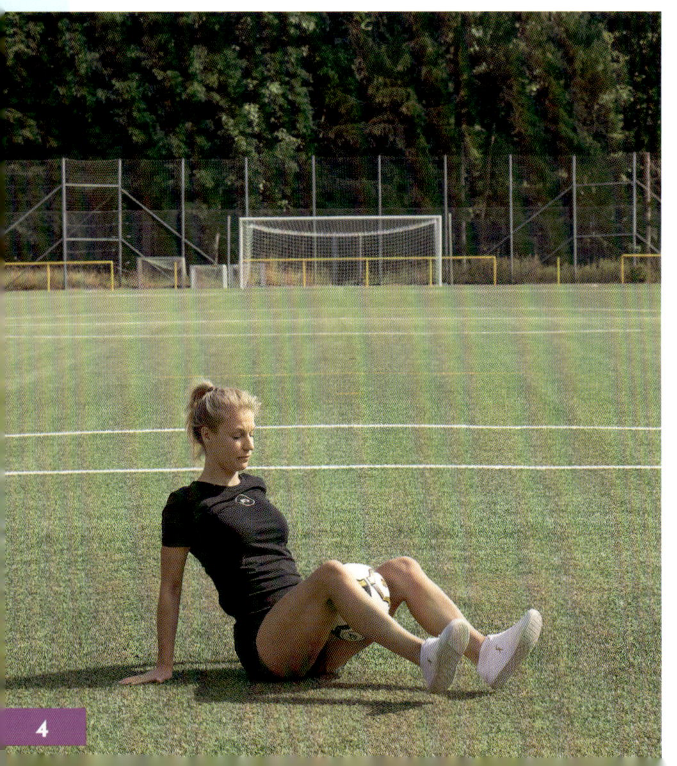

4

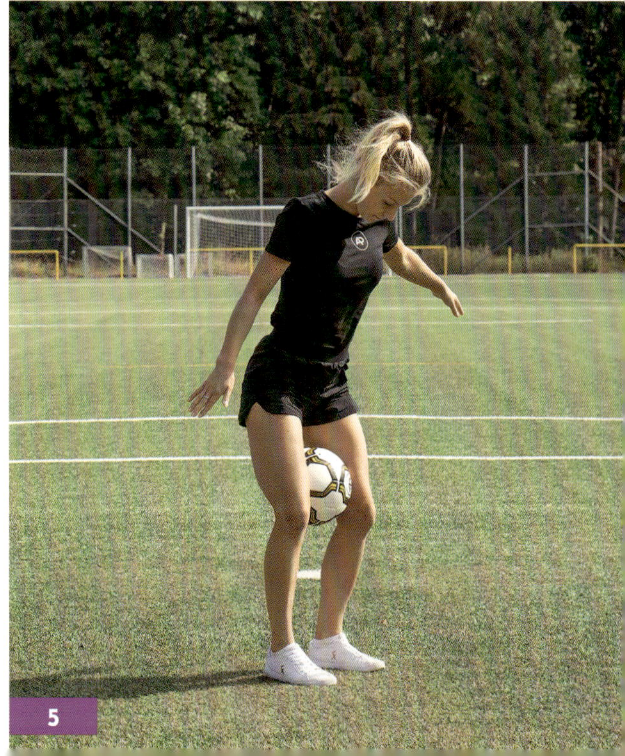

5

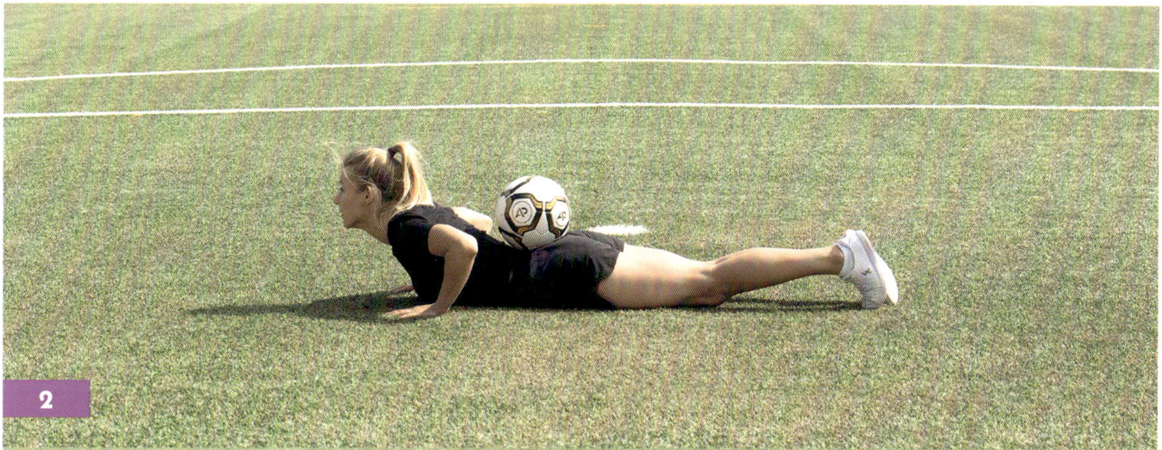

2

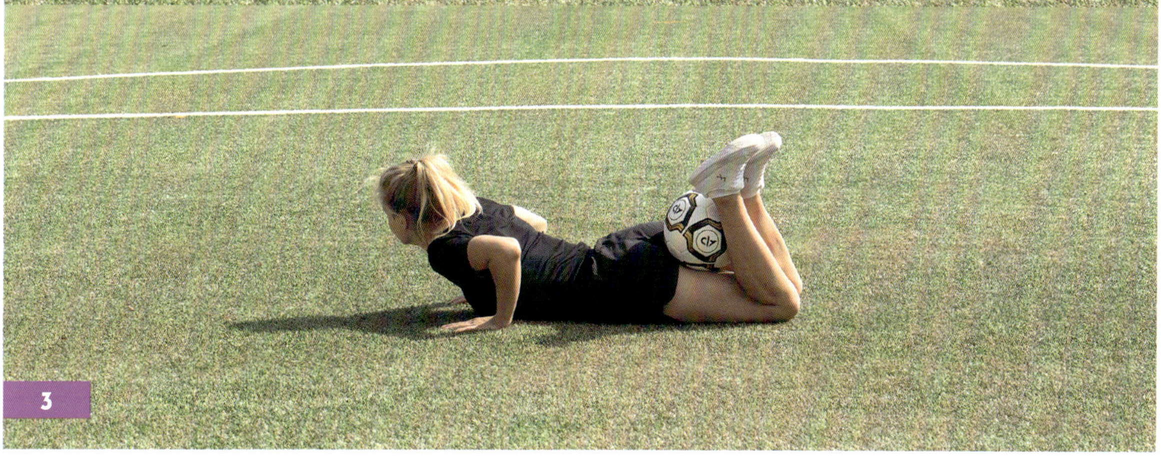

3

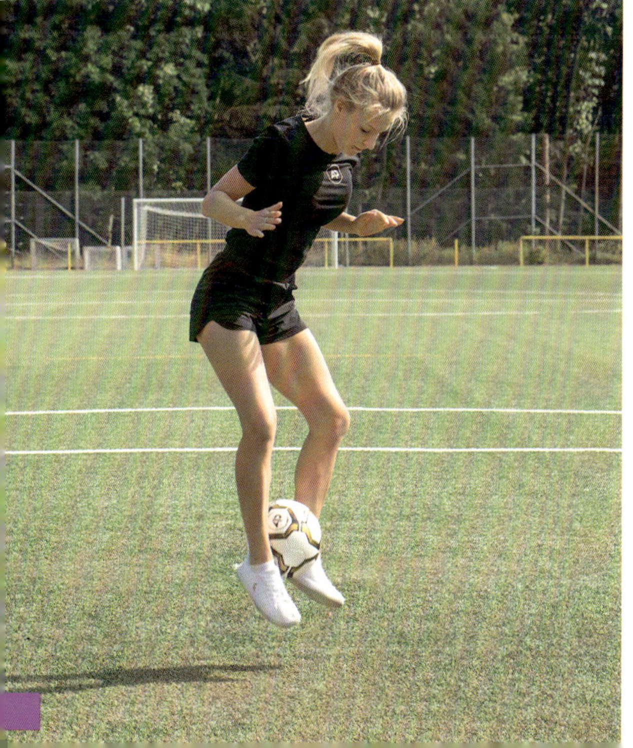

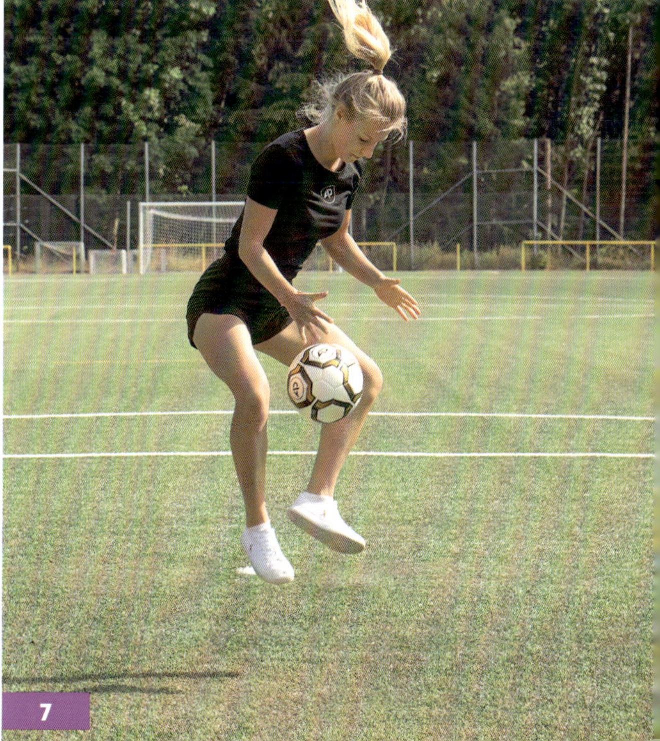

7

Patrick's Challenge

1. Stelle dich gerade hin und lege dir den Ball zwischen die Füße. Schaue dabei den Ball an und achte darauf, dass du aufrecht bleibst.

2. Rolle den Ball mit der Innenseite deines rechten Fußes ein Stück nach vorne und stoppe ihn anschließend wieder mit deiner rechten Sohle.

3. Rolle den Ball wieder zurück und stoppe ihn mit deinem rechten Knie, indem du das Bein senkst. Stütze dich dabei mit deinem rechten Arm auf dem Boden ab. Rolle den Ball anschließend leicht nach vorne.

4. Während du den Ball mit deinem Knie nach vorne rollst, setze dich auf den Boden, strecke dein rechtes Bein aus und stoppe den Ball zwischen deinen Knien. Beuge nun die Beine – immer noch mit dem Ball zwischen den Knien – und stelle die Füße auf.

5. Stehe mit dem Ball zwischen deinen Knien auf. Wenn du aufrecht stehst, lasse den Ball nach unten fallen und klemme ihn zwischen deinen Knöcheln ein.

6. Nun kannst du den Slap (siehe S. 52) machen und anschließend den Ball weiter jonglieren.

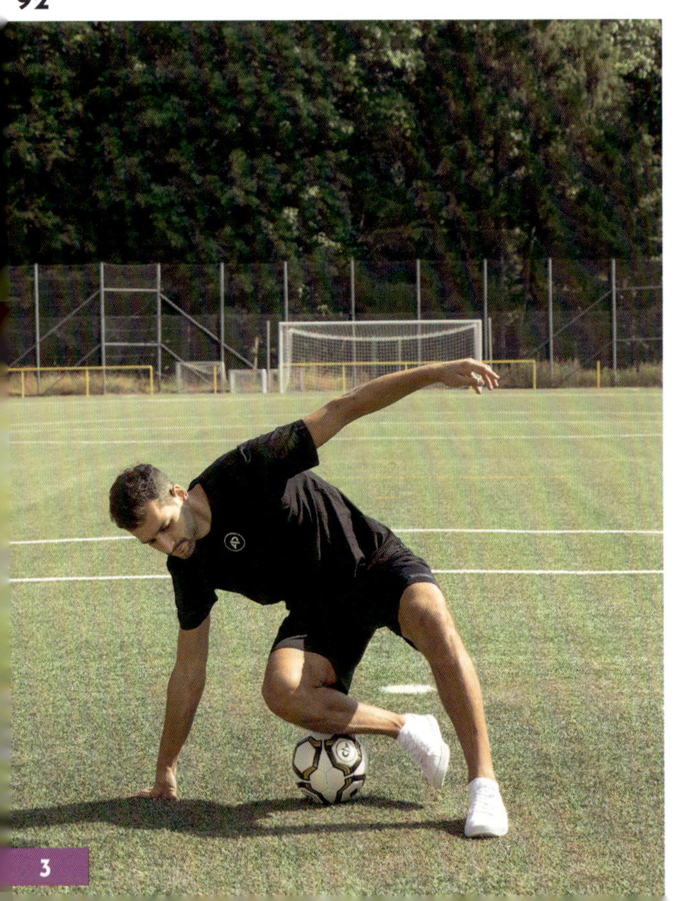

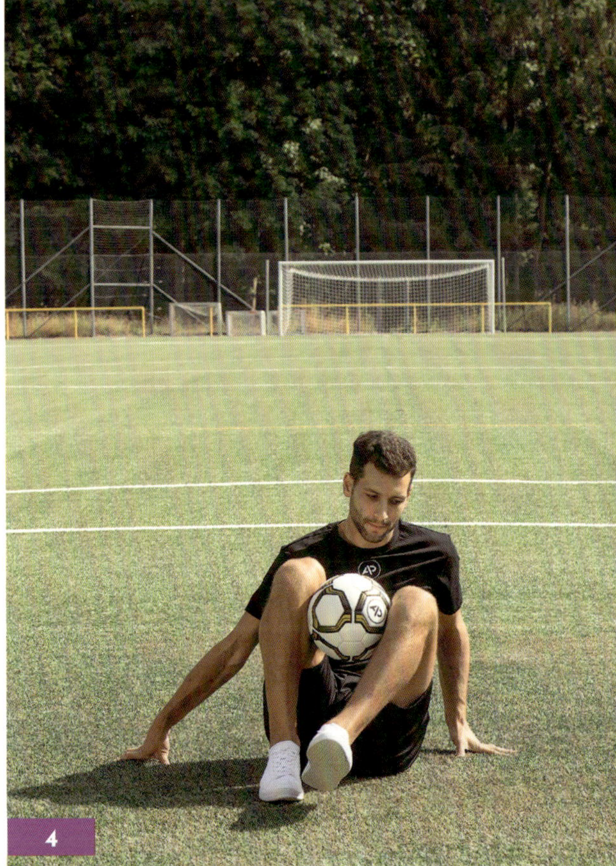

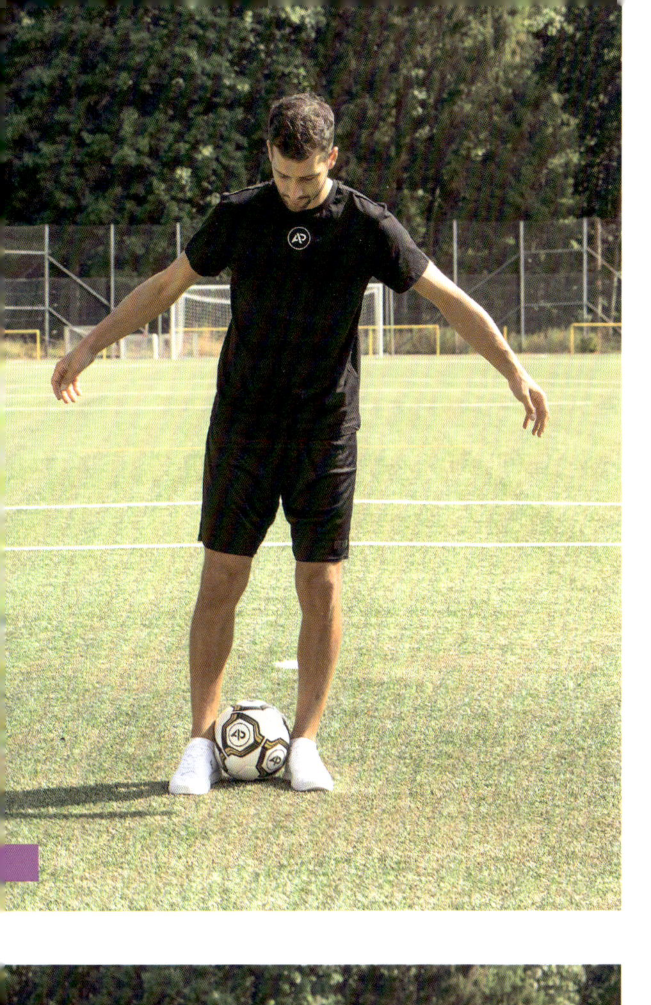

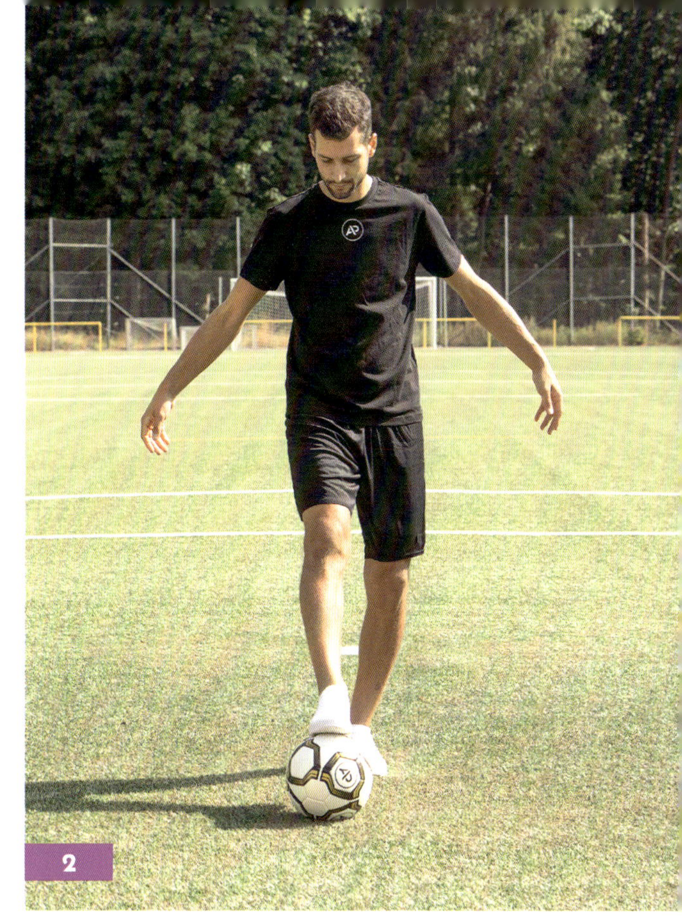
2

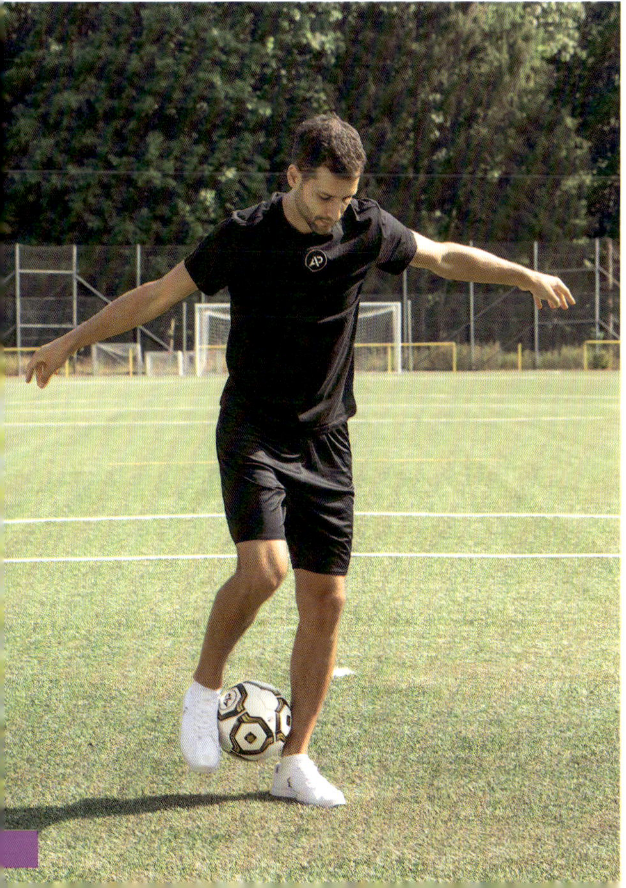

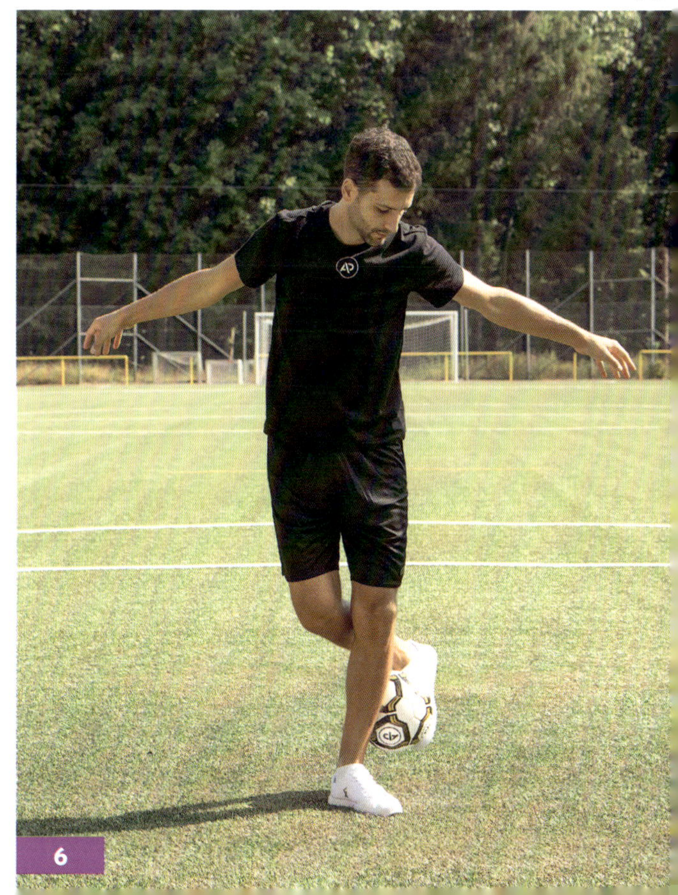
6

Neck Stall to Hamstring Catch

1. Die Ausgangsposition für diese Combo ist wieder der Neck Stall. Wenn du darin stabil bist, bewege deinen Oberkörper langsam nach oben in die aufrechte Position. Versuche, den Ball so lange wie möglich im Neck Stall zu halten.

2. Sobald der Ball nach unten fällt, winkelst du dein rechtes Bein an. Mache diese Bewegung aber nicht zu schnell. Achte darauf, dass dein Oberkörper wirklich aufrecht ist, wenn du den Ball nach unten fallen lässt.

3. Fange den Ball zwischen der Ferse und dem Oberschenkel deines rechten Beins und klemme ihn dort fest ein.

4. Bewege dein angewinkeltes Bein mit dem eingeklemmten Ball nun nach vorne. Dein Blick geht jetzt zum Ball.

5. Lasse den Ball nach unten fallen und stoppe ihn mit deiner rechten Sohle auf dem Boden.

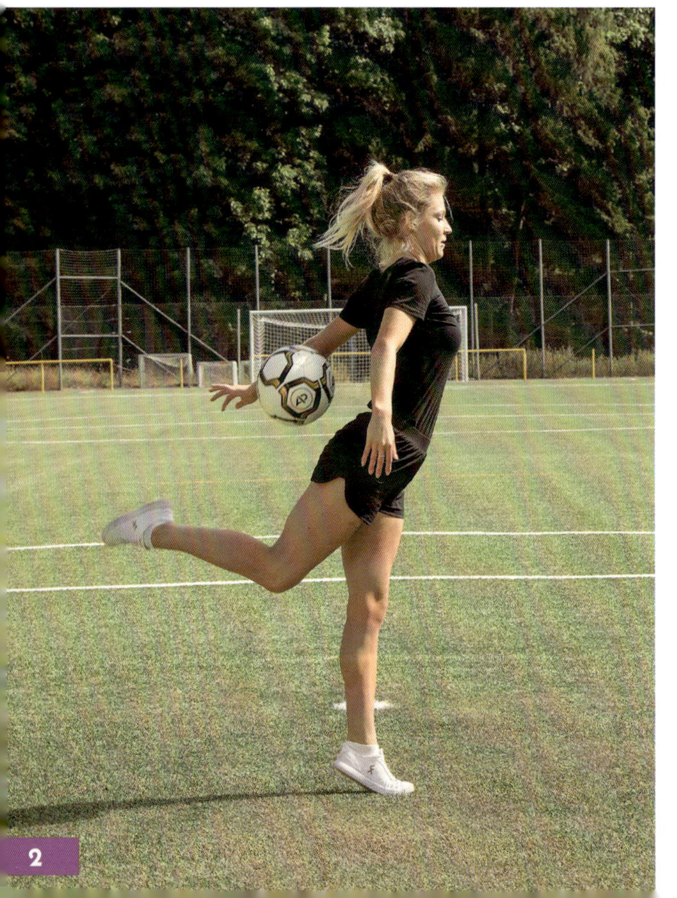
2

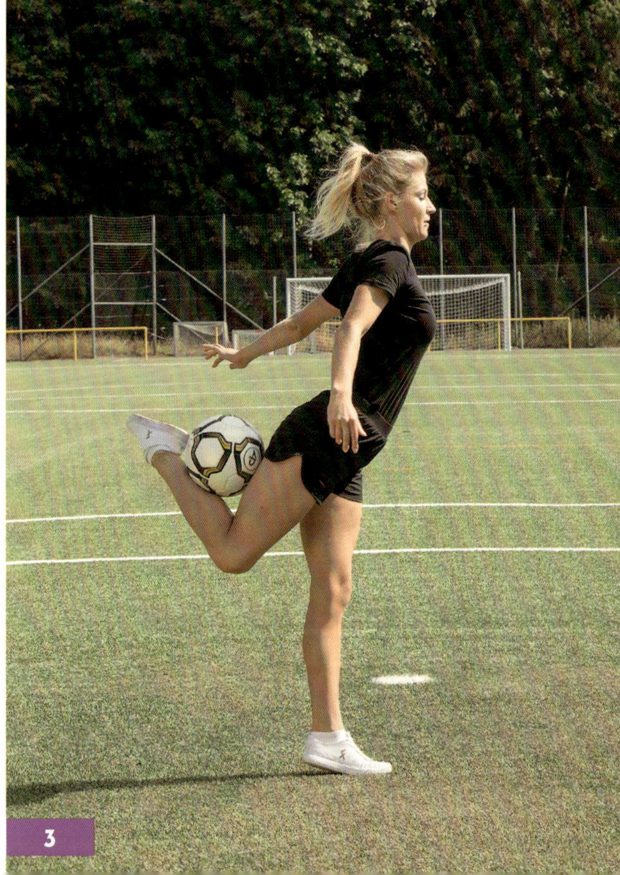
3

Fact:
Wenn du einen neuen Trick erfindest, den es noch nicht gibt, hast du das Recht, diesen Trick so zu benennen, wie du möchtest.

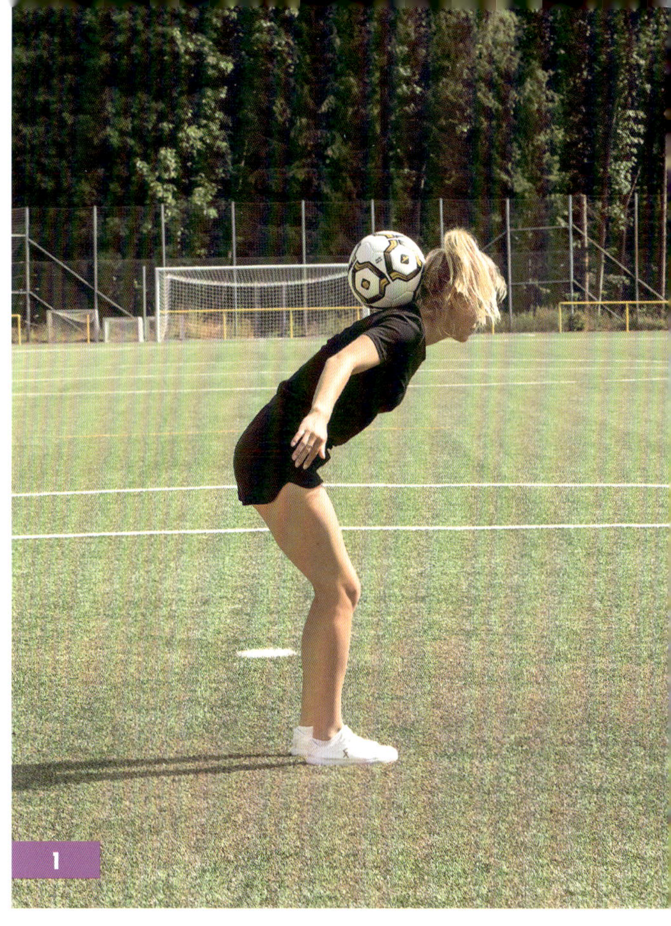

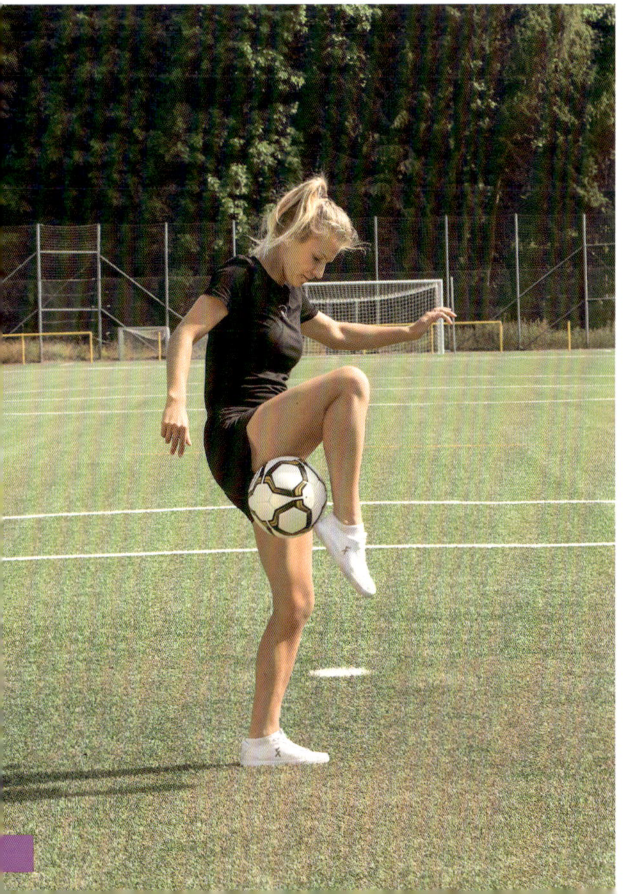

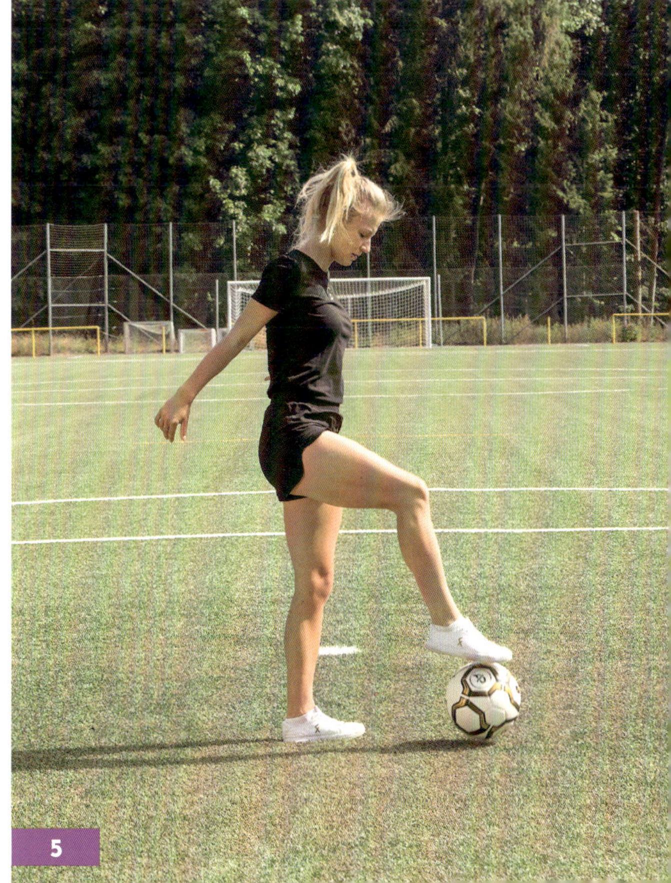

Sick3

1. Diese Combo besteht aus den Tricks Around the World, Crossover und Hop the World. Beginne mit einem Around the World (siehe S. 56), indem du mit deinem rechten Bein um den Ball kreist.

2. Schieße den Ball anschließend mit deinem rechten Fuß erneut nach oben und versuche, direkt danach einen Crossover (siehe S. 54) dranzuhängen. Ziehe dein linkes Bein hierfür nach oben.

3. Springe mit deinem rechten Bein ab und schieße den Ball mit deinem rechten Spann nach oben, während du mit deinem linken Bein um den Ball kreist.

4. Versuche, nach dem Crossover direkt einen Hop the World (siehe S. 58) zu machen, indem du den Ball nun mit deinem linken Fuß nach oben schießt.

5. Kreise mit deinem rechten Bein von außen nach innen um den Ball und jongliere danach normal weiter. Nun kannst du versuchen, immer längere und schwierigere Combos zu machen.

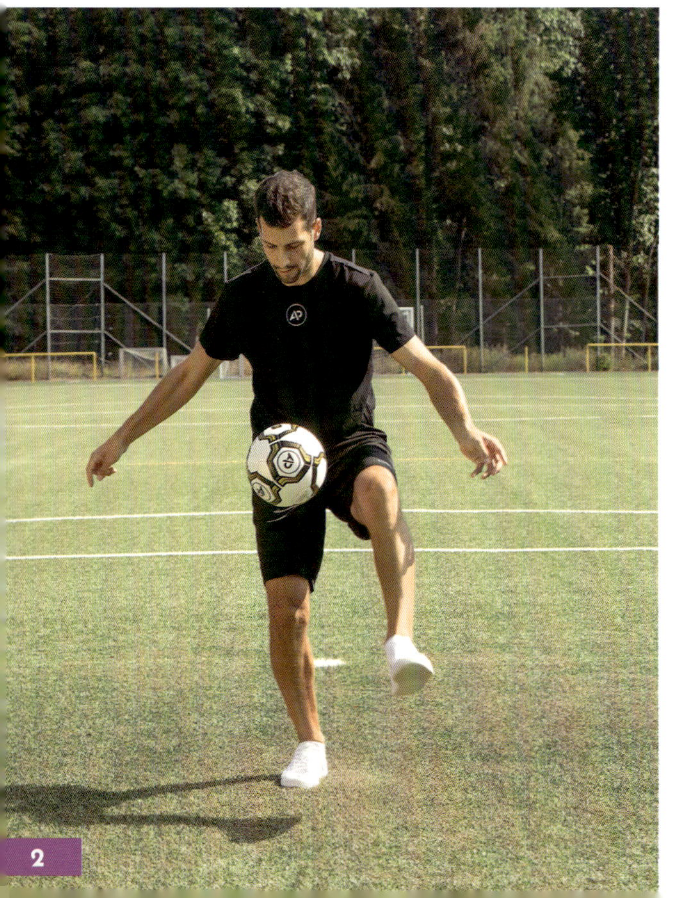

2

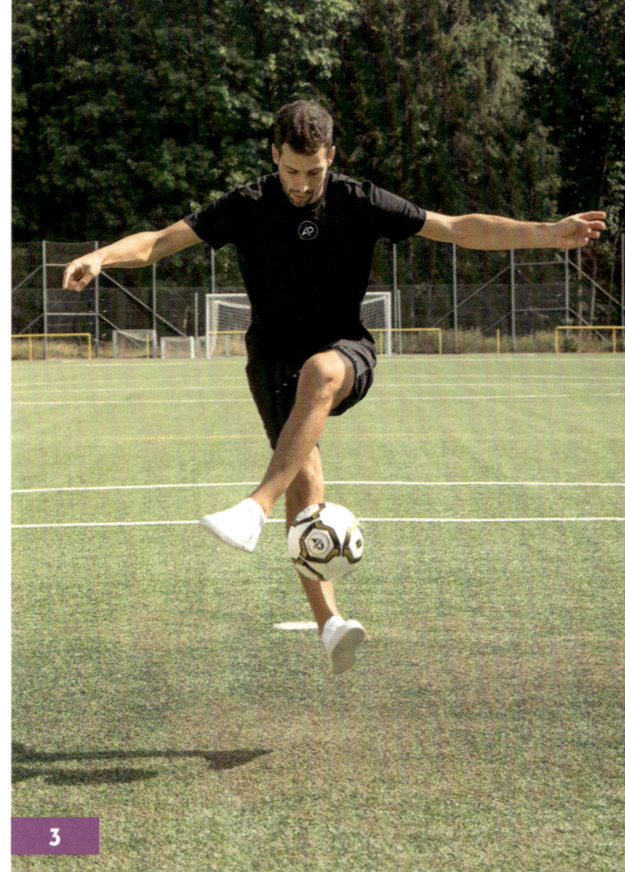

3

„Wenn du es dir vorstellen kannst, kannst du es auch tun."

Challenge:
Versuche nun, die Tricks in einer anderen Reihenfolge zu machen, also z. B. erst den Hop the World, dann den Crossover und zum Schluss den Around the World.

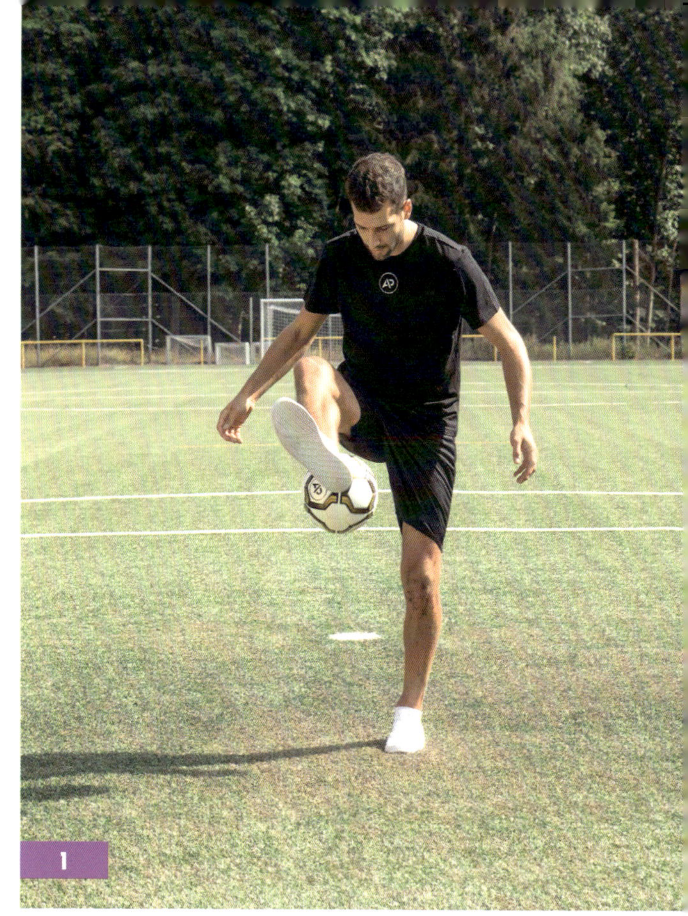
1

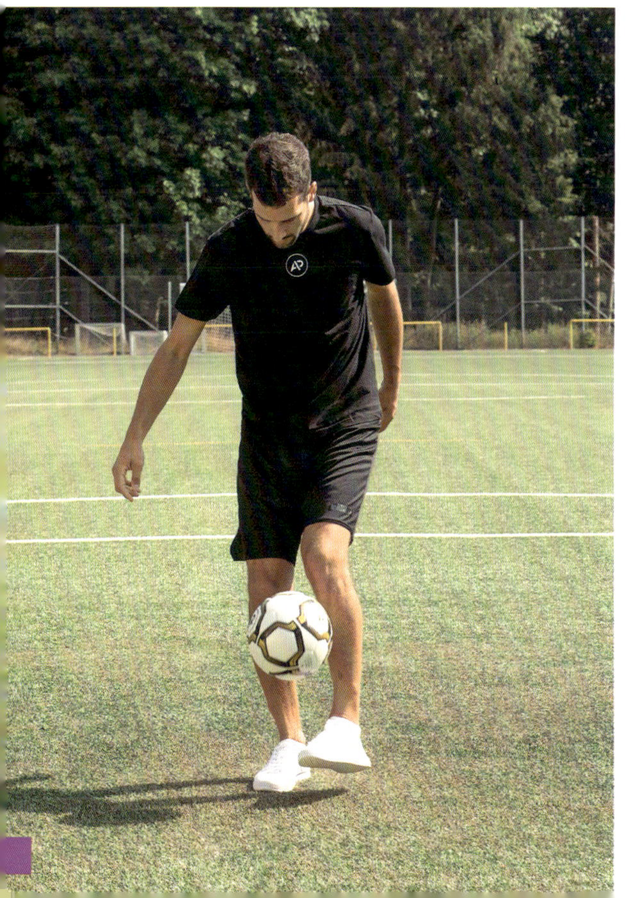

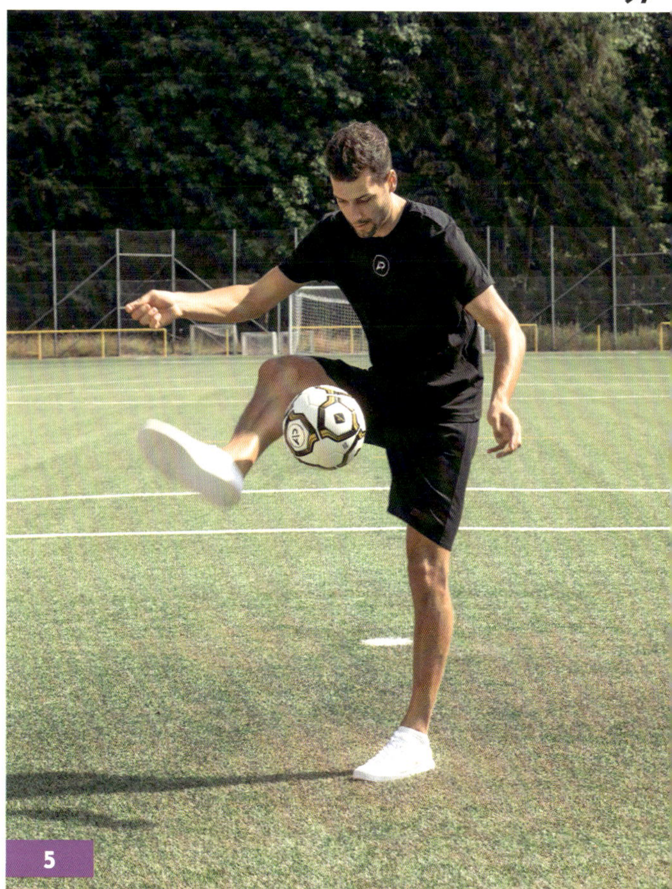
5

COOL DOWN

Es ist wichtig, dass du jedes Training mit einem Cool Down mit Stretching abschließt. So kann sich dein Körper besser und schneller von den Belastungen des Trainings erholen. Das Stretching verbessert deine Flexibilität und deine Beweglichkeit. Dadurch bist du langfristig leistungsfähiger, und du wirst dich am nächsten Tag frischer fühlen. Damit steht dann dem nächsten Training nichts mehr im Weg! Mache jede dieser Übungen am besten nach jedem Training. Halte die Übungen für etwa 30 Sekunden und mache sie dann zur anderen Seite.

1. Hüfte und Leisten

Halte deinen Oberkörper in einer aufrechten Position. Bringe dein rechtes Knie zum Boden, so dass es 90° angewinkelt ist. Schiebe deine Hüfte mit deinen Händen nach vorn. Wenn du es richtig machst, solltest du ein Ziehen in deiner Hüfte bzw. deiner Leiste spüren.

2. Schultern und Arme

Stelle dich aufrecht hin. Hebe deine Arme. Beuge den linken Arm und führe die Hand hinter deinen Kopf. Drücke deinen linken Ellenbogen mit deiner rechten Hand etwas nach unten, bis du ein leichtes Ziehen in deiner Schulter und deinem Oberarm spürst.

3. Waden und hintere Oberschenkel-Muskulatur

Komme in den Kniestand und strecke dein rechtes Bein aus. Dein linkes Bein ist 90° angewinkelt. Dein rechtes Bein ist durchgestreckt, und dein rechter Fuß ruht auf der Ferse.
Beuge deinen Oberkörper nach vorne und berühre, mit deiner rechten Hand deine rechte Fußsohle. Wenn du jetzt deine Fußzehen etwas zurückziehst, solltest du ein Ziehen in deiner Wade und im hinteren Oberschenkel spüren.

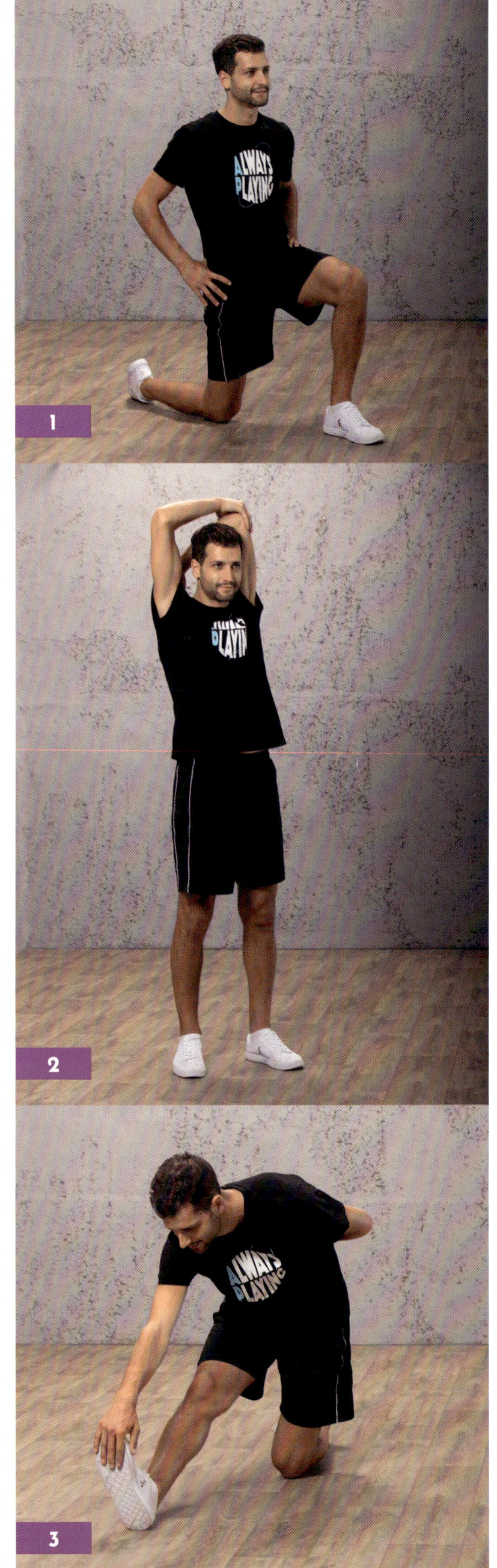

1

2

3

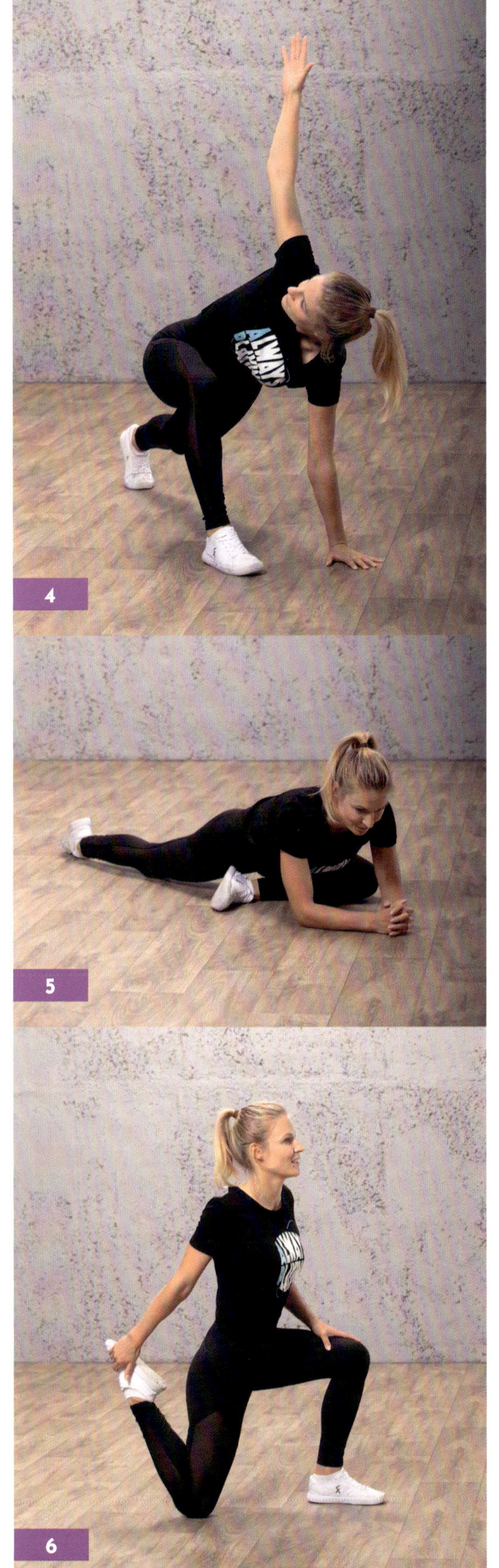

4. Rücken

Stelle dich aufrecht hin. Mache mit rechts einen großen Ausfallschritt nach vorn und bringe deine Hände auf beiden Seiten des rechten Fußes zum Boden. Dein rechtes Bein ist 90° angewinkelt, dein linker Fuß steht mit den Zehen auf dem Boden. Evtl. muss du den linken Fuß noch etwas nach hinten schieben.
Löse jetzt die rechte Hand vom Boden und drehe dich nach rechts auf. Der rechte Arm ist gestreckt und bildet mit dem linken eine Linie. Dein Blick geht nach oben.
Du solltest ein leichtes Ziehen in deinem Rücken spüren.

5. Gesäßmuskel

Komme in die Liegestütz-Position. Bringe dein linkes Knie zum Boden und lege deinen rechten Fußrücken ab. Schiebe deinen linken Unterschenkel quer unter deine Schultern, so dass dein linkes Bein jetzt einen Winkel von 90° beschreibt. Gehe auf deine Ellenbogen und verschränke die Finger. Beuge deinen Oberkörper nach vorne über das angewinkelte Bein.
Je weiter du dich nach unten beugst, umso stärker ist die Dehnung deines Gesäßmuskels.

6. Oberschenkel

Stelle dich aufrecht hin und bringe dann dein rechtes Knie zum Boden. Dein linkes Bein ist 90° angewinkelt. Dein Oberkörper ist gerade und dein Blick geht nach vorn.
Hebe jetzt deinen rechten Fuß vom Boden, fasse ihn mit deiner rechten Hand und ziehe ihn leicht nach oben.
Je stärker du an deinem Fuß ziehst, umso stärker die Dehnung in deinem vorderen Oberschenkel.

FREESTYLER LIFESTYLE

UNSER TAGESABLAUF

„Freestyle ist der Mittelpunkt unseres Lebens, um den sich alles andere dreht."

Wir können uns ein Leben ohne Freestyle und die Arbeit mit dem Ball nicht vorstellen. Es war immer unser Traum, Profi zu werden. Und diesen Traum lassen wir tagtäglich Wirklichkeit werden: Wir leben von und mit Freestyle.
Als Fußball-Freestyle-Profis trainieren wir jeden Tag, und natürlich bereiten wir uns auch fortlaufend auf Wettbewerbe vor. Neben dem Training produzieren wir Videoclips für soziale Netzwerke. Außerdem werden wir oft für Shows gebucht, für die wir auch intensiv trainieren müssen.
Insgesamt versuchen wir, zwei Trainingseinheiten pro Tag zu absolvieren: von 9:30 – 11:30 Uhr und am Nachmittag noch einmal von 15:00 – 18:00 Uhr. Dieses Trainingsprogramm hängt natürlich von den jeweiligen Rahmenbedingungen ab. Wenn z. B. für bevorstehende Shows oder Wettbewerbe ein besonderes Training ansteht, weichen wir auch schon einmal vom Plan ab. Gleiches gilt für unser Einzel- und Duo-Training. Wir versuchen, einen guten Mix zwischen dem Training alleine und zu zweit hinzubekommen, um uns in der Gesamtheit bestmöglich weiterzuentwickeln.
Hinter all dem stehen der Wunsch und das gemeinsame Ziel, uns jeden Tag zu verbessern. Das Thema Weiterentwicklung wird bei uns ganz großgeschrieben, und wir lernen und trainieren fortlaufend neue Tricks und Moves. Auf diese Weise erweitern wir ständig unser eigenes Programm.

Trainingsprogramm
Unser Training besteht in den meisten Fällen aus diesen Bausteinen:

- Aufwärmen mit Bewegungen der Beine und der Arme ohne Ball
- einzelne Tricks und Combos mit dem Ball
- Trick-Wiederholungen aus dem letzten Training lange Basic Combos
- Cool Down und Stretching

Die Wiederholungen sind wichtig, um die Tricks zu verbessern oder neue Tricks zu entwickeln. Unser Training beinhaltet immer Tricks verschiedener Kategorien, also Lowers ebenso wie Uppers, Sitdowns und Transitions. Meist probieren wir auch neue Tricks aus und absolvieren außerdem lange Basic-Combos. Zum Schluss kommen Cool-Down-Übungen, Stretching und Mobility ohne Ball.

Gute Ernährung und genug Schlaf
Eine gute Ernährung gehört zum Profisport unbedingt dazu. Und auch ausreichend Schlaf ist für Hochleistungssportler, wie wir es sind, sehr wichtig für die Regeneration. Auch du solltest auf diese Dinge achten. Wir versuchen beispielsweise, acht Stunden pro Nacht zu schlafen! In dieser Zeit können sich unsere Muskeln erholen. Ebenso ist es wichtig, und das gilt besonders

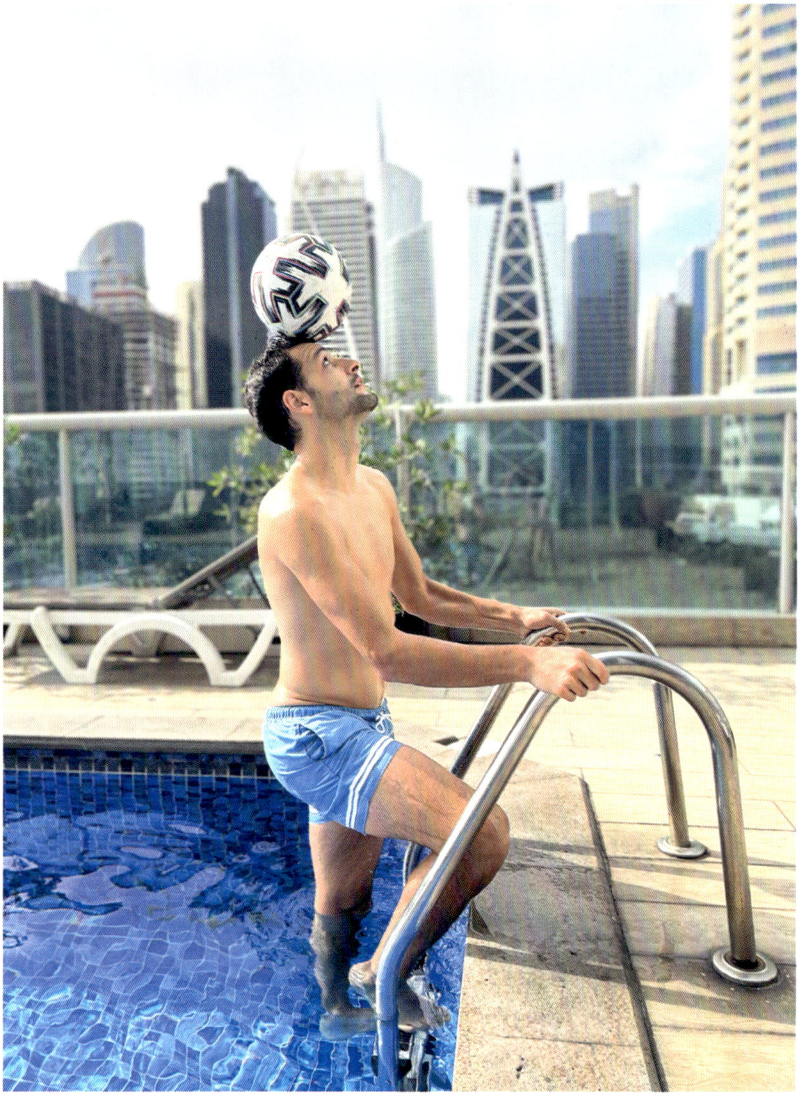

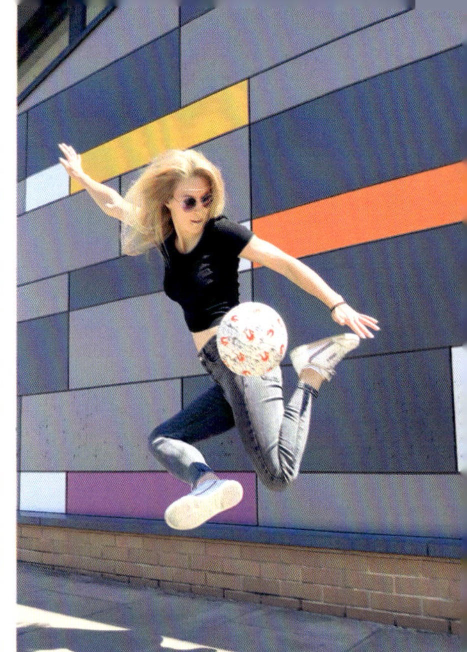

bei Jugendlichen, deren Körper ja noch wachsen, dass genug gegessen und getrunken wird. Denn so kann sich der Körper bestmöglich und gesund entwickeln. Wir sind beide Vegetarier, Aguśka seit ihrem 21., Patrick seit seinem 26. Lebensjahr, wobei wir aber gelegentlich auch Fisch essen. Wir wollten diese Ernährungsweise ausprobieren, um zu schauen, wie unsere Körper darauf reagieren. Seither fühlen wir uns fitter und leistungsfähiger. Aber das Wichtigste ist, dass du dich wohlfühlst in deinem Körper, denn Freestyle Football ist ein Ganzkörpersport.

Abwechslung ist uns wichtig

In unserem Leben als Freestyle-Profis lieben wir beide die Abwechslung. Daher bewegen wir uns zwischen der Teilnahme an Wettbewerben, Live Shows und der weltweiten Performance auf Bühnen und vor Publikum. Und es ist uns ein besonderes Anliegen, andere Menschen mit unseren Videos zu inspirieren. Darüber hinaus leiten wir regelmäßig Workshops und Camps. Wir schreiben Inspiration ganz groß, und das gelingt uns natürlich am einfachsten über die Live Performance unserer Tricks.

Wichtig:

- An manchen Tagen funktionieren bestimmte Tricks einfach nicht. Dann gilt die Devise: „Kopf hoch!" Wichtig dabei: Investiere nicht zu viel Zeit in einen einzelnen Trick, probiere es lieber mit einem anderen.
- Zähle ab und zu die Anzahl der Versuche, bis du einen Trick landest. So siehst du deinen Fortschritt, was allein schon sehr motivierend ist. Vergleiche dich mit dir selbst und versuche, jeden Tag ein bisschen besser zu sein, als du am Tag davor warst.
- Führe eine Liste, in der du die Combos und Tricks in deinen Trainings notierst (s. Seite 107–109). Formuliere hier auch Ziele, z. B. welche Tricks du im nächsten Training schaffen willst. Auf diese Weise setzt du dir immer neue Ziele und bleibst nicht stehen, sondern entwickelst dich fortlaufend weiter! Dran bleiben!

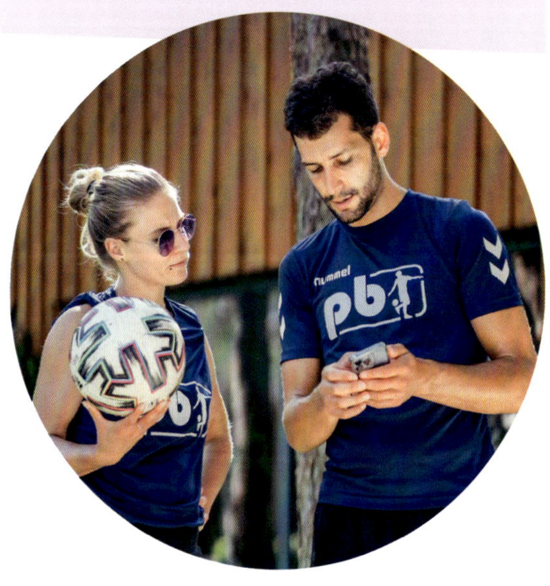

INFLUENCER: INSTAGRAM, YOUTUBE, TIKTOK

„Wir sind Influencer, weil wir Freestyler sind."

Wir möchten möglichst viele Menschen mit unseren Tricks inspirieren und für Freestyle Football begeistern. Und am besten geht das über Social Media. Daher sind wir seit einiger Zeit hier sehr erfolgreich unterwegs.
Begonnen haben wir als Hobby-Sportler, weil wir unseren Freunden unsere Tricks und unsere Verbesserungen zeigen wollten. Wir waren ganz überrascht von dem großen Interesse und den unzähligen positiven Rückmeldungen, die wir daraufhin erhielten. Das hat uns unglaublich motiviert!

„Das Wichtigste war und ist immer noch für uns, dass wir uns verbessern und weiterentwickeln."

Erst seit wir Freestyle profimäßig betreiben, beschäftigen wir uns ausführlicher mit dem Thema „Influencer". Wir überlegen, was dazu gehört, was uns wichtig ist, wie welches Medium bedient wird und was wir mit unseren Accounts bewirken möchten. Seither investieren wir mehr Zeit für Videos und Posts, die wir täglich posten.
Mittlerweile haben wir rund 5 Millionen Follower in den sozialen Netzwerken, und du findest uns dort unter @aguskafree & @patrickbfree. Wir freuen uns, wenn auch du einmal vorbeischaust! Wir gehen dabei auf Trends beim Freestyle Football ein und kommunizieren mit unseren

Followern. Wir veröffentlichen jeden Tag mehrere Videos, um Menschen weltweit mit unseren Tricks zu inspirieren und zu motivieren. Außerdem bekommen wir auf diese Weise Einladungen für Events, bei denen wir dann unsere Shows performen dürfen. Denn damit erreichen wir noch viel mehr Menschen.

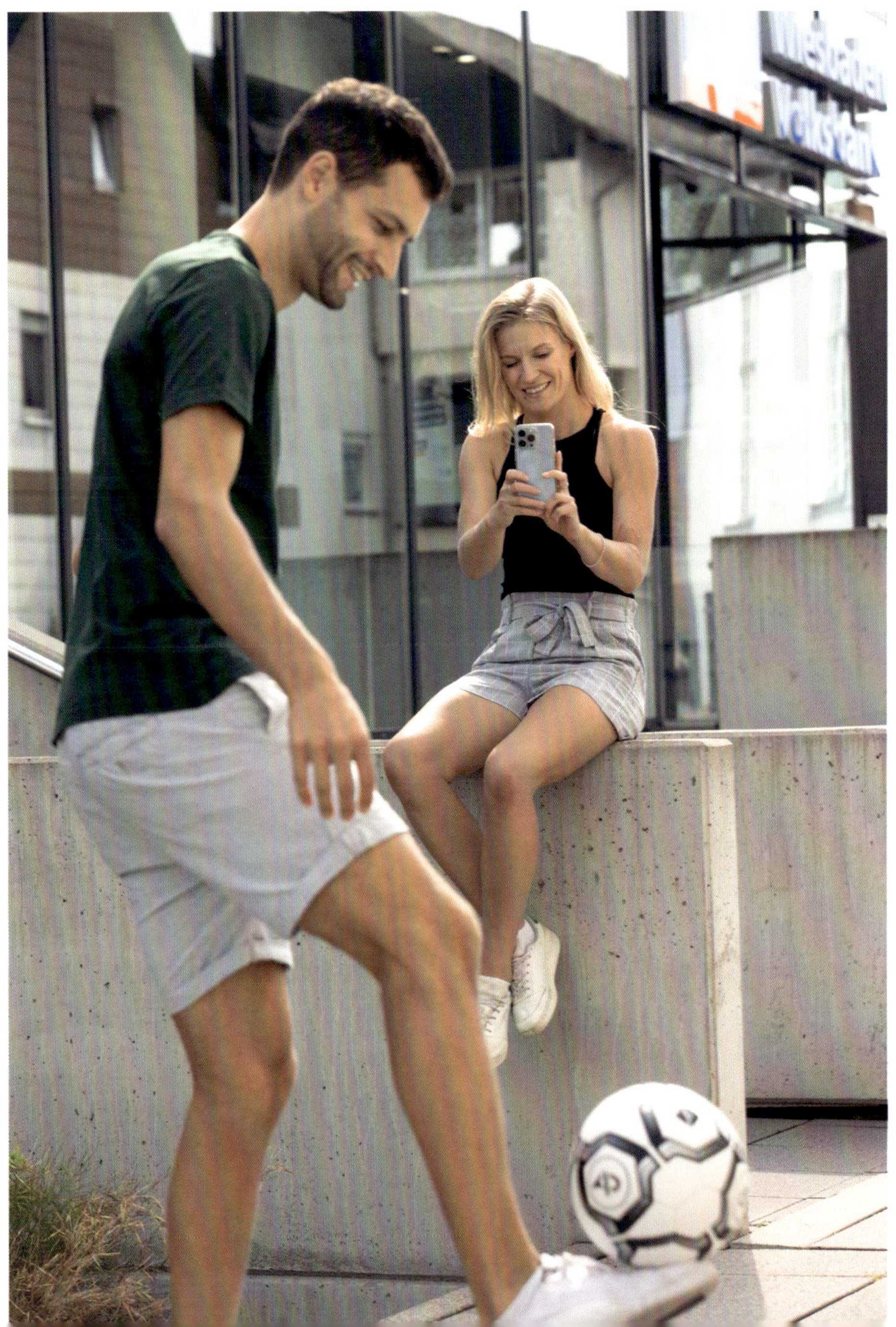

Für uns gibt es nichts Schöneres, als ein Lächeln in die Gesichter anderer Menschen zu zaubern. Bei unseren täglichen Trainingseinheiten konzentrieren wir uns allerdings zu 100% auf das Training selbst und nicht auf das Aufnehmen von Clips für Social Media. Wir filmen daher während des Trainings nur sehr selten.
Die Clips für die sozialen Netzwerke entstehen zum Großteil, wenn wir unterwegs sind oder ganz konkret Video Shootings haben. Keine Frage: Die sozialen Netzwerke sind wichtig für uns, vor allem als Inspirationsquelle, die wir anderen gerne bieten möchten. Aber der Freestyle-Sport an sich ist und bleibt für uns das Wichtigste! Social Media macht uns Spaß, und damit lässt sich Geld verdienen, aber ein Leben ohne Social Media ist für uns möglich, ein Leben ohne Freestyle nicht!

„Freestyle treibt uns an, als Personen und in allen Lebenssituationen."

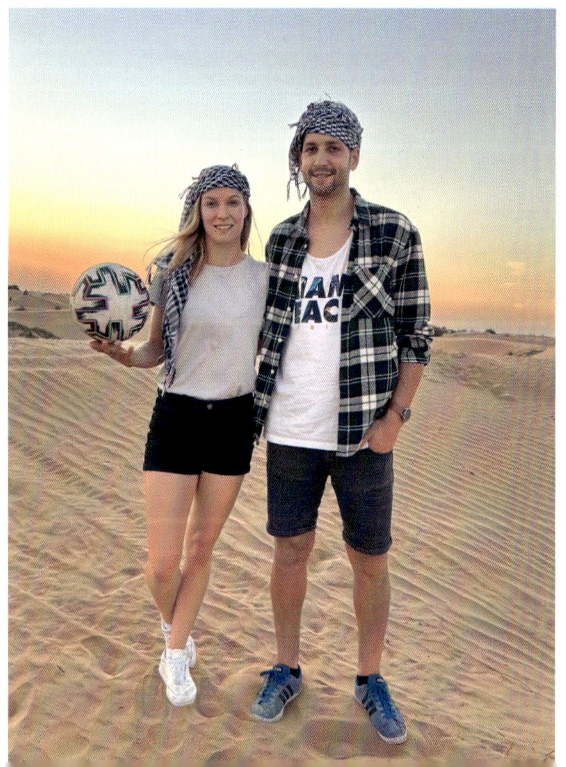

„Gehe deinen Weg – er muss authentisch sein!"

- Versuche einzigartig zu sein. Je einzigartiger, desto erfolgreicher.
- Glaube nicht alles, was du auf Social Media siehst. Oft sieht es so toll aus, aber in Wirklichkeit ist die Person hinter der Kamera überhaupt nicht glücklich, oder es ist im schlimmsten Fall alles nur ein Fake.
- Vergleiche dich nicht mit anderen Accounts oder generell mit der Anzahl der Follower.
- Bewerte niemals Menschen aufgrund der Anzahl ihrer Follower. Das sagt nichts über eine Person, ihr Wissen oder Können usw. aus.
- Falls du jemanden siehst und denkst, dass er oder sie besser ist als du, sieh es als Motivation an, um dich zu verbessern. Lass dich inspirieren!
- Sei kreativ. Egal, welches Hobby bzw. welche Leidenschaft du hast, es gibt immer eine Möglichkeit, diese auf den sozialen Netzwerken zu präsentieren.

DEINE ERFOLGE

Geschaffte Tricks

	✔	Zum ersten Mal geschafft am:	So oft klappt's hintereinander:
Level 1			
Juggling			
Sit Juggling			
Neck Stall			
Neck Stall Push Up			
Blocking Combination			
Rainbow			
Level 2			
Head Stall			
Side Head Stall			
Abdullah			
Slap			
Crossover			
Level 3			
Around the World			
Hop the World			
Sitdown Crossover			
Sole Stall			
Yosuke Stall			
Sole Juggles			
Clipper			
Upper 360			

Level 4			
New Shit			
Homie Touzani Around the World			
Neck Stall to Handstand			
Neck Stall to Sole Stall			
Level 5			
Duo Ground Move Passes			
Duo Sitting Sole Blocking Trick			
Duo Blocking Around the World			
Duo Blind Back Sole Catch			
Duo Side Crossing Legs			
Duo Front Crossing Legs			
Duo Neck Catch Passes			

Deine Jonglier-Rekorde

rechter Fuß	**Datum**						
	Wiederholungen						
linker Fuß	**Datum**						
	Wiederholungen						
Beide Füße	**Datum**						
	Wiederholungen						
Kopf	**Datum**						
	Wiederholungen						
Knie	**Datum**						
	Wiederholungen						
Schultern	**Datum**						
	Wiederholungen						
Fersen	**Datum**						
	Wiederholungen						

Deine Combos

Deine Combos

Deine Combos

Buchempfehlungen für Dich

Noch mehr kreative Bücher gesucht?

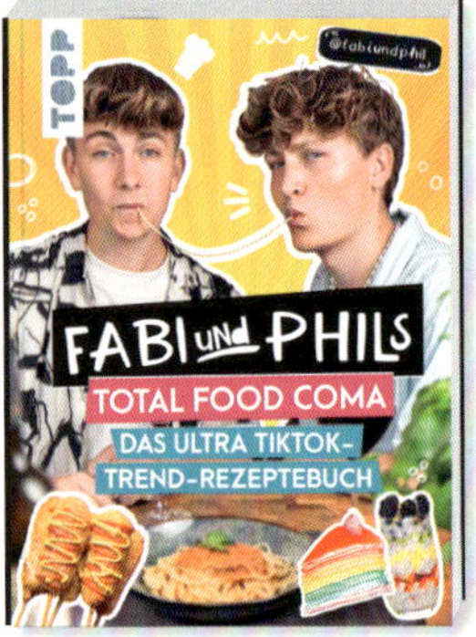

ISBN 978-3-7358-5121-5

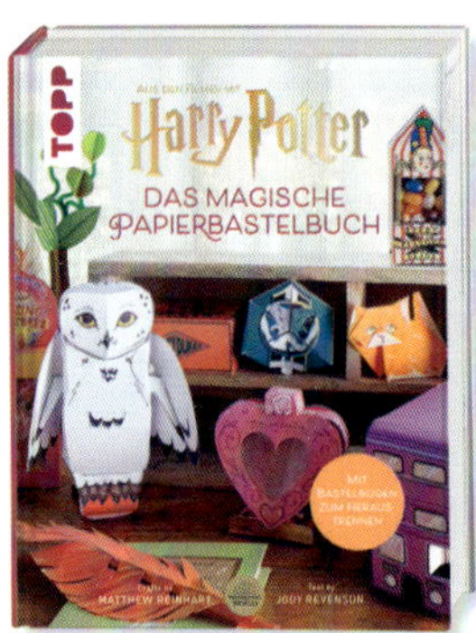

ISBN 978-3-7358-9042-9

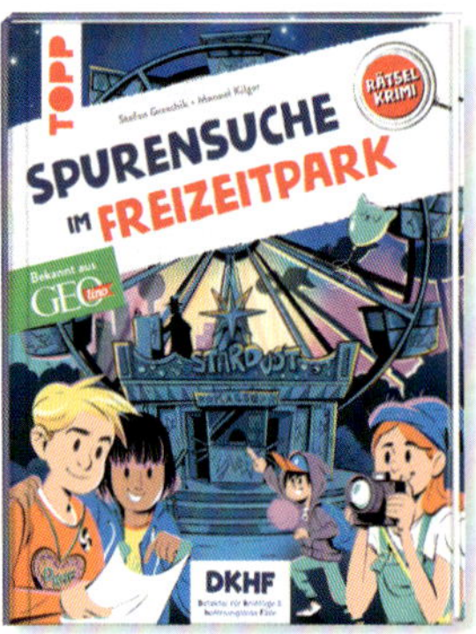

ISBN 978-3-7358-9034-4

ISBN 978-3-7358-9044-3

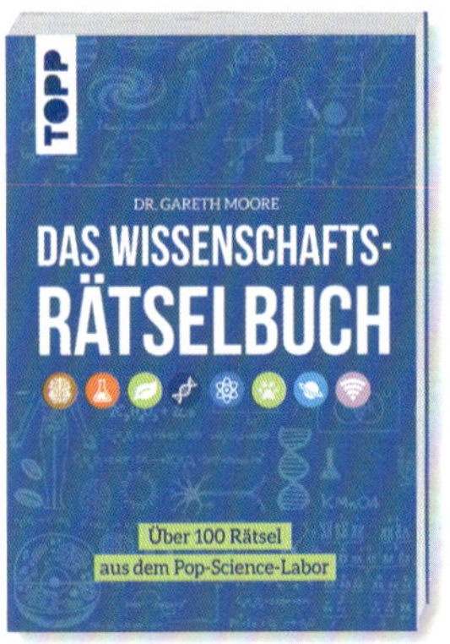

ISBN 978-3-7724-4667-2

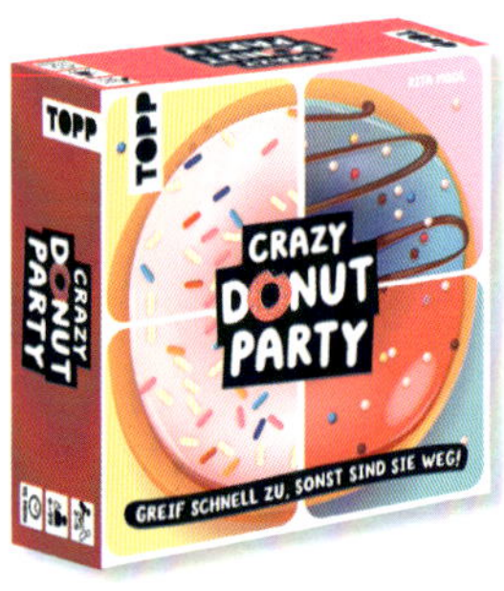

TOPP 18271
GTIN 4007742182717

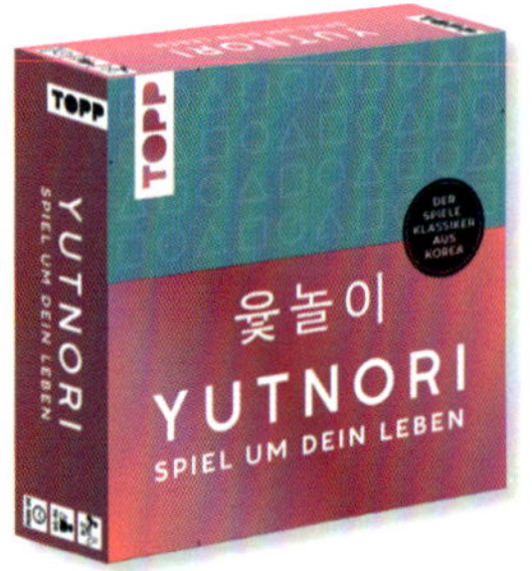

TOPP 18297
GTIN 4007742182977

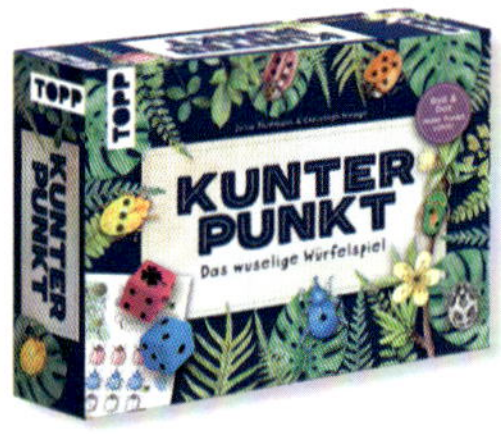

TOPP 18288
GTIN 4007742182885

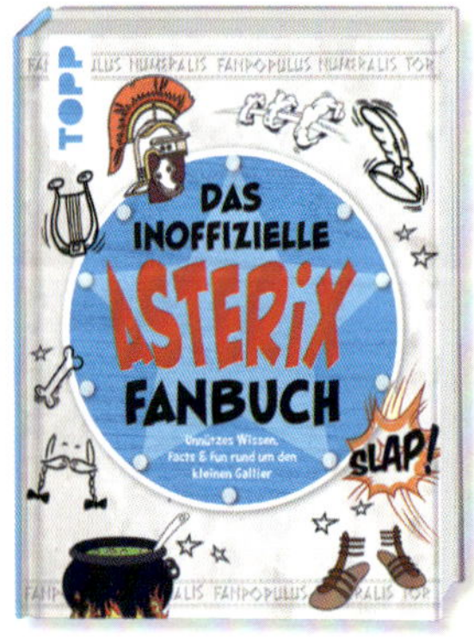

ISBN 978-3-7358-5036-2

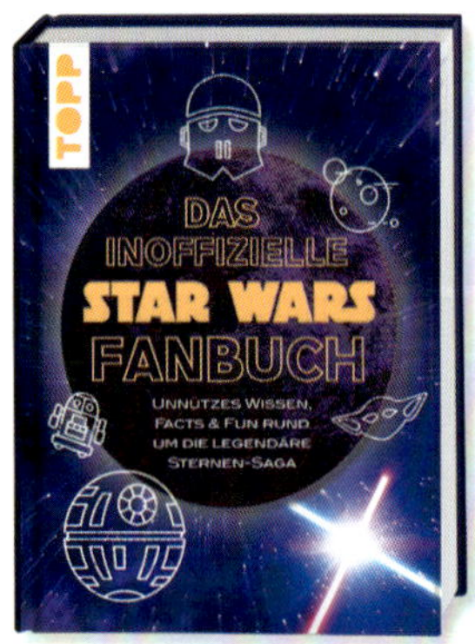

ISBN 978-3-7358-5035-5

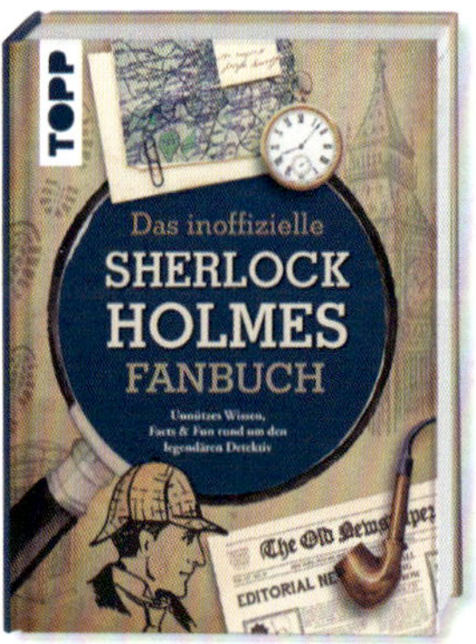

ISBN 978-3-7358-5038-6

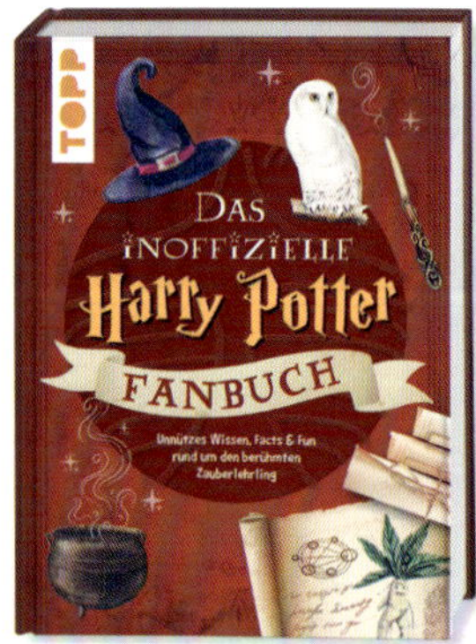

ISBN 978-3-7358-5037-9

Viele weitere Kreativ-Bücher findest du auf www.TOPP-kreativ.de

#TOPPprojekt

Die eigene Kreativität zeigen: TOPPprojekt mit anderen Kreativen teilen und Teil der Gemeinschaft werden.

DIY-begeistert und auf Instagram? Dann unbedingt mitmachen! Hier gibt's Tipps und Feedback zu den eigenen Projekten. Außerdem verlosen wir jeden Monat ein Überraschungspaket. Um am Gewinnspiel teilzunehmen, einfach ein Bild vom Kreativ-Projekt aus unseren Büchern mit #TOPPprojekt posten und unserem Account @frechverlag folgen. Mehr Infos auf TOPP-kreativ.de/TOPPprojekt

Mach mit beim
#TOPPprojekt
#TOPPprojekt
@frechverlag

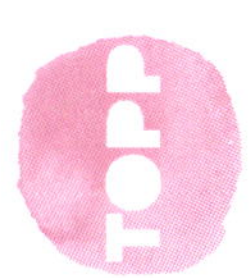

Website

Auf TOPP-kreativ.de kannst du ein riesiges Angebot von über 1.000 Kreativbüchern, Sets & mehr entdecken.

Newsletter

Gleich anmelden unter: TOPP-kreativ.de/newsletter und immer als Erstes von unseren Neuheiten und Sonderaktionen erfahren.

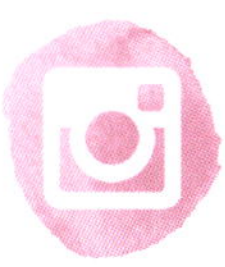

Instagram

@frechverlag

Pinterest

pinterest.com/frechverlag

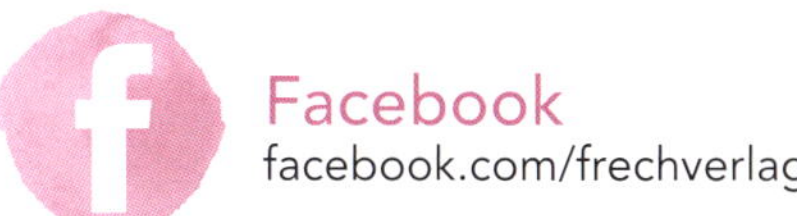

Facebook

facebook.com/frechverlag

DigiBib

Hier findest du zusätzlich zu vielen unserer Bücher digitale Extras, wie Video-Tutorials, Plotter-Dateien, Vorlagen, Übungsblätter & vieles mehr. Einfach im Impressum deines TOPP-Buchs den Freischalte-Code nachschlagen und exklusive Inhalte freischalten. TOPP-kreativ.de/digibib

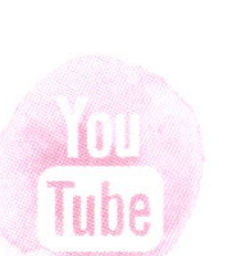

Youtube

youtube.com/frechverlag

IMPRESSUM

Fotos:
Aguśka & Patrick: Cover; S. 5, 10, 18, 25, 28, 31, 35, 89, 103 und 106
Jonas Vogel, Black Forest Collective: S. 7, 15, 17 unten, 19, 22, 26, 34 und 104
Mateusz "Lotar" Odrzygózdz: S. 9, 11, 14 und 37
Frank Schuppelius: alle übrigen
Texte, Konzeption und Producing: Britta Sopp und Tina Bungeroth, ZweiKonzept GbR
Produktmanagement: Stephanie Iber
Covergestaltung: Eva Hook unter Verwendung von Bildern von Freepik (Wand) und Frank Schuppelius
Herstellung: Jessica Siebert
Layout und Satz: FSM Premedia GmbH & Co. KG, Münster
Repro: FSM Premedia GmbH & Co. KG, Münster
Druck und Bindung: POLYGRAF PRINT spol. s r.o.

1. Auflage 2023

ISBN 978-3-7358-5130-7
Best.-Nr. 25130

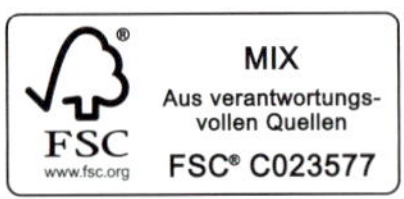

Penguin Random House Verlagsgruppe
FSC® N001967